重庆英才计划"包干制"项目
"大数据视域下教育舆情演变机理及其治理研究"
研究成果

大数据视域下
教育舆情解析

杨维东　等◎著

中国财经出版传媒集团
经济科学出版社
Economic Science Press

图书在版编目（CIP）数据

大数据视域下教育舆情解析/杨维东等著. —北京：经济科学出版社，2021.11
ISBN 978-7-5218-3027-9

Ⅰ.①大… Ⅱ.①杨… Ⅲ.①教育-舆论-研究-中国 Ⅳ.①G40-052

中国版本图书馆 CIP 数据核字（2021）第 226696 号

策划编辑：李　雪
责任编辑：袁　溦
责任校对：王京宁
责任印制：王世伟

大数据视域下教育舆情解析
杨维东　等著

经济科学出版社出版、发行　新华书店经销
社址：北京市海淀区阜成路甲 28 号　邮编：100142
总编部电话：010-88191217　发行部电话：010-88191522
网址：www.esp.com.cn
电子邮箱：esp@esp.com.cn
天猫网店：经济科学出版社旗舰店
网址：http://jjkxcbs.tmall.com
北京季蜂印刷有限公司印装
710×1000　16 开　17 印张　210000 字
2021 年 11 月第 1 版　2021 年 11 月第 1 次印刷
ISBN 978-7-5218-3027-9　定价：68.00 元
(图书出现印装问题，本社负责调换。电话：010-88191510)
(版权所有　侵权必究　打击盗版　举报热线：010-88191661
QQ：2242791300　营销中心电话：010-88191537
电子邮箱：dbts@esp.com.cn)

前言
PREFACE

教育是国之大计、党之大计。与教育相关的议题往往成为公众关注的焦点，在新媒体的传播扩散下迅速发展成为教育舆情。如何运用大数据技术科学全面把握教育舆情动态，深度剖析教育舆情演变内在动力与机理，创新教育舆情治理策略，是当前学界关注的热点，也是党和政府推进教育领域社会治理的重点。

本书以习近平总书记关于教育和新闻舆论工作的重要论述为指导，综合运用教育学、新闻传播学、大数据科学等多学科的理论知识，采用文献研究、基于内容挖掘的主题监测、比较研究等研究方法，分析教育舆情治理面临的新形势、新挑战和新机遇，剖析教育舆情的生成—演化—传播—衰退的机理，思考我国教育舆情治理的不足与困境，探讨新时代下政府进行教育舆情治理的途径和策略。

第一，梳理了教育舆情及其治理的相关理论。即主要梳理教育舆情及其治理的国内外代表性理论学说，科学界定教育舆情的概念、主要特征、功能与构成要素，并结合马克思主义新闻观、舆情治理理论剖析教育舆情治理的内涵、目标与内容。

第二，分析教育舆情治理中的大数据应用。在阐明教育舆情的大数据技术与方法的基础上，分析大数据时代教育舆情治理的实现场景及大数据技术在教育舆情治理中的应用。从运用大数据爬虫系统、大数据库系统、大数据分析系统、大数据监测预警系统等技术作用于教育舆情治理的优势入手，分析教育舆情的信息监测与研判、社会感知与反馈、数据可视化、工作管理系统化等功能，探讨大数据技术在教育舆情治理中应用前景。

第三，进行教育舆情传播规律与机制的大数据分析。研究大数据视域下教育舆情发生机制，主要从教育舆情发生的时间、地域、类型以及媒体曝光渠道等展开。研究大数据视域下教育舆情传播机制，包括教育舆情议题分析，媒介分析、传播主体分析。从教育舆情的要素分析、阶段特点、基本路径分析等方面探讨大数据视域下教育舆情演化机理。

第四，梳理国内外教育舆情治理的演进与借鉴，反思我国教育舆情治理的得失。从门户网站时期的单向型教育舆情治理、社交媒体时代的互动型教育舆情治理、大数据时代的融合型教育舆情治理等梳理我国教育舆情治理的历史变迁，从制度设计、技术创新、技巧策略、创新路径等方面进行中西方教育舆情治理路径对比分析，在此基础上总结大数据视域下我国教育舆情治理的经验，思考治理中的困境与不足。

第五，提出运用大数据提升我国教育舆情治理能力的对策建议。重点针对当前我国利用大数据治理教育舆情存在的数据壁垒、体系不完善、大数据人才缺失等问题，从教育舆情治理的协同联动、教育舆情治理的协同机制、大数据在教育舆情治理中的创新应用等方面，提出建立统一的大数据教育平台、加强大数据教育舆情治理制度建设、推进大数据教育治理人才培养、实现大数据全面助力教育舆情治理等对策建议。

本书稿紧扣当下教育舆情治理出现的新情况、新现象和新问题。研究中引入大数据计算技术和方法，构建教育舆情治理案例库和数据库，对海量数据进行挖掘、智能语义分析、机器学习演算，探究教育舆情的生成演变机理与传播规律，在此基础上提出构建教育舆情分析的大数据应用体系。这不仅进一步丰富了教育舆情已有的研究方法、研究成果和理论体系，而且为教育主管部门的风险预警和舆情研判提供参考，对教育舆情治理方法和手段创新具有切实可行的指导意义。

杨维东

2021 年 10 月

目录
CONTENTS

第一章　绪论 ·· 1
　　一、研究背景 ··· 3
　　二、文献综述 ··· 11
　　三、理论基础 ··· 24
　　四、研究设计与创新之处 ·· 33

第二章　教育舆情及其治理的概念解读 ···································· 42
　　一、教育舆情的概念、特征与功能 ·· 42
　　二、教育舆情的构成分析 ·· 58
　　三、教育舆情治理内涵、目标与内容 ···································· 69

第三章　教育舆情治理中大数据技术及其应用 ························ 79
　　一、大数据的基本内涵与核心技术 ·· 80
　　二、大数据时代教育舆情治理实现场景 ································ 99
　　三、大数据技术在教育舆情治理中的应用前景 ··················· 108

第四章　教育舆情演变过程及机制的大数据分析 ················· 123
　　一、教育舆情发生机制的大数据分析 ································· 123
　　二、教育舆情传播机制的大数据分析 ································· 136

三、教育舆情演化机制的大数据分析 …………………… 147

第五章 大数据视域下我国教育舆情治理的综合检视及问题剖析 …………………………………… 158

一、我国教育舆情治理的历史变迁 ……………………… 159

二、大数据视域下国外教育舆情治理经验镜鉴 ………… 168

三、我国教育舆情治理中大数据应用的经验及存在的问题 …………………………………………………… 184

第六章 运用大数据提升我国教育舆情治理能力的优化策略 ……………………………………… 193

一、建立国家统一的大数据教育舆情平台 ……………… 194

二、加强大数据教育舆情治理制度建设 ………………… 201

三、推进大数据教育舆情治理人才队伍的培养 ………… 210

四、实现大数据对教育舆情治理的全面助力 …………… 220

结语 ………………………………………………………… 230

主要参考文献 ……………………………………………… 233

后记 ………………………………………………………… 261

第一章

绪　论

　　教育关乎立国之本、民生之基。党的十九大报告提出，"必须把教育事业放在优先位置，深化教育改革，加快教育现代化，办好人民满意的教育。[①]"近年来，我国教育事业取得巨大成就，然而教育改革"阵痛"未消，教育改革举措、考试招生、校园安全、师德师风、教育管理等方面频频出现舆情热点。作为重大民生议题，教育很容易触发网民敏感神经，快速形成网络舆论热点和焦点。如江苏、湖北高考"减招风波"、山东编导艺考泄题事件、北京某大学实验室发生爆炸燃烧致人死亡事故、知名演员学术不端风波、女大学生"裸贷"事件、广东某中学生遭受欺凌事件、北京某幼儿园虐童事件等，均在互联网上引起强烈反响，甚至触发大面积炒作和群体性聚集。这不仅干扰了正常的教育活动，甚至影响社会和谐稳定，成为新时代政府公共治理的重点和难题。

　　当前，人类社会正在经历信息革命。大数据、云计算、人工

---

　　① 习近平. 决胜全面建成小康社会　夺取新时代中国特色社会主义伟大胜利——在中国共产党第十九次全国代表大会上的报告（单行本）[M]. 北京：人民出版社，2017：45.

智能、语义网、地理定位、智能画像等信息技术不断进步，移动智能终端不断发展，互联网正从 Web 2.0 过渡到 Web 3.0 阶段。传媒生态发生根本性改变，突出特点表现为数据化和网络化。在传媒生态中占据重要地位的社会化媒体不断发展壮大，个人、团体和组织与专业媒体机构共同通过社会化媒体平台进行信息互换，催生大数据和大数据舆情。在此背景下，信息化发展战略成为国家战略。《国家中长期教育改革和发展规划纲要（2010～2020年）》（以下简称《纲要》）、《教育信息化十年发展规划（2011～2020年）》（以下简称《规划》）和《加快推进教育现代化实施方案（2018～2022年）》得以出台。《纲要》《规划》明确提出，教育管理信息化是教育信息化建设的核心任务之一，必须"创新信息时代教育治理新模式，开展大数据支撑下的教育治理能力优化行动，推动以互联网等信息化手段服务教育教学全过程"[1]。如何实现教育管理信息化成为重大的时代课题。大数据在教育信息化建设中的能动作用日益凸显，成为教育舆情治理转变思维、创新模式、挖掘规律、撬动科学决策的支点，并有望成为扭转传统舆情工作和研究方法力不从心局面提升教育舆情治理能力的拐点。换言之，在大数据的快速增长中把握教育舆情的整体态势，在大数据的无序中探索教育舆情规律，在大数据的错综复杂中开展教育舆情危机处置，是当前教育舆情治理面临的重大机遇和挑战。因此，从大数据视角出发，充分释放和利用教育海量数据资源中蕴含的巨大价值，对教育舆情的演变机理与传播规律进行实证分析，构建科学的教育舆情治理机制，不仅有利于深化和完善学界教育舆情与治理研究的理论，还有助于科学全面把握

---

[1] 新华社．中共中央办公厅、国务院办公厅印发《加快推进教育现代化实施方案（2018～2022年）》[N]．中国教育报，2019－02－24．

公众对教育的期望,为党和国家在教育舆情治理的实践中采取切实可行的策略提供参考。

本书以习近平总书记关于教育和新闻舆论工作的重要论述为指导,以教育舆情治理为着眼点,从大数据的视角,梳理教育舆情及其治理的基础理论、教育舆情的大数据应用、教育舆情演化规律与机制,并对我国教育舆情治理现状进行总结和反思,有针对性地提出教育舆情治理的主体策略、制度策略、技术策略、技巧策略,破解教育舆情治理难题,推进教育舆情治理体系和能力的现代化。并在研究中以多学科理论为支撑,力求在研究方法、内容、应用等方面有所创新,尤其是通过引入大数据分析方法,将过去教育舆情单向度的内容研究转向"数据+关系"的多维度研究,由简单的、有限的数据库研究转向非结构化的大数据库研究,深入研究教育舆情的发生传播机理,提出运用大数据提升教育舆情治理能力的对策建议,这不仅进一步丰富了教育舆情已有的研究方法、研究成果和理论体系,而且为教育主管部门的风险预警和舆情研判提供参考,对教育舆情治理方法和手段创新具有切实可行的指导意义。

一、研究背景

新中国成立以来,特别是改革开放 40 多年来,中国教育舆情治理问题逐渐凸显。大数据时代的到来,为教育舆情治理带来了新的机遇与挑战。怎么实现对教育舆情的科学治理成为当前教育主管部门、学界十分关心的重点问题。

(一) 我国教育舆情历经 70 多年发展业已进入新阶段

民意是舆情的核心组成部分，也是推动教育发展的重要力量，以人民为中心，办人民满意的教育是我国教育发展的根本动力。回顾中华人民共和国成立 70 多年来的我国教育事业发展历程，总体上经历了从教育水平落后，到逐步实现教育现代化的过程；经历了先经济后教育，再到把教育放在优先发展战略地位的过程；经历了从强调政治功能，到凸显经济功能，再到注重整体功能的过程；经历了由政府包揽，到政府主导、社会参与的建设过程。每一个过程的经历都离不开对民意的遵循。经过 70 多年的发展，我国各个阶段的教育质量和水平显著提升，普遍实现了大众化。学前教育实现跨越式发展，几乎所有小学新生都接受过一定时间的学前教育。义务教育毛入学率已经超过或相当于高收入国家平均水平。高中阶段教育普及水平不断提升。2016 年，我国高中阶段毛入学率达到 87.5%，高于中高收入国家 83.8% 的平均水平。高等教育正向普及化迈进，2016 年，高等教育在学总规模 3699 万人，成为世界高等教育第一大国。现代职业教育体系初步建立，民办教育不断发展壮大。2018 年，全国共有各级各类学校 51.88 万所，在校生 2.76 亿人，其中全国各类高等教育在学总规模达到 3833 万人①。在大众化的过程中，教育与人民的切身利益联系越来越紧密，教育所取得的成就很好地满足了人们对教育的需求和期盼，满足了人民对教育的利益需求。占世界人口五分之一的国度不断满足人民对教育的美好期盼，在大数据时代实现了教育的大众化，并在教育信息化的道路上不断迈进，成

---

① 教育部. 2018 年全国教育事业发展统计公报 [N]. 中国教育报，2019-07-25.

为世界上规模最大的教育实践活动，本身蕴涵着巨大的舆情能量，有正面的，也有负面的，值得充分研究。

物质文明的发展使我国教育事业不断发展进步。改革开放40多年来，特别是国际互联网全功能接入中国以来，在党的领导下，我国经济、政治、文化等方方面面展开了一系列深刻改革。"市场"不断发展壮大，成为配置资源的决定性力量。在市场化的过程中，各类社会组织大规模建立，力量不断壮大；通过互联网建立起来的各类群组成为非实体而又客观存在的社会组织，参与人数规模庞大，社会动员力量巨大。这意味着，"社会"成为"政府—市场—社会"格局中的重要一元。在新的格局中，政府、市场、社会等社会主体更加多元化，包括教育领域在内的公平正义成为人们关注的核心价值之一。

大数据时代的到来催生教育舆情复杂化和解决问题的新路径。2012年，《纽约时报》刊文宣告"大数据时代已经到来"[1]。詹姆斯·格雷（2012）认为大数据时代将形成数据密集型科学研究的"第四范式"[2]。保罗·德克尔（2014）提出"数据的民主化"，认为大数据对建设创新、透明、民主的政府具有重要作用[3]。金（Kim，2014）认为大数据有助于政府提升社会治理能力，如协助政府应对自然灾害、经济危机、意识形态的挑战[4]。事实上，早在2009年，联合国就倡议"全球脉动计划"："通过挖掘海量的网络数据，能够以比新闻更早、更为可信的方式监测

---

[1] 孟天广，郭凤林. 大数据政治学：新信息时代的政治现象及其探析路径 [J]. 国外理论动态，2015（1）：46-56.

[2] Hey T. The Fourth Paradigm – Data – Intensive Scientific Discovery [M]//E – Science and Information Management. Springer Berlin Heidelberg, 2012.

[3] Decker P T. Presidential Address: False Choices, Policy Framing, and the Promise of "Big Data" [J]. Journal of Policy Analysis and Management, 2014, 33 (2): 252-262.

[4] Kim G H, Trimi S, Chung J H. Big – Data Applications in the Government Sector [J]. Communications of the Acm, 2014, 57 (3): 78-85.

和预测政治骚乱、疾病暴发、各国的失业率等现象,可作为国际组织或各国开展行动的重要依据。"[1] "大数据时代已经到来"的具体体现,概括起来主要有以下几个方面:第一,随着数据库、云计算、人工智能、语义网和地理定位技术等网络技术的进步,以及移动智能终端的不断发展,传媒生态的特点突出表现为网络化和数据化。第二,随着社会化媒体的发展壮大,个人或者团体、组织与专业媒体机构共同通过社会化媒体平台进行信息互换、资源共享。这个过程既是在利用数据,同时也是在生产数据,积累数据。第三,大数据的运用正由数据积累向深度开发利用数据的崭新阶段过渡。重视技术、拥抱技术、运用技术,不进则退,小进也是退。因此,教育舆情研究必须紧紧抓住新一轮技术革命带来的机遇,争分夺秒,加快追赶的速度,积极运用大数据智能化技术破解教育舆情面对的难题。

(二) 新时期教育舆情的突出问题及对治理提出新要求

当前,我国教育在取得巨大成就的同时,也暴露出一些问题,是教育舆情治理的主要内容。主要体现在三个方面:第一,从纵向看,随着受教育程度和国民素质的不断提升,人们对教育的重视程度越来越高,对优质教育的期盼越来越强烈,对优质教育资源的争取越来越激烈乃至近乎疯狂得不计成本。第二,从横向看,我国教育事业的发展与发达国家相比还有一定差距,与国家和社会对高精尖人才的需求还有相当大的差距。由此产生了著名的"钱学森之问":"为什么我们的学校总是培养不出杰出人

---

[1] 中国新闻网. 中国"对地观测大数据应对全球变化"获联合国奖项 [EB/OL]. (2014-09-03). http://www.chinanews.com/gn/2014/09-03/6559225.shtml.

才?"第三,从现实看,在面对问题、解决问题的过程中,我们的党和政府不断深化改革,出台了一系列改革举措,不断调整"教育利益"分配。教育问题对现实社会产生冲击,甚至影响社会稳定。如江苏湖北高考"减招风波"[①]、成都某中学食堂谣言风波、上海某亲子园虐童事件、山东等省研究生考试泄题风波等[②],均在互联网上引起强烈反响,干扰了正常的教育活动,成为新时代政府公共治理的难题之一。教育舆情及由此产生的社会影响必须予以密切关注,加以认真梳理研究,并作出积极稳妥应对。然而,目前我国教育舆情治理研究仍处于起步阶段,存在着研究内容浅层化、研究方法狭隘化等不足,亟待转变研究视角、改进研究方法、加强跨界合作,充分利用现代信息技术发挥重要支撑作用。

加强教育舆情治理是办人民满意的教育的基本要求,办人民满意的教育是我们党长期以来念兹在兹的教育情怀,尊师重教、崇智尚学的价值追求。习近平总书记在不同场合强调,"教育是国之大计、党之大计。"[③] 教育是立国之本,是建设创新型国家的基础,要把教育放在优先发展的战略地位,要通过改革解决人民群众关心的教育热点问题。"研究解决教育改革发展的重大问题和群众关心的热点问题",既是做好教育工作的基本要求,也是做好教育舆情治理的基本要求。习近平总书记强调的热点问题无一例外地反映在互联网上,是教育舆情大数据的重要内容。由这

[①] 微信公众号央视新闻. 江苏、湖北回应本省高考"减招"质疑:规模不减 [EB/OL]. (2016-05-14). https://mp.weixin.qq.com/s? src = 3&timestamp = 1636338690&ver = 1&signature = vpRcnDWI4y – O1NScjqfxBhgwSnJGMIjv1sdNvkDUCNYbEJB – oac – Hd91EvFIwacUjkDBvM0ZZ1zgPbisyrP4x7Hgh8nl13IeBSuj0rSv1oA1IUrcRqicRbWHLEtRR2VV9v73f5UntC0BTBbn3I7F8S17QBfQsptyu4o * 54odE1M = .

[②] 人民网.《2016年研究生考试泄题案庭审直击》[EB/OL]. (2017-03-16). http://edu.people.com.cn/n1/2017/0322/c1053-29160979.html.

[③] 人民网. 习近平总书记在全国教育大会上的重要讲话引起热烈反响:全力推动新时代教育工作迈上新台阶 [N]. 人民日报, 2018-09-12.

些数据构成的教育舆情是民心民意的重要组成部分，是党和政府掌握教育领域社情民意的重要依据和推进教育事业蓬勃发展进行科学决策的重要参考，是教育事业蓬勃发展的重要因素，关乎教育发展路径与策略，关乎国之大计、党之大计。

随着互联网的兴起和自媒体的广泛使用，人们习惯于通过网络获取教育信息，通过网络反映教育关切，网络成为教育舆情的集散地。人民群众在哪里，我们的思想政治工作就应该做到哪里。习近平总书记强调，民心就是最大政治①。办好人民群众满意的教育，既要夯实线下基础，也要做好线上引导，要让互联网成为党和政府与人民群众沟通交流的平台，成为人民群众参与教育事务、为教育改革与发展建言献策的重要渠道。改革开放40多年来，在党的坚强领导下，我国的教育事业发展取得了举世瞩目的成就，但毋庸讳言，我国的教育事业发展依然存在着"不平衡不充分问题"，与人民群众对教育的期望还有一定距离。这就需要做好教育事业发展的顶层设计，从我国国情出发，遵循社会主义教育建设规律，制定出符合中国特色社会主义教育发展的方针政策。同时也需要听取人民群众对教育事业发展的意见和建议，实现"上下联动"，把顶层设计与基层创新结合起来，从而使教育决策更加科学有效。教育部部长陈宝生认为，要从细微处入手，既要掌握师生思想动态，也要做好舆论引导。要让人民群众了解真实情况，理解现实困难；要形成"正面舆论场"，为全面推进教育改革发展营造良好的"舆论氛围"②。

---

① 央广网. 习近平：民心是最大的政治［EB/OL］. （2016-01-12）. http://news.cnr.cn/native/gd/20160112/t20160112_521119522.shtml.
② 陈宝生. 办好中国特色社会主义教育 以优异成绩迎接党的十九大胜利召开——2017年全国教育工作会议工作报告［N］. 中国教育报，2017-02-07.

（三）大数据技术发展为教育舆情治理升级提供新可能

网络大数据构成了当代教育的技术背景[①]。大数据技术为加强教育舆情治理，推进教育管理信息化提供了坚实基础。互联网技术的飞速发展，为教育舆情的爆发和发酵提供了便捷、低成本、高效率的优质平台，成为教育舆情频发多发的孵化器与催长器。随着信息化社会的形成发展和数据资源的能动作用凸显，大数据技术成为转变治理思维、创新治理模式、挖掘舆情规律、撬动科学决策的支点，并将成为提升教育舆情治理能力的拐点。

大数据战略的实施为运用大数据技术提升教育舆情治理能力提供了契机。要做好教育舆情治理，就要从教育舆情的时代背景出发，运用大数据技术，挖掘教育舆情的演变机理，掌握教育舆情的发生、发展、衰退规律。我们生活在大数据时代，只要是通过网络的任何行为都会被保存和记录。对个体而言，大数据改变了"内在"与"外显"的截然对立，更多的内在感受和主观思想可以通过数据分析出来，实现"更好地认识自己"；对社会而言，人们无意间的情感情绪表达汇集在一起，能够成为社会情绪、社会心态的晴雨表。大数据是社会历史发展的一种趋势，无论人们对大数据持有何种态度，大数据都将深刻影响人们的现实生活。习近平总书记强调，要加快完善数字基础设施建设，要让大数据"更好服务我国经济社会发展和人民生活改善"[②]。党和

[①] 徐瑾. 学生网络群体极化倾向的学校教育应对 [J]. 教育理论与实践，2018，38 (11)：15–17.
[②] 新华社. 审时度势精心谋划超前布局力争主动　实施国家大数据战略加快建设数字中国 [N]. 人民日报，2017–12–10.

国家高度重视大数据建设。应该说世界各国在大数据建设中，还处在同一起跑线上，我国提出要推动实施国家大数据战略，就是为了抢占大数据发展的高地，为未来社会经济发展赢得先机。

大数据在我国的迅猛发展为教育舆情的治理奠定了坚实的物质基础。没有大数据发展的肥沃土壤，则大数据视域下教育舆情治理只会是空中楼阁。大数据"开启了一次重大的时代转型"，正在引发一场对社会治理各方面的大变革。教育舆情治理作为社会治理的重要组成部分，必然要适应大数据催生的新理念。从舆情治理理念的角度而言，大数据催生的新理念包括："全数据分析"的理念和方法，大数据突破了有限样本的局限，为全数据样本的获得与分析提供了条件；"一切皆可以数据化"的理念，教育系统及教育关系者在微博、微信等自媒体上展现的情绪也可以数据化；"基于数据支撑的理性判断"的理念，催生教育舆情治理从"价值判断"到"理性判断"的升华；社会"治理"理念，催生教育舆情治理从"管理"到"治理"的革新；"预测"的理念，催生教育舆情治理从"事后监测"到"事前预测"的革新。这些新理念正引领着大数据在我国教育舆情治理中的应用迈上新台阶。

大数据时代，当教育舆情涉及的所有内容都可以用数据描绘出来时，教育舆情的研究和治理就应采用大数据的方法。面对爆发式增长的海量网上信息，传统的教育舆情研究方法已显得力不从心。如何利用大数据做好教育舆情，利用大数据探讨出教育舆情演变的内在规律，从而为科学研判和快速处置教育舆情赢得时间优势，是学术界普遍关注的焦点问题，也是政府加强教育舆情治理需要解决的难点问题。宋和金（Song and Kim, 2015）通过数据挖掘推特（Twitter）中的用户的讨论内容，对韩国大选的民意进行预测①。迈尔·舍恩伯格等（Mayer – Schnberger et al.，2013）以美国圣克鲁兹警察局为例，基于社交媒体的数据，对犯罪的模式分类，未来趋势进行研判，在此研究基础上预测某些重要地区的犯罪率②。米勒和莫克（Miller and Mork，2013）认为："在获取大数据、分析大数据再到最后的决策过程中，有一条价值链贯穿其中。"③ 罗德里格斯（Rodrigues，2015）通过语义挖掘方式研究患者心情。科特洛（Cotelo，2016）构建结合不同信息源的特征模型对 Twitter 内容进行挖掘，可进一步对用户关系进行分析④。这些案例表明，把大数据及其思维和方法运用到教育舆情治理领域，会产生意想不到的效果。比如通过对师生在自媒体上的讨论内容进行精确的采集和数据化分析，从而更准确地了解师生的思想动态，做出精准的舆情预警，采取更有针对性的思想政治教育策略和方法，更好地掌握思想政治教育和教育舆情应对的主动权。

二、文献综述

"舆情"是一个本土化的概念，"汉译英"并未在学术界达成一致意见。学界普遍将其与西方的"public opinion"以及"民

---

① Song M, Kim M C. RT^2M: Real – Time Twitter Trend Mining System [C]. Proceedings of 2013 International Conference on Social Intelligence and Technology. Pennsylvania, USA, 2013: 64 – 71.
② Mayer – Schönberger V, Cukier K. Big Data: A Revolution that will Transform How We Live, Work, and Think [M]. Houghton Mifflin Harcourt, 2013.
③ Miller H G, Mork P. From Data to Decisions: A Value Chain for Big Data [J]. IT Professional, 2013, 15 (1): 57 – 59.
④ Cotelo J M, Cruz F L, Troyano J A. Tweet Categorization by Combining Content and Structural Knowledge [J]. Information Fusion, 2016 (31): 54 – 64.

意调查"相提并论,虽然二者之间存在相似性、相关性,但也有区别。二者的最大区别在于"舆情"与"舆论"的不同。"舆论"是公众以言论形式呈现的"舆情"。"舆情"具有比"舆论"更广泛的范围,既包含着公众情绪的言论呈现,也包含着公众情绪的隐性聚集。所谓隐性聚集,就是指虽然人们不对特定事件表达意见,但人们对某个事件依然具有自己的看法,而且随着类似事件增多,看法日渐确定的过程。天津社会科学院冯希莹和王来华(2011)认为[①],当"public opinion"代表民意或公众(共)舆论时,在西方文化背景下注重的是民众的政治偏好行动,舆情则更偏重于探讨民众的心理特征。查阅国外关于"舆情"的相关研究,难以找到完全对应的文献,只能梳理"public opinion"的相关文献及理论。然而,"大数据"不存在这个问题,其由"big data"直译而来,因此相对于"舆情"而言,"大数据"国内外研究文献比较容易梳理及综述。

(一) 国外相关研究

1. 舆论的基础研究

国外学者对舆论的研究相对较早,卢梭(1762)在《社会契约论》中首次将"public"和"opinion"组合创造成"public opinion",指人们对社会或公共事务表达的意见,成为公共舆论思想的起点。1899 年,法国社会学家塔尔德完成了首部"舆论"的专著《舆论与公众》,剖析了社会舆论的产生和影响,强调舆论对社会团体的重要性。古斯塔夫·庞勒(1895)在《乌合之

---

① 冯希莹,王来华. 舆情概念辨析 [J]. 社会工作 (学术版),2011 (5): 86 – 87.

众》一书中引入社会心理学的知识，揭示了群体舆论形成的原因和运动规律，提出舆论具有非理性的本质。1922年，美国学者沃尔特·李普曼的著作《公众舆论》中第一次对公众舆论做了全景式的梳理，他认为舆论是一种图像，是一种需求关系、社会关系和意图关系的图像，并提出"大众媒介可操纵舆论，为大众创造拟态环境"等重要观点。奇尔兹（1965）在《舆论——本质、形成和作用》中全面回顾和总结舆论学研究历史和主要成果，提到各利益集团对"舆论"形成带来的影响，拓宽舆论学研究视野。麦克姆斯和唐纳德·肖（1972）通过对总统大选进行调查后提出经典的"议程设置"理论，他认为，任何人在思想上都是自由的，但并不意味着人们思想的对象是自由的，人们思想的对象往往是媒体给予或者设置的，这种主张成为西方舆论研究的重要理论之一。

2. 教育舆情研究

国外教育舆情研究主要体现在两个方面：一是对教育政策制定和实施过程中舆情的研究；二是对教育发展过程中舆情的研究。国外从事教育舆情收集和整理的机构主要包括两部分，既有政府部门也有民间机构。以美国为例，美国教育行政管理部门非常重视教育舆情信息的收集和整理，在《美国公众眼中的公立学校——1969~2007年卡潘/盖洛普教育民意调查报告》一书中，我们既可以看到美国教育改革的过程，美国教育政策的演变过程，也可以看到在教育政策演变的过程中，社会舆情所扮演的角色和发挥的作用[①]。美国教育行政管理部门在出台政策前，一般

---

① 范国睿，刘涛，王佳佳. 美国公众眼中的公立学校［M］. 北京：教育科学出版社，2009.

都要收集整理人们对教育的看法和意见,然后征询相关专家的意见,再向社会公布政策意见稿,在多次收集意见后,再出台相应政策。这既能够激发公民参与教育建设的热情,也能够减少人们对教育发展的负面评价。英国和美国还非常重视民间机构,尤其是教育领域智库的作用。为了让教育舆情研判更为科学,他们往往委托相关机构进行政策评估,对公众意见进行充分汇总,为教育决策提供科学依据。

3. 大数据在舆情中的应用研究

从已有研究文献内容看,国外关于舆情的研究主要经历了三个发展阶段:传统社会舆情分析阶段和网络舆情分析阶段、大数据舆情分析阶段。总体来说,传统社会舆情分析就是运用田野调查法和问卷调查法,将学者的经验与数据相结合,对社会舆情进行分析和研判。迈克莱南等(Maclennan et al., 2012)对新西兰民众关于酒精政策态度的调研属于这一类[①]。网络舆情分析就是运用互联网抓取技术,分析相关社会事件中人们在网络中呈现出现的态度。随着信息技术、云计算和移动终端的普及与发展,网络数据和社交数据的空前膨胀,舆情分析走向了大数据阶段。"大数据"在2008年《科学》杂志提出后,就受到人们关注,2011年,美国著名咨询公司麦肯锡全球研究院发布了《大数据:创新、竞争和生产力的下一个新领域》,第一次给大数据下了明确定义[②]。《纽约时报》在2012年甚至认为"大数据时代已经来临"。詹姆斯·格雷(2012)认为大数据时代将形成数据密集型

---

① Maclennan B, Kypri K, Langley J. et al. Public sentiment Towards Alcohol and Local Government Alcohol Policies in New zealand [J]. International Journal of Drug Policy, 2012, 23 (1): 45–53.

② 方建移,薛平著. 教育舆情管理与案例分析 [M]. 南京:南京大学出版社, 2016: 31.

科学研究的"第四范式"。部分人开始运用大数据来分析和验证"政治选举",甚至也有开始运用大数据来影响政治活动。塞隆(Ceron,2014)通过Twitter对2012年法国大选进行了预测,方法就是人们在互联网上呈现出的情感取向数据。无论是英国脱欧,还是美国大选,都能看到大数据作为一种全新方法在现实生活中的作用。大数据在舆情领域的运用让专家学者们以及业界纷纷聚焦于此,最多的研究集中在如何将大数据的优势应用到舆情工作中去,包括舆情的预测预警、分析研判、应对处置等方面。

(二) 国内相关研究

舆情研究在我国学术界的勃兴乃至"舆情学"的诞生,离不开互联网技术发展的孵化,但从根本上说,这是在我们党和政府适应新时代发展深化以人民为中心思想和全心全意为人民服务宗旨的过程中诞生和发展起来的。2004年,党的十六届四中全会通过《中共中央关于加强党的执政能力建设的决定》,发出"建立社会舆情汇集和分析机制,畅通社情民意反映渠道"的号召,标志着党在提升执政能力的过程中,对舆情研究重要性的进一步认识[1],开启了舆情研究的新阶段。除了学界,政府单位、舆情研究机构也不断涌入,舆情研究得到全面持续快速的发展。

通过中国知网(CNKI)将"舆情"作为关键词进行检索,相关文献最早可追溯到1992年。国务院发展研究中心社会部的吉小安和武汉社会动态调查中心的龙克虎联合署名在1992年第1期《社会学研究》上发表了《当前社会收入分配不公的舆情

---

[1] 王来华,刘毅. 2004年舆情研究综述 [J]. 天津大学学报(社会科学版),2005(4):309-313.

分析》一文。从文章内容来看，当年吉小安和龙克虎两位专家在武汉市围绕"收入分配"问题进行了持续调研。数据显示，从1988年到1991年，武汉市民对收入分配不公的不满意度逐年上升，1988年为64.6%，1990年为74.2%，1991年攀升到76.7%。用当前舆情报告的标准去衡量这篇文章，就是一篇典型的"舆情专报"。自此到2002年，关于"舆情"的文献零星出现在国内刊物上，每年有1~2篇、3~4篇，2002年达到9篇，2003年增加到10篇。直到2004年一下翻了1倍，增加到20篇。随后相关文献增长速度十分惊人，2007年比2004年增长到7倍，达到143篇；2012年突破1000篇，达到1254篇；很快在2015年突破2000篇，从而达到2028篇，2016年舆情文献篇数为3938篇，2017年和2018年突破4000篇，分别为4036篇和4657篇，表明"舆情"研究日益增长，发展迅速，基本上10年间增长了200多倍，即是2004年的250倍左右。具体趋势如图1-1所示。

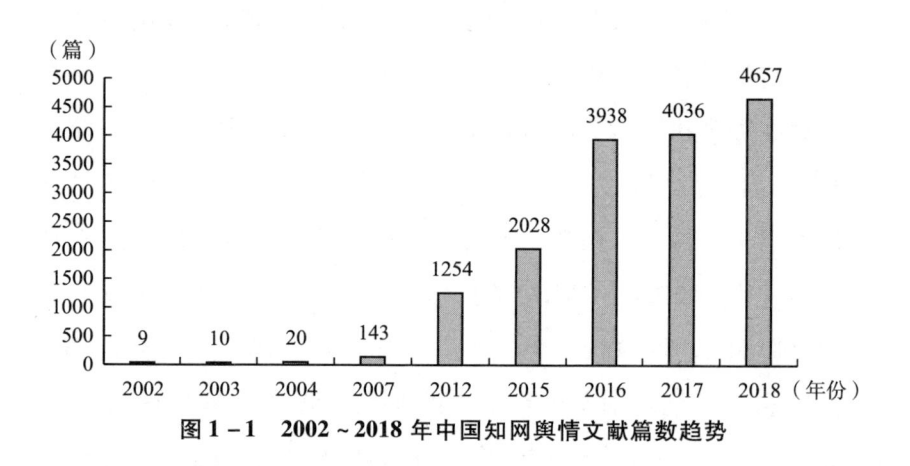

图1-1 2002~2018年中国知网舆情文献篇数趋势

同时，专家学者出版舆情相关的专著。王来华（2003）在《舆情研究概论（理论、方法和现实热点）》一书中对我国的舆情研究进行了初步的框架拟定①；张克生（2004）在《国家决策：机制与舆情》书中，从政府角度，有针对性地探讨了舆情机制、舆情功能和舆情应对等问题②。随后，专家们将研究视角延伸至舆情的衍生领域，如网络舆情是互联网发展后的重点领域，方付建（2017）在《把握网络舆情——突发事件网络舆情演变研究》中，就网络环境中的舆情动因、传播和治理等方面进行了探讨③。国内第一家舆情研究机构是天津社科院舆情研究所，成立于1999年10月。这并不意味着在这之前，其他机构没有研究过舆情，而是指其他机构没有以"舆情研究"作为机构的名称。2000年，上海社科院成立了社会调查中心，也开展舆情研究工作。随后、复旦大学、中国人民大学、华中科技大学、上海交通大学等相继成立了舆情研究的相关机构，这充分说明，舆情研究逐渐成为学界的热门选题，随之产生的行业类舆情研究也逐渐升温。

1. 教育舆情研究综述

从2012年起，由唐亚阳主编的教育部哲学社会科学系列发展报告《中国教育网络舆情发展报告》每年都会聚焦教育舆情案例，进行分析，并通过研究呈现出教育舆情的最新动态。同时，中国传媒大学高教传播与舆情监测研究中心于2015年、2016年、2017年、2018年相继推出了《中国高等教育舆情报告》。通过知网以"教育舆情"为关键词进行检索，截至2018年8月7日，共找到369条结果，对教育舆情的研究呈现整体增加的趋势，其

---

① 王来华. 舆情研究概论（理论、方法和现实热点）[M]. 天津：天津社会科学院出版社，2003.
② 张克生. 国家决策：机制与舆情 [M]. 天津：天津社会科学院出版社，2004.
③ 方付建. 把握网络舆情——突发事件网络舆情演变研究 [M]. 武汉：华中科技大学出版社，2017.

中，2005年（2篇）、2006年（2篇）、2007年（3篇）、2008年（5篇）、2009年（9篇）、2010年（20篇）、2011年（38篇）、2012年（48篇）、2013年（88篇）、2014年（84篇）、2015年（101篇）、2016年（112篇）、2017年（139篇）、2018年（155篇）。可视化分析结果如图1－2所示。

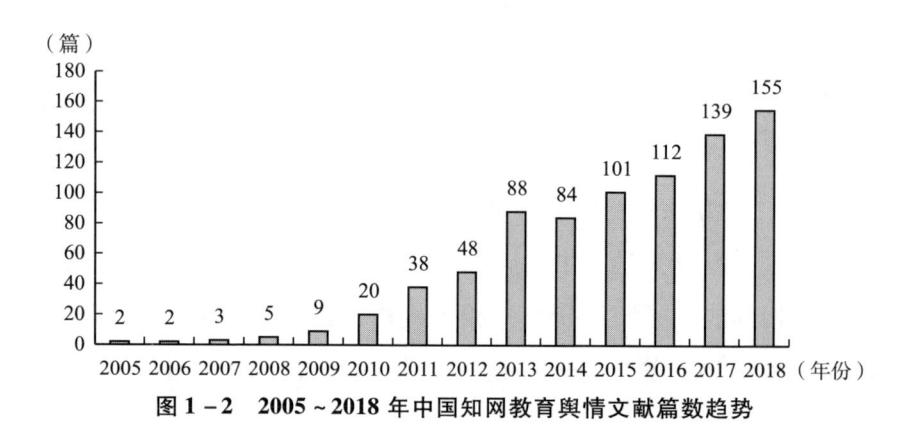

图1－2　2005～2018年中国知网教育舆情文献篇数趋势

（1）教育舆情的基本内涵。教育舆情概念研究不仅是本领域的学理发展，更是舆情研究进入概念细分新阶段的标志①。研究教育舆情，首先是厘清教育舆情的概念与内涵。朱小翠（2009）认为，教育舆情，就是教育事件引起的公众言论。左明章等（2011）认为，教育舆情包含着两个方面，从公共管理的角度来看，教育舆情就是人们对教育管理、教育发展的意见和情绪；从公众的角度来看，教育舆情就是教育类事件引起的社会关注。刘振琍（2014）认为，学生是教育舆情的核心群体，教育舆情就是教育相关群体在教育过程中所有的情绪和态度。张忠华和沙东亚（2017）认为教育舆情是一定历史时空内，人们对各种教育事件、

---

① 李昌祖，杨延圣. 教育舆情的概念解析［J］. 浙江工业大学学报（社会科学版），2014，13（3）：241－246.

教育现象或教育问题产生的情绪、态度、意见表达和行为倾向的总和。

（2）教育舆情特点与功能。关于特点的研究，任永梅（2010）等人从教育舆情本身的特点出发，认为教育舆情特点有自由与可控、互动与即时、丰富与多元、隐匿与外显、非理性。罗维源（2010）认为教育舆情具有直接随意性、及时多元性、突发隐蔽性、偏差性。王灿发（2014）直接揭示教育舆情具有渗透性、扩散性、可控性、观点泛滥、易煽动性等特点。关于教育舆情的功能，张天雪（2011）等人将教育舆情与其他舆情做比较，认为前者与其他的不同在于，由于教育涉及社会公正的基本保证，社会对教育的关注度更高、批评建议更多、立场更加多样。杨小敏（2014）等人认为，教育舆情不是洪水猛兽，要充分看到教育舆情在教育发展中正向作用，教育舆情有助于推进教学改革、提升教学质量、扩大经验交流。王祖亮（2014）认为需要重视教育舆情的负面影响，部分人利用人们关注教育舆情的特点，试图利用我们在教育改革中需要完善的地方做文章，从而煽动社会情绪。但是关于新媒体、新技术环境下的教育舆情特征和功能，目前研究涉及得较少。

（3）教育舆情生成演变规律。教育舆情是社会舆情的组成部分，有研究认为，教育舆情的生产演变遵循基本规律，具体体现为涨落、序变、冲突、衰变等方面[1]。陈华栋（2014）认为，教育舆情存在多种演变样态。有些教育舆情会随着时间推移，被人们渐渐遗忘，被其他事件所冲淡；有些教育舆情则不然，在经历了一段时间的沉寂之后，又会在某个点上引起人们高度关注；还有些教育舆情是逐步累加起来的，刚开始并不引人关注，但随着

---

[1] 黄瑶. 教育舆情探析[D]. 太原：山西大学，2013.

类似事件多次出现，一个很小的事件就会爆发大的教育舆情；还有些教育舆情要经过多次反复处理后才能平息。王丽英（2016）认为，要做好教育舆情，需要掌握网络传播技术，要从网络信息的传播规律出发，要从已经发生的网络教育舆情事件中总结规律，要掌握网络教育舆情的起因、爆发和降温，要从多个角度审视教育舆情，把握好教育舆情的演变规律，同时也要做好多个部门的相互协同。总体来看，教育舆情的演变规律较为固定，但是在日新月异的媒介环境中，教育舆情的生成发展消失规律是否会发生"突变"，需要进一步探讨和研究。

（4）教育舆情的治理策略。研究教育舆情的目的，最终是更好地应对处置教育舆情，国内外对教育舆情的研究，多数的落脚点都放在治理策略方面。何欣蕾（2015）等人认为教育舆情的治理离不开专业机构的支持，需要有掌握信息技术的专家，有舆情分析的专家，有大数据运用的专家，还需要有信息传播的专家。邓尚民（2012）基于多方案决策方法（AHP）和调查法，也是通过对各项指标进行权重计算，构建出教育舆情安全评估指标体系。舒刚（2016）认为教育舆情治理需要进行机制创新，如完善协同创新机制、组织机制、舆情监测机制、干预机制、信息供给联动机制。严冰（2009）提出要有网络意识形态建设的自觉，要用网络正能量去抵消和对冲网络负能量，要通过建设"红色网站"等方式积极传播主流意识形态。贺春兰（2010）提出设置网络教育舆情分析专栏，使不同社会群体参与教育舆情互动评析，健全网络舆情分析、监督和预警机制，通过网络平台的互动与交流，引导网络舆情向健康方向发展。孙伟（2015）认为教育舆情平台建设研究，要提高网络教育舆情平台信息发布的权威性，培育网络教育舆情权威研究团队。王宗强（2017）等认为要从夯实技术保障、强化工作队伍、注重形势研判三个层面加强大数据背景下高校学生突发性事件网络舆情引导和管理。

（5）专门针对中国高等教育舆情展开研究。教育舆情是舆情的二级概念，而高校网络舆情又是教育舆情的子概念[①]。中国传媒大学高教传播与舆情监测研究中心从 2015 年开始，连续推出《中国高等教育舆情报告》（2015，2016，2017，2018）的系列研究。《中国高等教育舆情报告》（2018）分为三个部分：第一部分主要阐述了教育舆情的相关理论，内容包含了网络教育舆情原理、高校思想政治工作以及全媒体时代网络舆情等；第二部分是 2017 年教育舆情总报告，对 2017 年教育舆情中热点，尤其是高校教育舆情的相关情况进行了总结；第三部分为分报告，涵盖了 2017 年高等教育的十四个方面。

2. 大数据方法与舆情应用研究综述

在媒体技术和新兴媒体的发展潮流中，大数据以其特有的重要性和实用性获得高度关注。顾洁莹（2012）认为网络舆情的生成总是事件、媒介和受众的相互影响的产物，大数据可以通过建模，对网络舆情演化进行仿真分析。喻国明（2013）认为大数据在舆情分析中运用就是一种凝练和萃取，既不能失去数据的真实性，同时也要对数据进行加工和解读。杨于峰等人（2013）认为从自组织映射网络（SOM）模型来看，网络舆情演变具有五种类型，即堤坝型、长坡型、突变型、缓坡型及对数型。上述研究者聚焦的是大数据对舆情产生的影响与作用，以下研究讨论的则是如何将大数据应用到舆情工作中。张寿华（2013）等人则认为，需要推挤网络舆情分析技木研发，要往系统能够根据关键词进行

[①] 舒刚. 我国教育舆情研究的热点议题及趋势展望——基于 CNKI（2009—2015）的数据分析 [J]. 国家教育行政学院学报，2016（10）：40 - 46.

聚类，要能够对热点话题和突发事件进行跟踪和预警。周葆华（2014）提出大数据背景下，可借用多种手段，对网络舆情中议题和意见进行分析，这些手段包括语义分析和社交软件分析。李希光（2014）认为舆情分析研判应该包括"What（何事）、Who（何人）、Where（何地）、How（怎么做）、When（何时）、So What（会怎样）"六个要素，因此必须坚持客观性和价值中立的原则来运用大数据对社会舆情进行分析研判和预测，才能得出正确的结论。张宁熙（2014）认为，大数据时代的网络舆论信息具有相对开放、丰富多样、传播迅速、带有倾向性的特点。彭知辉（2016）认为大数据就是全数据，这一点和以往有很大区别，大数据时代的舆情研究就是从全数据出发，从多学科出发进行分析。张妍妍等（2016）在大数据背景下构建了社会焦点透视镜系统，实时提供每日的焦点事件及其情感分布展示。

（三）已有研究述评

有研究认为，国内的教育舆情研究还是一个全新的领域[①]。但是通过对国内外相关研究梳理，可以发现研究者们已经开始重视教育舆情研究，尤其关于教育舆情的概念、功能、特点、构成要素及应对处置策略等方面的探讨较为充分，这些研究为本论文的研究提供了重要参考。但运用大数据的视角和方法来开展研究的还较少，教育舆情研究总体还处于较为初级的阶段，未来还有更广阔的研究空间。

---

① 宋歌. 新媒体时代教育舆情研究［D］. 桂林：广西师范大学，2016.

1. 教育舆情内容较为浅层化

目前缺乏大数据视角下的教育舆情形成演变机理方面的深入讨论，学者更多是从定性的角度对教育舆情周期进行划分，抽象说理偏多，对生成、发展、演变、衰退之间内在关联缺乏研究，较少以定量方式探索舆情背后演化机理和逻辑规律，对教育舆情治理实际指导作用不明显。进入大数据时代，传播生态发生重大变迁，教育舆情的生成演变机制有了新的变化和发展，需要重新审视新环境下教育舆情的形成机制和传播规律，这对构建舆情治理策略体系具有重要影响。此外，目前教育舆情治理策略较为单一，尚未形成多主体、前瞻性、全过程、综合性、智能化的决策系统。因此，本书将融合新闻传播领域的舆情传播机理，深入剖析大数据环境下的教育舆情生成演变机制，构建大数据环境下的教育舆情治理策略体系，进一步提升教育部门的预警与快速响应能力。

2. 研究方法需要进一步深化

目前，教育舆情研究所采用的主要是个案研究、文献研究等定性的研究方法，对大数据及其技术的运用目前还不够。在大数据运用中，数据采集是基础，从目前学术界研究成果来看，数据采集数据还需要完善，无论是网络爬虫技术，还是分词技术和议题聚合技术，都不能满足大数据分析的要求。大数据对数据分析不能仅仅停留在现象的描述性展示，需要对海量数据进行实时抓取和深加工，加强自动文本分析、社会网络分析、可视化和空间分析、机器学习等大数据手段的应用。本书将采用多元的研究方法，汲取新闻学与传播学、教育学、计算机科学技术等领域的研究方法与技术，借助计算机科学领域的大数据、自然语言处理及数据挖掘、仿真实验等技术，综合个案分析、跨学科研究、文献分析等方法进行研究。

综上所述，运用大数据思维重新审视新时代教育舆情的形成机制和传播规律，构建教育舆情治理策略体系成为必然之路。本书通过大数据技术科学全面把握教育舆情动态，充分应用信息采集技术、序列模式挖掘技术、中文信息处理技术、文本倾向性分析、话题监测与跟踪技术等，试图解决教育舆情研究样本不足和研究经验性数据、研究实践数据不足的问题。在深度剖析教育舆情的生成—演化—传播—衰退机理，反思我国教育舆情治理的不足与困境的基础上，探讨新时代政府进行教育舆情治理的途径和策略。通过大数据技术提升教育舆情的预警能力，促使教育舆情管理风险从"危机应对"转向"风险防范"，以期有效化解和管控风险，完善教育舆情挖掘分析、重大突发教育舆情事件的预警、评估、处置、修复机制体系。

三、理论基础

大数据视域下教育舆情与治理研究是一项跨领域、跨学科的研究，涉及马克思主义、教育学、新闻学与传播学、社会学、政治学、统计学、管理学、计算机科学技术等学科。教育舆情发生规律的研究，需要社会动力学理论的支撑；教育舆情传播规律的研究，需要教育传播学理论的支撑；教育舆情的演变规律与引导策略的研究，需要议程设置理论、群体极化理论的支撑；教育舆情治理的策略是一个系统工程，需要整体性治理理论的支撑。社会动力学理论、教育传播学理论、议程设置理论、群体极化理论和整体性治理理论等理论构成了教育舆情研究的理论支撑体系。社会动力学理论和教育传播学理论是教育舆情研究的基础理论，议程设置理论和群体极化理论是关于议程设置和群体极化研究的基础，整体性治理理论提供了教育舆情治理的新思路，缺少其中任一理论，就会导致片面。

（一）社会动力学理论

任何领域的舆情，都是统筹在社会系统当中的，而教育舆情的产生则具有更广泛的社会基础[1]。法国社会学家奥古斯特·孔德（August Comte）围绕社会秩序和社会进步这两大主题，提出了社会静力学和社会动力学理论。"他所谓的社会静力学主要用以说明社会组成成员间的结构关系以及此种关系所体现出的各成员之间互相作用、互相影响、互相制约、互相依存的基本图式。而他所谓的社会动力学则是主要用以描述社会结构关系的系统变迁或演化轨迹的动态表述，以及整体社会系统行为选择随时间的宏观表达。"[2] 刘怡君和周涛（2012）认为，十分遗憾，200 年前这位社会物理学的创始者，加上其后的追随者们，始终未能触及问题的本质。这导致社会动力学一直停滞不前，这一理论在马克思主义者那里得到了实质性推进。毛泽东认为，社会发展的动力在于社会内部矛盾，生产力与生产关系，经济基础与上层建筑之间的矛盾是人类社会的基本矛盾[3]。

从原始社会到共产主义社会的发展，就是社会基本矛盾不断

---

[1] 舒刚. 我国教育舆情研究的热点议题及趋势展望——基于 CNKI（2009—2015）的数据分析 [J]. 国家教育行政学院学报，2016（10）：40-46.
[2] 刘怡君，周涛. 社会动力学 [M]. 北京：科学出版社，2012.
[3] 毛泽东文集，第七卷 [M]. 北京：人民出版社，1999.

推动的产物。毛泽东在《矛盾论》中指出，矛盾的同一性与斗争性共同推动事物发展，任何事物都具有对立统一的两个方面，它们之间的矛盾运动决定着事物发展的前途和方向①。这是社会动力学理论中最具哲理性和真理性的内容，也揭示了教育舆情治理包含的矛盾及矛盾各方面之间相互依赖与相互斗争的规律。当代学者对社会动力学理论还进行了社会学、心理学、管理学、新闻学与传播学等社会科学视角的深入研究，进行了信息科学与系统科学、计算机科学技术等自然科学视角的深入研究，实现了社会科学与自然科学的深入融合，不断丰富了社会动力学理论的内容。中国网络社会已经与现实社会嵌合互构、交互影响②。当前，最热的研究热点更加具体化、微观化，主要包括传染病、网络谣言与计算机病毒、社会标签、网络通信以及网络社会群体。"传染病论"认为，它往往比战争、革命暴动更加具有破坏性，进而影响人类历史的演进。随着信息技术的发展，人类已经具备利用信息技术对传染病进行监测预警。而网络谣言与计算机病毒、社会标签、网络通信以及网络社会群体都与舆情密切相关。"网络社会"的崛起为社会学研究提供了新"阿基米德点"③。得益于信息技术的发展，以上几个社会问题皆可以通过建模的形式实现对相关信息的采集、分析和预警，进而引导社会动力向好发力。建模的办法同样适用于教育舆情的研究和治理。这是教育舆情研究和治理的重要方法，即通过信息技术对海量教育舆情信息进行跟踪分析，实现舆情预警和精准引导。对教育舆情治理而言，随着我国全面深化改革的推进，社会基本矛盾的改变，社会发展的

---

① 毛泽东文集，第一卷［M］. 北京：人民出版社，1999.
② 陈小强. 中国转型期网络信息不确定性现象的社会学研究［D］. 北京：中共中央党校，2015.
③ 谢璐璐. 群体性事件网络舆情的社会学分析［D］. 南京：南京师范大学，2015.

内在潜力必将不断释放，与教育相互影响，实现一系列新的重大突破。社会动力学理论很好地揭示了教育舆情发生、发展的根源，为教育舆情从源头治理提供了理论依据。教育舆情治理的研究必须在大数据的语境下遵循社会动力学所揭示的规律，必须坚持"社会基本矛盾是人类社会发展的根本动力"这个理论基础。

（二）教育传播学理论

教育传播是从20世纪50~60年代形成的新研究领域，是"教育学"与"传播学"的交叉学科。教育的过程就是实现传播的过程，传播的过程也是对人进行教育的过程。教育传播学不过是把"人类的一切传播行为和传播过程"限制在"教育"领域，把"人"限制在"教育者与受教育者"这个范围。从狭义上理解，教育传播学的建立得益于"电教理论"的探索和建立，就是探索如何运用现代传播技术手段更有效地开展教育教学。在大数据时代，应用大数据技术采集、分析、研判和应对教育舆情，更好地开展教育教学工作，理应成为教育传播研究新的重要内容。如传播学与思想政治教育的结合开拓了思政教育的新领域[1]。教育传播有其特有的规律和特点，这是教育舆情研究和应对的基本遵循。教育传播系统由教育者、受教育者、教育信息、传播渠道（媒体和平台等）和传播环境组成。这也是教育舆情的主体、客体和本体。从传播类型来说，教育传播包括人内传播、人际传播、组织传播和大众传播等类型。这是教育舆情传播发展的几个阶段，也是教育舆情传播的方式。总体来说，教育传播的过程，

---

[1] 杜静. 传播学理论在思想政治教育中的运用——评《思想政治教育传播学》[J]. 中国教育学刊，2018（9）：140.

就是指由教育者借助传播媒介,向受教育者传递和交换教育信息的过程。同时由教育者通过对信息的控制,让教育传播各要素之间相互作用,形成一个连续的动态过程。通过这个动态过程以达到教育的目的,这为教育舆情治理策略提供了借鉴。新媒体和技术的创新发展,促使教育、媒体、传播三者融合,将教育传播理论与实践相结合的研究对教育传播学走出困境具有现实意义[①]。严格来说,教育传播理论就是探索教育这个特定领域的传播规律的学问,是教育舆情治理的理论基础。从舆情的角度来认识教育传播,需突破狭义的视角。随着信息技术的发展和教育信息化水平的提升,信息技术逐渐突破了学校教育教学的"围墙",受教育者足不出"墙",即可了解"墙外"的情况,参与"墙外"的社会活动。教育信息的大数据化,让没有"墙"的教育环境变得更加复杂。这足以说明,教育环境发生了根本性的改变,而这个环境恰好是教育舆情孕育、产生和发展的肥沃土壤,也是教育教学无法避开的沃土。在这个土壤中,海量的教育信息更加多元化,"墙内"的有限信息不再是受教育者接受的唯一信息,而只是其中之一,甚至是比例很小的一部分,无法压住"墙外"海量信息中的"歪理邪说",使得受教育者"误入歧途"。在信息的大海里,教育者和受教育者的思想观念、生活方式、行为方式等都发生了根本性的改变,原来认为是真理的内容,可能产生了怀疑,如受抹黑英雄的信息的干扰和影响,对心中的英雄形象和精神产生怀疑。教师也不再是唯一的教育者,墙外的各色人群都可能成为教育者。这成为教育传播学面临的新问题,也是教育舆情治理面临的新问题。

---

① 李开仁,谷雨,保长省. 新媒体技术视野下的教育传播学研究述评 [J]. 文山学院学报,2015 (6):97 - 100,120.

（三）议程设置理论

李普曼在《舆论学》（1922）中指出，人们获得任何信息都是中介后的信息，人们并非直接面对信息，而是通过媒体接收到信息；人们接收什么样的信息并不仅仅取决于事件本身，而且还要取决于媒体对事件的关注和报道。麦库姆斯（Maxwell McCombs）和唐纳德·肖（Donald Shaw）在实证调研的基础上认为，新闻媒体不仅影响了人们对信息的获取，而且影响着人们关于信息的判断，他们以美国大选为例，认为多数人关于候选人的判断都来源于媒体呈现的观点，他们在《大众传播的议程设置功能》一文中，提出了"议程设置"这个概念，意指媒体对公众信息获取或价值判断的影响。2014年，唐纳德·肖在接受采访中谈到，尽管与提出"议程设置"相距了40年，但是最初提出的理论依然有效，"大众媒体在为社会化媒体设置议程方面依旧非常强大。"有学者认为，数字时代需对议程设置理论重新检验，议程设置理论正吸纳所有媒体。传统媒体提供议程设置的第一层议题对象，而社交媒体提供第二层属性，二者可能在主题上达成共识，但在属性上存在分歧。议题融合中同时融合了主题和属性。反向议程设置中新闻记者对实际或想象的公共利益做出应对，公众议程获得关注，普通公众凭借社交媒体获得赋权。议程设置可用于测量社会稳定，传统媒体和社交媒体间的共识系数可作为参照，"导向需求"理论在社交媒体中依旧适用[①]。清华大学新闻与传播学院教授史安斌和博士生王沛楠（2017）则认为在

---

① 袁潇. 数字时代中议程设置理论的嬗变与革新——专访议程设置奠基人之一唐纳德·肖教授 [J]. 国际新闻界, 2016, 38 (4): 67-78.

传统媒体中,媒介对公众的影响是非常明显的,但是在互联网中尤其是在自媒体中,公众获取信息的渠道更多,媒体在公众信息获得和价值判断上的影响逐渐减弱①。麦库姆斯等学者提出了网络议程设置理论(或称 NAS 理论)。他们认为,即便是在互联网时代,媒体对公众的影响还是显而易见。媒体不仅影响着人们"想什么"和"怎么想",而且影响着人们如何将零散的信息进行梳理和综合。教育政策议程设置中,需愈加重视对教育舆情的研究②。

教育舆情也面临着议程设置问题,需要相应的理论支撑。是什么议题影响受教育者,影响了教育舆情的传播?通过设置什么样的议程能够有效地影响受教育者,影响教育舆情传播,该如何进行引导?议程设置理论为回答这些问题,提供了理论依据。它充分解释了作为教育舆情重要组成部分的教育舆论产生的直接原因、方式和影响,也提示了教育舆情引导的渠道与办法,是教育舆论引导的基础性理论。正如有研究认为,议题设置的创新路径对教育的时效性有完善和发展作用③。新时代议程设置理论的创新对加强和改进教育舆情的预警预测、分析研判以及应对处置将发挥重要作用。

(四) 群体极化理论

群体极化(group polarization)这个概念来源于社会心理学,国内学者在对这个概念进行研究的过程中,从社会学、传播学和政治学等多学科角度进行了解读。1895 年,勒庞撰著的《乌合

---

① 史安斌,王沛楠. 议程设置理论与研究 50 年:溯源·演进·前景 [J]. 新闻与传播研究,2017(10):13-28.
② 宋歌. 新媒体时代教育舆情研究 [D]. 桂林:广西师范大学,2016.
③ 李凌. 高校网络思想政治教育议程设置实效性研究——评《新媒体时代议程设置嵌入高校网络思想政治教育研究》[J]. 新闻爱好者,2019(1):116.

之众：大众心理研究》一书出版，他仔细研究了个体与群体的行为本质，以及群体的特征①。詹姆斯·斯托纳（1961）提出"群体极化"时指出，群体极化是指相对于群体而言，个体的思维、看法以及决策往往会受到群体的影响，从而表现得更保守，或者更激进。一般情况下，如果公众都用相同的态度、一致的看法表达自己的看法或者建议，那么这股舆论势必会无限放大，形成意见主流，从而使"群情激愤"转化为舆论压力。但这种压力有时并不是理性的，往往是一时的义愤填膺，如果不加以引导，势必会对社会公共治理产生消极的影响。在这人人都有"麦克风"的时代，公众可以在互联网上发表自己的观点和看法，可以轻易地组建各种群、组、圈，使得这种现状更加凸显。"群体极化"注重"在场性"，在传统媒体时代，人们获取信息的时间和空间都是分散的，只有在公共场所容易产生"群体极化"现象；在新媒体时代，人们在网络空间中"同时在场"，观点更容易在瞬时实现聚集。互联网上情绪泛滥，非理性声音嘈杂，导致网络群体极化往往表现为理性的声音更加保守，而非理性的声音更加激进，直接损害网络理性公共领域的建设。网络群体极化倾向已成为当今学生管理不能回避也无法回避的问题②。事实证明，近年来发生的网络舆情事件几乎都存在网络群体极化现象。教育舆情的主体主要为在校青年学生和引导学生健康成长成才的教师。他们具有"勒庞式群体"的典型特征，是社会情绪的典型群体，也是群体极化现象的典型群体。在海量信息语境下，教育者与受教育者作为一个群体以及整个群体中的无数个小群体，无不会影响群体

---

① 古斯塔夫·勒庞. 乌合之众：大众心理研究［M］. 冯克利，译. 北京：中央编译出版社，2011.
② 徐瑾. 学生网络群体极化倾向的学校教育应对［J］. 教育理论与实践，2018，38（11）：15－17.

中的个人。导致群体中个人的决策和看法会受到影响，表现得更保守或者更激进。因此，大数据视域下的教育舆情研究和治理需要网络群体极化理论的支撑和解释，并提供对策依据。换言之，从群体极化理论视角出发进行大数据视域下教育舆情治理研究，具有重要的实践价值和深远的理论意义。

(五) 整体性治理理论

整体性治理理论是一种新的公共治理范式。这个概念来源于佩里·希克斯的《整体性政府》。希克斯认为，现代政府职责明确，边界清晰，但也容易导致协同困难。因此需要对政府进行变革，实现跨部门之间的整体行动。1999 年，佩里·希克斯与戴安娜·叶共同出版了《圆桌中的治理——整体性政府的策略》，将整体性政府理念演变为具体的行动策略，指出解决新公共管理过度强调分权和职能划分而产生碎片化治理问题的最佳途径就是整合，构建整体性政府。2002 年出版的《迈向整体性治理：新的改革议程》首次明确提出"整体性治理"的概念，并对"整体性治理"进行了比较详细的分析，认为其基本内容包含着以下方面：一是问题导向治理。整体性治理理论的核心是解决民众的需求和问题，其实质就是以人民为中心。这与"办人民满意教育"的指导方针相契合，也是教育舆情工作的宗旨。二是整体协作治理。活动、协调、整合是整体性治理的三个核心概念，整合是最核心的理念。这个理念正是教育舆情治理的重要思路。教育不是孤立的，与社会各个系统存在相互影响、相互制约的关系。当今社会，教育理念呈现出了创新发展趋势，整体性治理是主要趋势[1]。

---

[1] 华起. 高校内部治理碎片化困境及其突破：整体性视角 [J]. 科教导刊 (中旬刊), 2018 (6): 24-26.

教育舆情的产生、发展、演变、消退也与党和政府的各个机关部门，与不同分工的社会各系统存在千丝万缕的联系，需要从政策制定、舆情与实情管控、服务与监督等各方面综合考虑治理策略；需要确立教育部门与舆论引导部门的信息互通共享机制、对话机制、合作机制；需要确立教育的专业性与舆论引导的专业性相结合的协调机制，避免各自为政、碎片化治理，导致顾此失彼或按下葫芦浮起瓢。三是信息技术治理。希克斯指出，在传统媒体时代，部门之间的协作需要较高成本；在互联网时代，部门之间的协作壁垒已经不存在了，信息技术能够在部门协作中发挥重要作用。现代信息技术打破了科层制下教育行政管理机构、学校与社会之间的藩篱，简化了教育行政层级和教育管理业务流程，增强了家校之间、学校与社会之间、教育管理机构与社会之间的协商和沟通，使教育舆情治理的环节更加紧密，治理的流程更加通畅，为教育舆情治理迈向透明化、整合化提供了有力支撑。

四、研究设计与创新之处

本书采用文献研究、基于内容挖掘的主题监测、比较研究、个案研究等方法，通过宏观与微观相结合、规范研究与实证研究相结合的方式，深入研究大数据视域下教育舆情的发生和传播机理，剖析我国教育舆情治理的经验及存在的不足，在此基础上，提出提升我国教育舆情治理能力的对策建议。

（一）研究问题与内容

1. 研究问题

本书研究的问题是"大数据时代教育舆情的突出问题，以及如何进行科学治理"，因此研究的关键问题有两个：一是大数据视域下教育舆情发生、传播、演化的规律是什么。如要求深入分析在大数据环境和新时代矛盾背景下教育舆情事件的触发点、传播机制以及内部驱动力和外部推动力对舆情演化的作用机制，找出意见领袖、媒介平台、营销团队、社会力量等对于社会舆情传播的不同影响和效应。二是大数据视域下我国教育舆情治理存在的主要问题是什么，如何有效提升教育舆情治理的能力。通过梳理门户时代、社交时代、大数据时代各时段的教育舆情治理情况，从不同视角审视外国教育舆情治理方法，归纳总结了西方国家教育舆情的治理经验，找出当前我国利用大数据治理教育舆情存在的问题，以大数据技术提升教育舆情治理能力为抓手，深入探讨如何将大数据技术和思维运用于教育舆情治理，提出大数据视域下提升我国教育舆情治理能力的对策与建议。

本书的难点包括：一是如何实现教育舆情价值的有效判断。网络中海量数据为研究社会群体的态度、观点、立场提供充分资源，但是教育舆情研究不仅要以事实为基础，而且还对事实进行价值判断和精准分析，这样才能找到教育舆情治理路径。二是应用大数据方法不仅需要强大的数据采集和存储技术，而且需要对数据抓取的渠道、来源及结构性特征有整体把握，对抓取关键词的精准设置、算法优化、信息匹配等要求较高，且获取数据多为非结构性及半结构化数据，如音频、视频、图像、地理信息等，对数据的采集、存储、清洗、分析会带来一定的难度和挑战。

2. 研究内容

本书由六个章节的正文、结语和主要参考文献组成。研究的主要内容包括以下方面：

一是大数据与教育舆情研究相关情况梳理（包含第一章和第二章）。从研究背景、文献综述、理论基础、研究设计、研究价值与创新等方面进行综合梳理分析，运用大数据思维重新审视新时代教育舆情的形成机制和传播规律。

二是教育舆情的内涵及其治理（包含第三章）。主要梳理教育舆情及其治理的国内外代表性理论学说，科学界定教育舆情的概念、主要特征、功能与构成要素，并结合马克思主义新闻观、舆情治理理论剖析教育舆情治理的内涵、目标与内容。

三是教育舆情治理中的大数据应用（包含第四章）。主要在阐明教育舆情的大数据技术与方法的基础上，分析大数据时代教育舆情治理的实现场景及大数据技术在教育舆情治理中的应用。从运用大数据爬虫系统、大数据库系统、大数据分析系统、大数据监测预警系统等技术作用于教育舆情治理的优势入手，分析教育舆情的信息监控与研判、社会感知与反馈、数据可视化、工作管理系统化等功能，探讨拓宽教育舆情治理领域、提高教育舆情治理能力、丰富教育舆情治理手段方法的路径。

四是教育舆情演化规律与机制的大数据分析（包含第五章）。研究大数据视域下教育舆情发生机制，主要从教育舆情发生的社会根源、动力机制、主体参与等。研究大数据视域下教育舆情传播机制，包括教育舆情议题分析、媒介分析、传播主体分析。从教育舆情的要素分析、阶段特点、基本路径分析等探讨大数据视域下教育舆情演化机理。研究教育舆情中的个人心理、群体情绪与社会心态，包括教育舆情个人心理的复杂性和圈层化、教育舆情群体情绪的主观性和集群化、教育舆情社会心态的宏观性和动态化等。

五是我国教育舆情治理的现状反思（包含第六章）。首先从传统社会教育舆情治理、信息社会教育舆情治理、网络社会教育舆情治理等梳理我国教育舆情治理的历史变迁，再从制度设计、技术创新、社会协作、技巧策略等进行中西方教育舆情治理路径对比分析，在此基础上总结大数据视域下我国教育舆情治理的经验，反思治理中的困境与不足。

六是运用大数据提升我国教育舆情治理能力的对策建议（包含结语）。重点针对当前我国利用大数据治理教育舆情存在的数据壁垒、体系不完善、大数据人才缺失等问题，从教育舆情治理的协同联动、教育舆情治理的协同机制、大数据在教育舆情治理中的创新应用等方面，提出建立统一的大数据教育平台、优化大数据创新教育舆情治理过程、加强大数据教育舆情治理制度建设、推进大数据教育治理人才培养等对策建议。最后得出研究结论，指出下一步的研究重点方向。

（二）研究预期目标

本书将立足大数据思维和大数据分析方法，解析教育舆情的生成—演化—传播—衰退的内在机理，分析教育舆情治理面临的新形势、新挑战和新机遇，探讨新时代政府进行教育舆情治理的途径和策略，建立完善的教育舆情收集、分析、监测与预警体系，实现主管部门对教育舆情可测、可控、可导、可化，提升大数据时代政府的教育舆情治理能力和水平。

力求探索建立新的教育舆情研究范式。即引入大数据方法，将过去教育舆情单向度的内容研究机制转向"内容＋关系"的多维度研究机制；由简单的、有限的数据库研究转向非结构化的大数据库研究，促进教育舆情研究多元化。运用社会学、传播学、教育学、计算机科学等领域的理论作为研究基础，紧密结合实际，将"大数据""舆情"与"教育"联系起来，在三者之间架起理论桥梁，实现理论创新。树立大数据理念，从大数据视角出发，进一步厘清教育舆情内在机理，研究教育舆情产生的动力机制、传播机制、演化机制与规律，在此基础上构建大数据视域下教育舆情治理的策略体系，深化和完善学界关于教育舆情与治理研究的理论体系。

力求充分体现应用价值。即运用大数据思维把握教育舆情形成、演化、传播规律和特征，为教育主管部门有效应对各类舆情事件，提供切实可行的舆情治理策略参考。通过大数据思维构建网络舆情的文本挖掘模块，并在此基础上构建教育舆情预警模型，通过仿真实验，证明模型的准确性和时效性，进而为实践中舆情治理与评估提供可用指标体系。通过研究，全方位了解教育相关的社会话语表达与社会诉求，为党和国家在教育舆情治理的实践中采取切实可行策略，促进教育决策的科学化，实现教育的公平、公正提供参考。

（三）研究思路与方法

1. 研究思路

本书以习近平新时代中国特色社会主义思想为指导，贯彻落实党的十九大精神，以国家大数据发展战略为科学指引，基于教育舆情治理，从大数据分析方法出发，按照"提出问题—分析方法—经验剖析—优化策略"的逻辑思路开展研究：首先阐释分析做好大数据视域下教育舆情治理工作的时代价值和重大意义，解读相关概念、价值和要求；其次通过引入大数据挖掘、个案研究、访谈等分析方法，对教育舆情进行综合梳理和深入分析，分析大数据视域下教育舆情的发生机制、传播机制、演化机理；最后针对教育舆情态势和特征，与西方发达国家教育舆情治理进行对比分析，找出我国教育舆情治理的经验与需要改进之处，从主体、制度、技术、技巧等方面提出运用大数据提升我国教育舆情治理能力的优化策略。研究思路如图1-3所示。

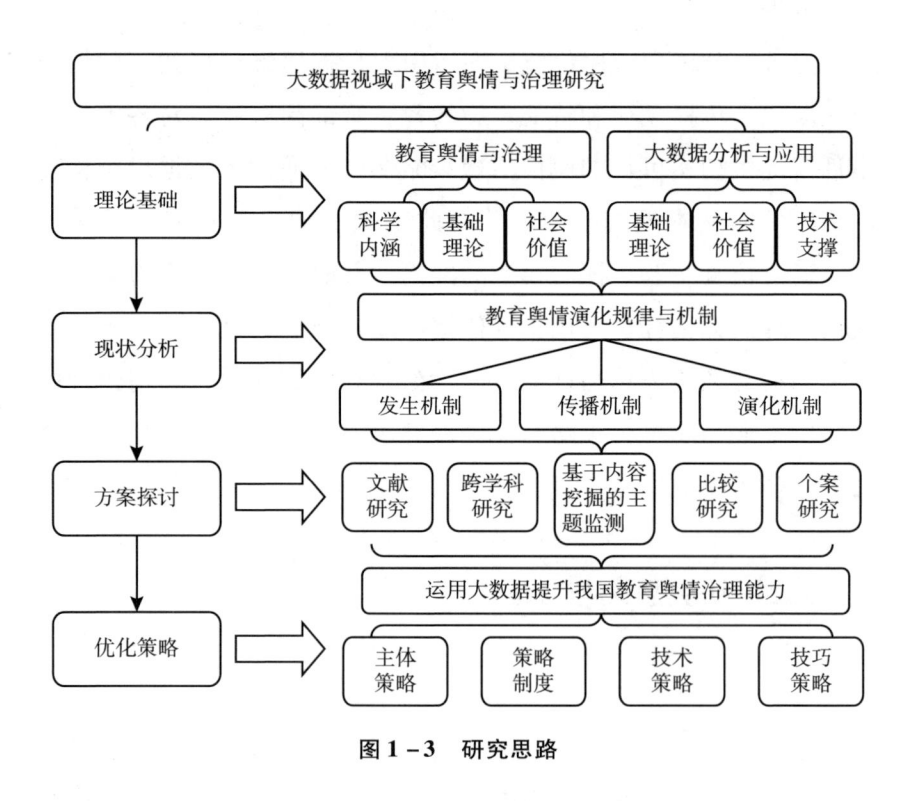

图1-3 研究思路

2. 研究方法

本书主要采用文献研究法、跨学科研究法、基于内容挖掘的主题监测法、比较研究法和个案研究法等方法，注重宏观与微观相结合、规范研究与实证研究相结合。部分方法的运用体现如下：

文献研究法：主要查阅借鉴国内外关于大数据分析方法、教育舆情方面研究的文章和著作以及国内权威机构发布的最新研究成果等，从中获取有用的数据和资料，对有关各种文献做出分析判断。

跨学科研究法：立足于教育技术学专业背景，综合运用马克思主义理论、新闻学与传播学、社会学、统计学、计算机科学与技术等学科的相关理论，突破过去教育舆情研究偏于质化研究的现状，采用多学科结合进行研究的方式，科学把握教育舆情形成的内在规律，全面反思当前教育舆情治理不足，提升教育舆情治理精细化水平。

基于内容挖掘的主题监测法：通过大数据挖掘，将所有相关信息，包括网民评论、情绪变化、社会关系等，以量化的形式转化为可供计算分析的标准数据，通过数据模型进行计算，分析舆情态势和走向。

比较研究法：从教育舆情涉及的议题、治理的体制机制及行政法律手段、技术手段等不同方面，对比分析美国、英国、德国、日本等发达国家教育舆情治理方法，归纳总结西方国家教育舆情的治理经验及对我国教育舆情治理的启发。

个案研究法：以近年来有代表性的教育热点事件为例，分析教育舆情的发生机制、传播机制与演化机制，梳理总结教育舆情治理过程中的经验和教训，为今后教育舆情有效治理提供经验借鉴。

(四) 创新与不足

1. 可能的创新之处

本书可能的创新之处主要体现在以下三个方面：

第一，视角有新意。立足于教育技术学专业背景，综合运用了教育信息理论、教学心理学，以及社会学与传播学的相关理论，从大数据视角审视教育舆情及治理的现状与规律。力图对教育舆情传播规律进行深度分析、教育舆情观点的量化分析和教育舆情事件特点的分析研判，为教育舆情处置提供充分数据支撑。

第二，方法有创新。引入大数据的技术和方法，研究方式从"抽样"转向"总体"，一窥教育舆情的总体发生、发展和变化规律，再辅以内容分析、个案分析等多元研究方法，以具体微观事件进行细致考证，突破教育舆情研究偏于质性分析的局限性，保障研究的全面性、准确性和科学性。

第三，内容有创新。以系统论的思维方式，从大数据视角去审视教育舆情及治理的现状，探寻治理规律；指出构建相对统一、层次分明的教育舆情治理平台是创新教育舆情治理的基础，改进教育部门与宣传部门、网信部门、安全部门的横向联动机制是创新教育舆情治理的保障，发挥大数据在教育舆情可测、可控、可导和可化上的作用则是提升教育舆情现代治理能力和水平的关键。

2. 存在的不足

由于新媒体技术发展日新月异，理论终归滞后实践半拍，加之作者水平和本书构思的局限性，本书还存在一些需要进一步思考的地方，有待日后完善。主要表现在：

第一，技术手段有待优化。在大数据和智能时代，数据信息来源多为结构化、半结构化、非结构化等交织数据，呈现一种混杂的态势，教育舆情分析又必须主客观技术相结合，需要及时掌握最新的教育舆情的大数据技术和算法。

第二，数据信息有待补充。本书尽管对近年来国内教育舆情事件进行了大量收集、整理与转换，但距离"全数据"的要求还有距离。一是因为网络数据的海量打捞难度太大，二是因为国外数据的收集需要突破的限制较多，三是线下信息的来源非常有限。这些都是今后研究中要努力解决的问题。

| 第二章 |

教育舆情及其治理的概念解读

教育因为事关国计民生和社会公平，所以被民众广泛关注。随着互联网技术的飞速发展，网络为公众讨论教育问题提供了便捷、广阔、自由的平台，教育类公共事件也成为舆情的热点。教育舆情和网络舆情一样，具有超网络、强隐蔽、高参与、多渠道、杂争议、广影响的特点。同时教育问题本身的特殊性与教育舆情生成空间的复杂性使得教育舆情又具有了不同于网络舆情的自身特点。因此，科学界定教育舆情的内涵与外延，深入把握教育舆情的特殊规律，明确教育舆情治理目标，是研究大数据时代教育舆情治理的根本问题。

一、教育舆情的概念、特征与功能

2018年9月10日，习近平在全国教育大会上强调："教育是民族振兴、社会进步的重要基石，是功在当代、利在千秋的德政工程。"① 在我国教育改革进入深水区后,和教育公平、师生关系、校园暴力等有关的事件一旦发生,就很容易触动公众敏感的神经,诱发民众在网络空间中广泛聚集。网民的围观和讨论会引发巨大的社会反响,这考验着社会管理者的危机应对能力。对教育舆情的概念、特征和功能进行系统梳理,有利于我们了解大数据视域下教育舆情的发展态势和应对方法。

(一)教育舆情的基本概念

"舆情"是一个本土化概念,是中国现有政治背景和舆论生态下的独特产物。"舆"字原意指车,所谓的"舆人"或"舆者"则是指众人②。唐朝诗人李中在《献乔侍郎》一诗写道:"格论思名士,舆情渴直臣",此时"舆情"的基本含义就是指民众意愿③。在新中国语境下,不少学者尝试对"舆情"这一概念进行重新界定。王来华(2004)是国内较早界定"舆情"概念的学者,他认为:"舆情在狭义上是指在一定的社会空间内,围绕中介性社会事项的发生、发展和变化,作为舆情主体的民众对国家管理者产生和持有的社会政治态度。"④ 冯希莹等人(2011)在区分了舆情的内涵和外延后,将舆情定义为"民众的社会政治态度,并特别强调被管理者对管理者所持有的情绪、认知及意见。"⑤ 可以看出,部分学者将舆情的客体认定为国家管理

---

① 张烁. 习近平在全国教育大会上强调 坚持中国特色社会主义教育发展道路 培养德智体美劳全面发展的社会主义建设者和接班人 [N]. 人民日报, 2018-09-11.
② 于家琦. "舆情"话语传播及走向 [J]. 新闻与传播研究, 2018, 25 (S1): 132-133.
③ 杨斌艳. 舆情、舆论、民意:词的定义与变迁 [J]. 新闻与传播研究, 2014 (12): 112-118.
④ 王来华, 林竹, 毕宏音. 对舆情、民意和舆论三概念异同的初步辨析 [J]. 新视野, 2004 (5): 64-66.
⑤ 冯希莹, 王来华. 舆情概念辨析 [J]. 社会工作, 2011 (5): 83-87.

者和政治事务，不少学者认为这种观点值得推敲。例如，丁柏铨（2007）就表示民众对社会政治的态度只是舆情的一部分，他认为舆情是公众对各种社会问题（特别是热点问题）的公开意见或情绪反应[1]。还有学者指出，舆情有狭义和广义之分。狭义的舆情概念侧重于民众对社会政治的态度；广义的舆情则是指社情民意，是民众对社会情况的主观反映[2]。

正如前面所言，教育舆情的产生和互联网的普及密切相关，想要明确"教育舆情"的概念，就要对"网络舆情"这一概念有清晰的认识。刘毅（2007）在对网络舆情的主要特点、传播路径、生成演变机制、参与要素等进行了系统的论述后，提出"网络舆情"是以网络为传播载体的舆情[3]。曹劲松（2009）认为"网络舆情"是公众借助网络传播工具表达自身意见、观点和诉求[4]。魏丽萍（2010）采用了"舆情"的狭义概念，将"网络舆情"界定为在网络空间内网民对执政者和政治事务的态度[5]。丁汉青等人（2018）侧重对网民情绪表达进行研究，他们将"网络舆情"定义为社会情绪在互联网载体上的公共表达[6]。从不同学者的研究中可以看出，和"舆情"相比，"网络舆情"的独特之处就在于其表达空间是网络平台，在技术赋权背景下，"网络舆情"出现了泛化、分化、外化和极化的倾向[7]。

---

[1] 丁柏铨. 略论舆情——兼及它与舆论、新闻的关系 [J]. 新闻记者，2007（6）：8-11.
[2] 刘毅. 略论网络舆情的概念、特点、表达与传播 [J]. 理论界，2007（1）：11-12.
[3] 刘毅. 网络舆情研究概论 [M]. 天津：天津社会科学院出版社，2007.
[4] 曹劲松. 网络舆情的基本特点 [J]. 新闻与写作，2009（12）：39-40.
[5] 魏丽萍. 网络舆情形成机制的进化博弈论启示 [J]. 新闻与传播研究，2010（6）：29-38.
[6] 丁汉青，刘念. 网络舆情中网民的情绪表达——以中关村二小"校园欺凌"事件为例 [J]. 新闻大学，2018（4）：139-148，156-157.
[7] 葛自发，王保华. 从博弈走向共鸣：自媒体时代的网络舆论治理 [J]. 现代传播，2017（8）.

随着教育类突发事件出现的频率日益提高，教育舆情已经发展成为社会公共舆情的重要构件。张天雪等人（2011）认为，"教育舆情"是指各利益主体针对某一教育事件、政策、观点所表达出的态度倾向和主观意愿[①]。何欣蕾等人（2015）将"教育舆情"表述为产生于教育领域内的舆情[②]。方建移等人（2016）将"教育舆情"看作公众对教育特别是当前教育政策和问题的看法[③]。舒刚（2019）在重点指出互联网在教育舆情发酵中的作用后，将"教育舆情"定义为公众利用网络、围绕教育类突发事件和教育类热点问题传播的具有价值倾向的情绪、态度和行为总和[④]。为了对"教育舆情"进行更清晰的界定，很多研究者选择从教育舆情的主体、客体、产生空间、结构层次等分别进行说明。综合来看，公众是教育舆情的参与主体，有关教育行业、教育机构、教育制度、教育改革等各类事情是教育舆情的客体，互联网是教育舆情产生的主要空间，学前教育、中小学中职教育、普通高等教育、成人教育、特殊教育等是构成了教育舆情的主要层次。在综合不同学者对教育舆情的研究成果后，本书认为"教育舆情"是指在一定时空范围内，不同社会成员针对国家制定和推行的教育政策、法律法规、改革方针以及新近发生的与教育相关的社会事件，产生的意见、情绪、态度及行为等表现的总和。其中，公众是教育舆情的参与主体，有关教育行业、教育机构、教育制度、教育改革等各类事情是教育舆情的客体，互联网是教育舆情产生的主要空间，学前教育、中小学中职教育、普通高等

[①] 张天雪，张冉. 教育舆情研究：从兴起到有效的路径探索 [J]. 清华大学教育研究，2011，32（5）：102-107.
[②] 何欣蕾，王保华. 治理视角下的教育舆情研究：问题与对策 [J]. 现代传播-中国传媒大学学报，2015，37（1）：139-142.
[③] 方建移，薛平. 教育舆情管理与案例分析 [M]. 南京：南京大学出版社，2016.
[④] 舒刚. 新媒体语境下教育舆情治理与意识形态安全 [J]. 中国高等教育，2019，621（2）：46-48.

教育、成人教育、特殊教育等是构成教育舆情的主要层次。

(二) 教育舆情的主要特征

教育既关系到民族与国家的未来,也关系到学生和家长的希望。现实生活中凡是涉及教育的事件都极其容易在网络中进行传播和放大,引发社会广泛关注。理性看待中国教育,就应该看到成就是主流,问题是支流。但在教育舆情领域,越是负面的信息传播得越快、越广,部分信息还被扭曲,这就需要我们对教育舆情有一个清晰的辨识。当前我国教育舆情有以下特征:

1. 教育舆情受关注度高

教育舆情相比较其他类别舆情而言,更容易引发公众的关注与参与,其舆情触发点多而复杂[1]。首先,教育行业作为国家人才培养与选拔的主要领域,承担着青年群体成长成才的重任,也关系着每个家庭的幸福与荣辱。社会是由一个个家庭组成的,而每个家庭都与教育有着不可分割的联系,只要是与教育领域有关的议题都可能涉及家庭的切身利益,其覆盖的广度和重要性不言而喻,因此教育话题的共振效果往往高于其他领域。其次,教育所面临的期望值高,自然受关注程度就高。教育是民生大计,关系到国家的发展与昌运、家庭幸福及个人的发展机会。因此,社会大众对教育事项关注度高、期待值高、投入度高。无论是教师教学水平、师德师风还是学校管理的各个方面,公众都期待教育行业能够交出满意的答卷。然而,近年来频频发生的教育舆情事

---

[1] 曾润喜,王国华,徐晓林. 高校网络舆情的控制与引导[J]. 情报理论与实践,2009,32(11):79-82.

件,不断成为民众情绪的引爆点,造成受众对教育的高期望值与现实落差产生的失望情绪不断积累,以致集体爆发的后果[①]。相比较其他行业,教师的标签化倾向更为明显:一方面,教师群体在社会大众的集体关注下,必须在言行中高要求严标准,一旦有个别教师出现了不当言行,就容易被网络舆论不断放大解读,甚至将个人行为上升为群体行为,将个体事件关联到国家层面的教育体制,从而引起民众对教育领域的整体性不满;另一方面,随着行业要求的特殊性和高期望值,与现实当中部分地区教师的待遇差、教师不受尊重等问题交织,造成教师群体自身的焦虑。最后,教育事件的话题多元,涉及群体的面极广,既有教师和学校领导、教育主管部门领导层面,也有学生和家长群体层面,还有关心教育的社会大众和新闻媒体层面,因此舆情爆发的触点就会增多,事件曝光率提高,成为高关注度舆情类别[②]。

2. 教育舆情议题多样化

教育是一个全面、深度、多维的系统,从上至下涉及的事件、话题、人群都非常多样,形成了教育舆情议题复杂的局面[③]。一方面,从话题类别上看,教育舆情有涉及师生生命安全、财产安全的校园安全类问题,有涉及师德师风、学术伦理的道德类问题,有违规补课收费、体罚学生、校园欺凌等校园管理类问题,有师生价值观、宗教信仰等意识形态问题,更有突发事件引发的多棱问题,新媒体的出现,让层出不穷的教育话题不断刷新公众

---

① 张丽娟,曾润喜,王国华. 高校群体性事件网络舆情管理研究 [J]. 情报杂志,2011,30 (6):61-64,75.
② 徐雷,王珊. 自媒体时代高校网络舆情的潜变与引导 [J]. 传媒观察,2015 (3):33-35.
③ 杨娇. 高校自媒体网络舆情分析及引导机制研究 [J]. 人民论坛·学术前沿,2017 (22):118-121.

眼球，舆情议题的多样化给舆情治理带来了极大挑战。另一方面，教育舆情议题具有明显的时间节点，如开学季、招考季、重要纪念日等，伴随着重要时间节点，教育舆情往往会成为公众热议的话题。例如每年六月的高考季，从对高考作文题目到高考分数线的关注，高考议题成为固定时间节点的议程设置，并且媒体的议程设置也在不断变化丰富，通过赋予旧议程新内涵的方式挖掘关注点，衍生出新的教育话题。

3. 教育舆情观点多元化

教育领域作为舆情事件的高发领域，招生、就业、校园安全、师德师风等都是公众重点关注的内容。借助网络，一个舆情事件可以转瞬间传至世界每一个角落，在极短的时间里引发大量网民的关注和讨论。网络的发展，尤其是自媒体的出现，赋予了每一个使用者同等表达观点的权利和机会，推动了网络空间进一步向公共空间靠拢，极大地促进了公众舆论的发展和繁荣。得益于此，针对同一个教育舆情事件，网民的观点越发多元化，舆论的形成越来越成为一个多元观点相互博弈、妥协的过程。观点的多元化使得更多群体的声音被听见，更多边缘或弱势群体的意愿被关注，同时观点的多元化极大地拓展了社会公共话语机制，让公众从更多维度去审视和思考一个教育舆情事件[1]。以多起中小学教师体罚学生事件为例，事件曝光后，网民除了对涉事教师进行疯狂的攻击和谩骂之外，还从更多的角度对事件进行审视和思考，如"犯了错的学生该不该受罚""教师如果没有了教育惩戒权，跪着的老师能教出站着的学生吗"等问题。针对高校出现的

---

[1] 唐亚阳，李亚斌. 高校网络舆情研究的回顾与展望[J]. 湖南师范大学社会科学学报，2013，42（2）：98–104.

热点舆情事件，舆论观点更是五花八门。如指出高校舆情应对能力不足，负面事情处理避重就轻、敷衍搪塞；质疑高校师德师风发生质变，传道授业解惑已成空谈；反思高校导师制带来的职权滥用问题，呼吁改革硕博培养机制；讨论当下教育环境中师生关系的畸变，呼吁教育部门进行良性引导和规制等。

4. 教育舆情动力复杂化

"动力可以理解为引起事物运动变化的力量或者原因"[1]，教育舆情的发生、发酵、高潮是内部动力和外部动力各要素共同作用的结果。近年来，随着我国综合实力的不断提升，"中国威胁论"在部分西方发达国家传播较盛，国际力量的博弈在经济、军事、文化等领域不断延伸，互联网成为看不见硝烟的战场。教育领域议题广、关注度高、涉事群体敏感，极易挑动民众情绪，引发线下聚集等群体行为，影响国家的稳定和社会的发展。因此，境外反动势力对教育领域的关注极高，对教育舆情事件的策划、发动、传播甚至线下组织等环节都有所参与。2018年，由美国"ME TOO"（我也是）运动引发的一系列全国范围内知名大学知名教授的性侵、师德师风舆论风波，据了解从事件的引爆、线上话题的引导，到线下学生与学校的对立等种种行为，都有境外组织的支持[2]。另外，一些特殊时间节点，高校重点人物的言论也极容易被利用炒作，促使教育舆情的发生发展更为复杂，教育舆情治理工作困难重重。

---

[1] 史波. 网络舆情群体极化的动力机制与调控策略研究［J］. 情报杂志，2010(7)：50-53，69.

[2] 澎湃新闻. 从美国到法国再到中国：ME TOO 反性侵运动的进步与争议［EB/OL］.（2018-01-15）. https：//baijiahao. baidu. com/s？id＝1589648173039232136&wfr＝spider&for＝pc.

（三）教育舆情的功能与影响

教育舆情治理要从传统的"灭火式"管理走向"防火式"治理，就必须要了解教育舆情的功能，从以前形成舆情危机开始发布信息、引导舆情，转向在舆情危机形成前进行舆情的关联分析、级别划分、聚类分析以及倾向性分析，将舆情危机发生的可能性降到最小。

1. 教育舆情的功能

教育舆情反映了公众对教育民生问题的诉求和愿望，认真进行归纳分析，对于推进教育问题的解决具有一定的积极作用。从某种意义上说，教育舆情是教育事业发展的"晴雨表"、思想政治教育的"导航仪"、促使问题解决的"催化剂"、教育问题预测的"探测器"。

（1）教育事业发展的"晴雨表"。互联网时代，公众对教育的关注可以通过微博、微信、抖音小视频、社区论坛等渠道更为便捷地表达。在互联网上，网民要么是受教育者，要么是受教育者的家人，因此与教育相关的话题往往能牵动网民的敏感神经，他们会利用网络平台充分表达自身观点或诉求，并与其他观点进行博弈，最终形成反映公众对教育意见、建议和诉求的舆论流。通过对教育舆情的梳理分析，可以了解真实民意，掌握公众对教育工作的满意度，有针对性地加强教育教学改革，促进教育事业发展。当下，网民乐于在不同的网络平台咨询教育问题、曝光不良教育现象等，借由网络反映出的公众舆论常常与传统的报纸、电视等媒体上的公共意见形成互补①，这对于政府部门了解教育发展现状，作出科学合理的决策意义重大。

（2）思想政治教育的"导航仪"。教育舆情除了反映公众对教育的意见和诉求之外，更为重要的是让我们了解当下学生，特别是高校学生的思想动态，为教师开展思想政治教育提供方向②。当前所有学生都是"网生代"，离不开网络、放不下手机是他们的真实写照。他们习惯在网上发表感想、倾诉心声、发泄情绪，所有的思想状况都会在网上呈现。通过梳理学生的言论，可以让我们的思想政治教育工作者聆听到学生们的心声，从而使思想教育工作更具针对性。例如，通过教育舆情及时发现问题，对是非观模糊的学生进行正确的价值观引导；对有不良心理倾向的学生进行沟通，避免其患上心理疾病；结合学生的喜好和求知欲，创新思想政治教育内容等。

（3）促使问题解决的"催化剂"。由于教育问题涉及面广、关注度高，公众对教育事业非常热心，教育事件极有可能引发"蝴蝶效应"③，因此线上出现反映教育的诉求后，促使教育主体和教育主管部门对线下问题的处置更加积极。虽然由于教育理念的差异及公众认知上的不同，每一项重大教育改革举措都会引发热议，在政策出台时相关部门还要充分考虑公众的感受，在一定程度上给教育改革带来了不便，但更多的是起到了促进问题解决的"催化剂"作用，让主管部门在广大网民的监督下更加重视教育的体制机制建设，并推动对教育不公平、教育教学改革、教育管

---

① 缪志波. 浅析微博时代高校网络舆情的监测与引导 [J]. 当代教育论坛, 2012 (1): 118 – 122.
② 齐朝阳, 陈少平. 高校网络舆情的引导策略研究 [J]. 思想政治教育研究, 2012, 28 (3): 124 – 126.
③ 潘清泉, 都圆圆. 高校网络舆情管理预警机制建设刍议 [J]. 学校党建与思想教育, 2014 (16): 58 – 59, 62.

理、教学设施设备改善、校园周边环境整治等重要问题的解决。

（4）教育问题预测的"探测器"。教育舆情不但是当下教育事业发展的"晴雨表"，更是对未来教育问题进行预测的"探测器"。教育工作者和研究人员可以通过梳理教育舆情，分类整理公众的舆论观点，探究问题产生的根源，把握问题的症结，对可能出现的苗头性、倾向性问题进行排查。同时，及时掌握教育问题产生的主要因素及发展规律，可以精确进行预判并制定科学有效的治理措施。教育部门通过了解舆情的出现规律，明确下一阶段工作重点和可能出现的舆情风险点，提前做出预防和监测工作，及时遏制可能出现的负面舆情。一旦有新的教育舆情发生，相关人员可根据工作预案和舆情工作数据库，结合舆情发酵及扩散规律，对其发展趋势作出科学的判断，及时采取措施防止舆情扩散。

2. 教育舆情的正面影响

教育舆情客观上反映了人民群众对教育改革的期待和要求，能够促进教育事业的发展。例如，及时掌握真实全面的信息，提高教育决策的科学性；提高公众参与度和官民互动频度，推动教育决策的民主化；充分锻炼学生判断媒体信息能力，提高学生媒介素养；核查教育领域不合理现象和存在的不足，促使其改革和完善。

（1）及时掌握真实全面的信息，提高教育决策的科学性。在教育舆情事件发生后，来自社会不同阶层的声音得以迅速传播，这是网络为公众舆论带来的便利。在前文中我们论述教育舆情的特征时提到，借由网络的及时性、隐匿性和多元性等特点，我们不仅可以通过网络听到来自社会不同阶层的声音，更能听到那些在现实世界中由于诸多阻碍和压力而不能表达的声音①。这些被压制的或因为较为敏感不敢表达的声音，或许正是推动教育发展亟须听到的正确声音。美国学者弗兰克·比切姆认为："互联网代表了真正意义上的信息革命，因其正消除着传统大众媒体中长期存在的政府、团体对消息的过滤。"② 由此可见，民众借助互联网发出的舆情信息比其他任何传播媒介传递的信息更为及时、真实和全面。互联网的发展使信息及时、真实、全面地传递有了可以依托的技术支持，使得基层的声音能够突破中低层管理者的管制，让处于高位的管理者和决策者能够及时了解基层群众的呼声。并且通过网络传播使高层管理部门之间获取信息可以最大限度地防止信息因被过滤而失真，保持原汁原味的舆情信息，让管理部门了解真实民意，以此为依据作出的决策更加科学。

（2）提高公众参与度和官民互动频度，推动教育决策的民主化。习近平总书记在十九大报告中指出："发展社会主义民主政治就是要体现人民意志、保障人民权益、激发人民创造活力，用制度体系保证人民当家作主。"③ 在新的历史条件下，进一步健全人民当家作主制度体系就需要在拓宽民主参与的渠道上下功夫，让民众切实体会到自己参与到政治文化生活中。反映呼声，下情上达，网络技术的普及与应用为此提供了新的途径和可能。当下互联网在增加包括教育在内的公共决策的参与主体，提高公众参与度和促进政府相关部门决策民主化等方面发挥着极为重要的作用。通过网络收集和了解公众对教育工作存在的意见和建议，汇

---

① 崔永鹏，边志贤. 全媒体环境下高校学生网络舆情特征与引导策略研究［J］. 兰州文理学院学报（社会科学版），2016，32（3）：82-85.
② 陈力丹. 舆论学——舆论导向研究［M］. 北京：中国广播电视出版社，2005.
③ 习近平. 决胜全面建成小康社会 夺取新时代中国特色社会主义伟大胜利——在中国共产党第十九次全国代表大会上的报告（单行本）［M］. 北京：人民出版社，2017：45.

集公众的智慧和想法，问政于民，问需于民，问计于民。长久以来，党和政府与人民群众的沟通主要通过主流的新闻媒体进行层层的向上或向下传递，在这个过程中由于信息层层把关，使得传播的信息套路化、模式化，未能真正反映人民群众的声音。而互联网的传播结构是分布式的、扁平化的，具有内在的平等性，通过网络可以更有效地将人民群众的意愿反馈给相关的教育职能部门，从而使得上级部门在进行决策时可以参考更多民主意见，更好地促进决策的民主化。决策承载民意，有利于其落实过程中运行顺畅。

（3）充分锻炼学生判断媒体信息能力，提高学生媒介素养。随着互联网的发展，学生不仅拥有了更多获取知识的途径，更能第一时间接收到外界信息。一旦发生教育舆情事件，学生就能通过互联网了解事件概况和进展。但网络信息良莠不齐，其真实性、指向性和可靠性，均需要学生自行判断。学生作为受教育的主体，正处于人生观、世界观、价值观形成的关键时期，在老师的指引下，让他们参与对教育舆情事件全过程的处置引导，可以让他们吸取更多的知识，掌握相关法律法规，提高明辨是非的能力。通过教育舆情事件，他们能够切身感受到网络媒体的利弊，冷静思考事实，并深刻了解不良舆论的后果，自省其言行。中国公安大学李红教授指出："高校应将媒介素养教育纳入大学生社会主义核心价值观教育中，培养大学生判断媒体信息的能力，提升学生媒介素养是指引学生群体有序地投身于网络舆情的实践活动的合理路径选择。"[①] 随着学生媒介素养不断提高，他们将会拥有正确的价值观和责任感，并成为引导教育舆情向正面发展的主

---

① 李红. 基于系统论视角下的高校网络舆情应对机制研究[J]. 中国信息安全, 2018（11）: 97-99.

力军，肃清网络不正之风。

（4）核查教育领域的不合理现象和缺陷，促使其改革和完善。负面教育舆情大多聚焦教育举措、考试招生、校园管理、校园安全和教育教学设施等各方面存在的不公平不合理现象、违法违规行为和制度缺陷。随着微博微信等自媒体平台在人们日常生活中发挥着越来越重要的作用，具有低门槛、高亲民度、强时效性、传播范围广、传播速度快、信息交互快、活跃用户多等特点，越来越多的人选择通过这些自媒体平台传递信息、表达诉求、参与公共事务讨论、维护自身权益等。"2016 年全国硕士研究生考试泄题案""西安某大学研究生溺亡事件""武汉某大学研究生坠亡事件""校园毒跑道事件"等均由网民在微博平台曝出，一经曝光立即引发网民高度关注和媒体聚焦，迅速点燃舆论场，人民日报、环球时报等媒体官方微博也积极参与。根据蚁坊软件《"2018 高校师生问题"舆情事件汇总》[①] 报告显示，2018年教育舆情热点事件的首发平台前三依次为微博、新闻网站和微信公众号。以微博为例，根据新浪科技发布的《2018 年第四季度及全年财报》显示，截至 2018 年 12 月 31 日，微博月活跃用户达到 4.62 亿，日均活跃用户数突破 2 亿关口[②]。微博等新媒体对相关教育问题的曝光和发酵，找出了教育部门和学校在管理方面存在的漏洞、相关法律法规的缺失等，引起了相关政府部门和各学校的重视，并及时介入调查处置、改革和完善相关制度，这有利于推动我国教育事业的发展和进步。

[①] "2018 高校师生问题"舆情事件汇总［EB/OL］. https：//www.eefung.com/hot-report/20180418102253.

[②] 微博发布 2018 年第四季度及全年财报［EB/OL］.（2019-03-05）. https：//tech.sina.com.cn/i/2019-03-05/doc-ihsxncvh0033063.shtml.

3. 教育舆情的负面影响

教育舆情的群体极化、信息失真也容易对公众造成误导，干扰和破坏正常的教育教学秩序，不利于中国特色社会主义教育事业的健康发展。例如情绪化言论蔓延，推动网络暴力事件频发，造成相关人员心理创伤；教育舆情热度居高不下，赋予突发事件强爆发力，易对学校教学秩序造成冲击；扭曲公众价值观，损害教育单位的公信力，造成社会矛盾。

（1）情绪化言论蔓延，造成相关人员心理创伤。不少网民会通过网络发表情绪化、非理性的言论，这是公众宣泄现实生活中不满情绪的一种方式，适度的情绪宣泄可以平息舆论的愤怒，但是如果放任情绪化言论蔓延就容易滋生"网络暴民"[①]。这个群体常通过"人肉搜索"等非理性手段追查当事人，曝光当事人隐私，并对当事人进行恶意的言语攻击、辱骂，有时甚至发展成为现实暴力，严重影响当事人的正常生活。教育舆情涉及的往往是民众期望值较高的教师群体，一旦出现个别教师的师德师风问题，网民极易将个体问题群体化、标签化，并将行业问题政治化，不断抨击教育体制问题。这不但不利于教育改革与发展，也严重影响了教师群体在公众、学生心目中的权威性，颠覆中华民族"尊师重教"的传统美德。对教师群体的信任丧失，衍生到对国家教育的不自信，是对教育领域发展的严重打击。同时，在一个教育舆情事件中当网络暴民成为舆论的主导者时，往往会引导公众舆论向一个负面的偏激的方向发展，在这个过程中许多不明真相的网民也会盲目加入，形成集体的无意识的审判和施暴，无

---

① 肖燕芳. 传播学视阈下"网络暴民"成因解读 [J]. 新闻界，2011（3）：67 - 68，96.

形中会对教师、教育管理者等相关人员造成极大的心理创伤。

（2）教育舆情热度居高不下，易对学校教学秩序造成冲击①。教育事业涉及群体广、覆盖面大，从而教育舆情相比较其他类别舆情，更容易引发公众的关注与参与，其舆情触发点多而复杂。例如，山东某大学留学生学伴制度、山东某大学为留学生腾宿舍、福建某大学留学生不满执法推搡交警等涉留学生"超国民待遇"事件相继曝光，相关大学陷入被动局面，"山东女生"被舆论污名化，严重影响学校形象。"留学生""超国民待遇""学伴"成为敏感"热词"，舆论对此极为敏感和反感。公众的态度使得教育舆情热度居高不下，赋予教育舆情事件强大的舆论吸附力。鉴于教育舆情影响因素复杂，且含有不可控因素，故虽然在相关部门的努力下，仍会有突发事件教育舆情出现。教育舆情事件发生后，伴随各种风险点，一旦被有心人利用，凭借网络传播的即时性、开放性和海量性等特点，将会出现"线上造势、线下呼应"的现实破坏力，对学生思想动态、学校教学秩序等造成严重影响。

（3）扭曲公众价值观，损害教育单位的公信力。在网络上，人们摆脱了现实生活中的身份角色、道德准则、社会规范的限制和束缚，网络道德自律和法律意识的淡薄造成网络世界里道德失范和违法犯罪行为屡屡出现，为教育舆情事件的处置与舆论引导带来困难。在浮躁的网络传播和舆论生态里，一些网络媒体为了追求更高的点击率以谋求更大商业利益，会对民众关注的教育事件的负面情节夸张、放大，甚至虚构戏剧化情节来引导公众的负面情绪，从而导致公众的价值观发生扭曲，社会信任感削弱，损

---

① 洪卫林，刘潇潇. 当下教育舆情的特点分析和对策建议[J]. 青年记者，2017(36): 37-39.

害教育单位公信力。如四川某中学食品卫生安全事件，网民曝出该食堂使用发霉食物的虚假信息后，很多媒体平台不辨真伪，竞相转发，并在转发过程中添油加醋，使该虚假信息进一步强化了网民的负面情绪，将评论矛头转化为学校管理不善、主管部门无作为等焦点上，不但不利于事件的解决，还激化了公众与教育主管部门的矛盾，将偶发性的个体事件上升为教育管理事件，虽然事情真相澄清后抓捕了造谣者，但对政府的公信力依然造成负面影响。

二、教育舆情的构成分析

教育系统包含多要素的复杂性决定了教育舆情的特殊性，使其成为舆情研究的重中之重。教育舆情具有相应的主体、客体与环境要素，从萌芽到发生，再到传播扩散和导控消散，是一个完整的生态过程或者生态系统。教育舆情存在主体、客体及环境因素这三大主要的影响因素，在整个教育舆情的传播扩散过程中，对信息流、传播流及反馈流起着重要的作用。在研究教育舆情时，对教育舆情的主体、客体及环境因素进行界定是理解教育舆情的前提和基础。目前，学界对这三方面的研究已经初步展开，但因为研究视角、方法的差异，得出的结论也有所不同，没有形成权威的定义和阐释。

（一）教育舆情的主体

教育舆情与普通舆情的产生过程具有相似性，同样具有过程性和系统性，从舆情产生到传播、扩散、消退的整个过程中，牵涉的因素复杂多变，在不同阶段会有身份的重叠。因此，对教育舆情主体的研究呈现不统一、不固定的特点，对教育舆情主体的划分也是分门别类。目前的研究主要从涉事主体、传播主体、应对主体、消费主体四个方面进行探析。

1. 教育舆情涉事主体

对教育舆情的主体研究主要集中于涉事主体方面。简单来讲，教育舆情涉事主体也就是在教育舆情生态系统中发生的时间事件中出现并发挥一定作用的个人、群体或组织。这些主体是教育舆情的生产者和信息源，很大程度上从涉事主体中产生的信息能够决定教育舆情事件的影响力。李昌祖（2014）认为，教育舆情的主体分为教育活动的直接参与者和一般社会民众[①]。但是，李昌祖也在反省自己观点的不足，他澄清之所以如此对教育舆情做划分，主要是为了强化对教育舆情研究的针对性与治理的时效性，避免得出教育舆情的主体只是教育活动直接参与者的错误结论。舒刚（2016）认为，教育舆情与其他舆情具有巨大差别，教育舆情拥有更广的社会基础，涵盖社会各个阶层和各个方面，民众既是教育活动的直接参与者，也是教育舆情传播的重要主体[②]。黄瑶认为，教育舆情的主体是教育主体和参与者[③]。这类研究的切入点比较细致，将教育舆情划分得比较具体。但由于研究切入点太过微观，无法从全局视角对教育舆情形成统一的划分框架，同时，细化之后的研究主体增多，复杂度增高，不利于展开教育

---

① 李昌祖，杨延圣. 教育舆情的概念解析 [J]. 浙江工业大学学报（社会科学版），2014，13（3）：241-246.
② 舒刚. 我国教育舆情研究的热点议题及趋势展望——基于 CNKI（2009—2015）的数据分析 [J]. 国家教育行政学院学报，2016（10）：40-46.
③ 黄瑶. 教育舆情探析 [D]. 太原：山西大学，2013.

舆情的针对性研究。

2. 教育舆情传播主体

在教育舆情生态系统中，必定涉及舆情的传播和扩散，教育舆情传播主体主要指的是在教育舆情信息扩散过程中发挥作用的主体，从普通民众到政府部门、从社交媒体到官方媒体，只要涉及传播教育舆情信息，都可作为教育舆情的传播主体。包雁（2017）在梳理教育舆情的传播主体时认为，教育舆情信息的传播者是对信息进行扩散、加工的个人、群体和组织等[①]。她模糊地将教育主体进行了分类，但仍然不够细化。主流观点认为从获得传声筒掌握发声权利的普通网民，到具有影响力的自媒体，到民间及网络当中的网站媒体，再到新闻工作者及官方主流媒体，这些都是教育舆情传播的重要组成部分，在教育舆情发生、传播、演化过程中发挥着重要作用。对教育相关的舆情信息进行观点表达、意见讨论和信息分享，是教育舆情信息能够实现广而告之的重要途径。具有代表性的是王鲁峰（2017）对教育舆情主体的划分，他认为教育舆情主体分类应包括政府、媒体、学校、教师、学生、家长、制度法律[②]。在王鲁峰的研究中，他对媒体做了较为细化的分析解读，认为媒体对舆情信息传播的其他途径而言具有强大的影响力，较容易煽动关注教育舆情信息的受众情绪。不过也应该指出，王鲁峰只列举出媒体是传播主体，而忽视了其他传播途径。除此之外，多数研究者认为，随着互联网络技术的深入普及，舆情信息传播的互动性与单向性进一步加大，教

[①] 包雁. 2010—2015年我国教育舆情变化态势探析［D］. 长春：东北师范大学，2017.

[②] 王鲁峰，侯劭勋. 言传声教　知易行难：2015教育网络舆情研究报告［M］. 上海：上海三联书店，2017：31-32.

育舆情信息的传播扩散也越来越活跃，例如线下的群众聚集和讨论在增强，教育舆情信息在向外扩散阶段的重要性越来越凸显。

3. 教育舆情应对主体

从目前看来，教育舆情信息的传播作用已经空前增强，传播方向正确、传播事实准确，传播对象精确可以有效减少教育舆情的负面影响，使舆情事态按照既定方向发展。对舆情事件进行有效导控，要起到这一效果舆情的应对主体至关重要。在舆情发生后，需要相应的主体进行应对，对教育舆情信息在传播过程中有错误的信息进行更正修改，使之符合原有事实信息；对传播方向发生变化的舆情进行引导，使之符合既定发展方向；对已经造成不良影响的教育舆情信息需要及时处理，回应公众所呼所应，降低负面教育舆情的破坏性。孙飞（2017）在《2016 年中国教育行业舆情分析报告》中指出，教育舆情的应对需要多部门合力完成，而多部门主要指的是教育主管部门、涉事部门、媒体宣传等几方面[1]。这样分类的依据主要是把舆情事件发生后对其进行处置和回应的一方，包括个人、群体及组织等各方面的主体展开研究。目前对教育舆情的应对主体认识仍然停留在舆情应对方这一角度，主要有两个认识维度。一方面，教育舆情应对主体具有代表性的几个主体有各地区政府、宣传网信部门、教委（教育局）、涉事学校、教育培训机构等。另一方面，除上述教育舆情应对主体外，还有从教育舆情应对主体之外延伸出来又与上述有所区别的主体，如教育系统掌握的报刊、电视媒体、微博或微信等社交媒体账号、教育网站以及手机客户端等。虽然把第二个维度涉

---

[1] 孙飞，张跃志. 2016 年中国教育行业舆情分析报告［J］. 江苏教育宣传，2017（1）：40–45.

的也称为教育舆情的应对主体，但是这一层次的应对主体主要还是由第一维度应对主体来实现编辑分享传播，仍然具有某种层级所属的关系。因此，从某种程度上看，教育舆情的应对主要属于第一维度。

4. 教育舆情消费主体

在对于消费的理解上，不同的视角有不同的理解，在教育舆情系统中有必要厘清教育舆情"消费"的内涵及作用，本书所指"消费"并不是实际意义上的购买、支付费用的行为，而是对教育舆情信息的接受、理解、传播、反馈以及相关讨论、诉求表达等行为。对于教育舆情消费主体的研究，是主体研究中比较少的，但只要有生产就会有消费，而且不论是舆情还是教育舆情，没有消费就没有了意义，所以对于教育舆情消费主体的研究仍然具有重要意义。教育舆情的消费主体，其实主要是针对教育舆情的涉事主体而言。包雁（2017）在研究中指出教育舆情的消费主体主要可以分为被动消费和主动消费两个层次，主动消费主体出于某种诉求或利益而展开，被动消费是受到鼓动或受到不经意的透露之后所进行的被动消费，但两者的消费均是对教育舆情的行为，具有一定的目的性和导向性[①]。消费主体主要的行为在对教育舆情事件进行"消化"，而在这个过程中极有可能出现错误消费、过度消费的情形，如将教育舆情误导向错误的方向、把教育舆情所囊括的范围扩大化。在研究教育舆情消费主体时，要注意研究主体开展消费行为时的具体信息、消费主体的详细分类及划分，预期的消费方向、消费心理以及消费行为有可能带来的后

---

① 包雁. 2010—2015年我国教育舆情变化态势探析［D］. 长春：东北师范大学，2017.

果，这些都是在预警及处置教育舆情时要引起重视的角度。

（二）教育舆情的客体

相对于教育主体而言，在对教育舆情客体进行定义及研究时，各方存在的争议远没有对主体定义时复杂。一般看来，目前学界倾向于将教育客体与教育舆情的客体混淆，片面地把教育舆情的客体理解成为教育对象，例如学生、教师或者是教育管理者等，这种对教育舆情的分类是因为存在不同视角。实质上，教育客体与教育舆情的客体是两个不同的概念，教育的对象是具体的对象，而教育舆情的客体概念应该是广泛的，并不只局限于具体对象。同时，教育舆情的客体是和主体相对应的，是教育舆情主体关注的对象，主要是教育主体在教育领域所产生的。陈华栋（2017）认为："由于教育程度、职业、经济地位的差异化，常会导致对教育问题、教育事件、教育政策的看法带有浓厚的个人情绪，教育网络舆情内容更丰富、观点更分散。"[1] 而陈帆帆（2018）将教育实践作为教育舆情的客体进行研究，认为教育舆情由主体、客体、本体和舆情空间构成。王鲁峰（2017）则认为教育舆情的客体有行政贪腐、考试招生、师德师风、校园安全、意识形态等具体对象[2]。教育舆情的客体不应该是与教育相关的人、群体和组织机构，而是由教育舆情主体所产生的行为。本书考察的教育舆情客体主要有以下几个方面：

---

[1] 陈华栋. 当前教育网络舆情特点分析与对策思考——基于2013年教育网络舆情发展演变的实证研究［J］. 思想理论教育，2014（7）：89－93.
[2] 王鲁峰，侯劭勋. 言传声教 知易行难：2015教育网络舆情研究报告［M］. 上海：上海三联书店，2017：31－32.

1. 教育行政管理

教育行政管理是教育舆情客体的重要组成部分，舆论对这个领域的关注和讨论占据主要位置。教育行政管理在整个教育系统内起到的是统领作用，一般来讲，只要发生重大舆情事件，都会牵涉教育行政内部的贪污腐败问题、相关部门不作为问题、有关工作人员积极性问题等，都能够成为教育舆情的客体。若是在教育行政管理方面发生负面舆情事件，将影响教育生态系统的整体形象，产生消极影响。

2. 教育体制制度

近年来，我国深入推进教育体制与教育制度改革，取得了丰硕成果。但针对我国教育情况复杂的客观条件，教育体制、制度还在公平性、持久性方面存在短板，即存在地区之间的差异，加之不同地区不同主体对教育体系和制度的了解程度会有所差别，使社会大众及舆论常常聚焦我国教育领域的体制制度问题。教育体制和制度作为教育舆情的客体之一，极易遭受舆论诟病，会给整个教育系统健康的舆论生态造成无法弥补的损害。

3. 教育意识形态

教育层面的意识形态主要是指广大教师、学生以及教育系统工作人员的思想观点、价值观念受到意识形态主体环境、思维能力和价值宣传等因素的影响，往往随着教育的各种因素而改变。近年来，教育系统意识形态领域的舆情频发高发，更显现出公众对教育问题的认知和看法越来越多元。加之历史虚无主义、新自由主义等各种错误思潮的影响和传播，使该类舆情发酵极快。教育意识形态因其不能直接表现为具体形态，常常是教育舆情当中最隐蔽、最不容易发现的领域，但因其涉及意识形态和社会稳定层面，往往又是最重要的领域。当教育舆情生态系统内部，意识形态出现问题时，往往不能在第一时间发现并处理，多数情况是已经扩散了才发现，错过最佳处置时间。

4. 校园师生安全

校园内的教育活动承担着教书育人的职能，是教育的主要聚集地，从上可以与教育行政管理直接联系，可以最大限度地体现教育体制制度的优劣性，往下涉及众多教师与学生，关系着众多师生的直接利益，因此校园是教育舆情的主要发生地，成为教育舆情中出现频率较高的词汇。校园内师生安全是教育舆情系统最常见的舆情事件，也最容易引起社会大众关注。

5. 师德师风问题

师德师风指的对象主要是教师，教师教书育人、春风化雨的形象和榜样作用一直以来都未改变，当出现师德师风问题时，比较容易吸引大众的眼光。教师行为失范这种颠覆大众认知和传统认知的反常现象，常常能够引起较大波澜，如虐待体罚学生、差别对待学生、学术不端等，小小的个案都能在网上引起轩然大波。师德师风问题逐渐成为较敏感和具有刺激性的话题。

6. 教育招考录取

这个方面的关注点，主要集中于每年的学校招考季节，在其他时间段很少发生教育舆情，但是，一旦出现教育舆情便是影响范围比较广的教育舆情事件，常常表现为招生权利滥用、招生分数设置不合理、考题试题引争议、加分政策引不满、招生录取黑幕等形式，对这个层面的教育舆情报道也是较为常见与集中的。

(三) 教育舆情的环境

教育舆情的环境分析是舆情要素分析[①]的重要一环，教育舆情的环境因素有时候发挥的作用往往比教育舆情主客体的作用还大，只是常常以比较隐蔽的方式体现，没有引起社会大众的注意。对其的研究也占少数，多数是对教育环境因素的研究，而教育环境并不能等同教育舆情环境因素，二者虽有共同之处，但也有区别。教育舆情环境是指教育舆情发生、发展到消亡的一切环境要素的总和。通常来讲，教育环境一般分为物质环境、精神环境与社会环境，物质环境主要是学校的硬件实施和校园环境，精神环境主要指学校的文化内涵和校风，社会环境主要指整个社会中对教育的重视程度。而教育舆情环境主要包括政策制度环境、媒体传播环境、社会舆论环境，学界目前的研究也主要集中在这三个方面。

1. 政治环境

政治环境对教育舆情的影响不可忽视，国内政治和国外政治都对其有着巨大影响。从国内政治环境看，政策制度的影响最为明显，主要表现在对教育资金、教育目的、教育机会、教育制度等方面，往往能够决定教育的走向，同时也因为认知的差异引发教育舆情。党的十九大之后优先发展和高度重视教育事业的政策给予了教育发展的良好政策环境，有效地缓解了社会对教育领域的许多负面情绪，教育舆情的发生频率呈现下降的趋势。完善城

[①] 何欣蕾，王保华. 治理视角下的教育舆情研究：问题与对策 [J]. 现代传播（中国传媒大学学报），2015，37（1）：139-142.

乡义务教育经费保障机制，义务教育"两免一补"，少数民族、独生子女等加分政策，农村学生营养改善计划，中高考制度改革，整顿校外培训机构等政策制度的颁布、调整和施行都在一定时期内产生了影响较大的教育舆情，部分舆情事件还滋生了次生舆情，在社会范围内产生比较强烈的反响。从国外政治环境看，由于教育舆情的高敏感性和高关注度，国外反华势力对教育舆情格外关注，在教育事件发生时，有目的有组织地通过互联网散播扩大事件的负面影响，有意传播谣言，煽动网民情绪，极力促使网民与政府的对立。如北京某幼儿园虐童事件、女大学生"裸贷"事件等重大舆情背后都有国外势力的介入与推动，影响着教育舆情的发展走向[①]。

2. 传播环境

经过梳理发现，在对教育舆情进行研究时，对教育舆情媒体传播环境的研究还是短板。教育舆情的产生离不开传播，一个事件不经过传播的发酵，将不能成为舆情[②]。媒体作为权威的信息传播渠道，在教育舆情事件的传播、发展和演变过程中扮演着重要角色。媒体传播的环境主要包括国家层面的新闻出版及传播政策，这是总的方向，同时以正面宣传为主，为党和人民主动发声表态；其次是包括媒体自身内部的环境，如媒体专业主义、职业道德理念、传播报道准则以及媒体的价值取向等，这二者构成主要的传播环境，影响着事件的传播。当教育舆情事件发生后，媒体首先必须在固定的传播环境中进行传播，再通过设置报道议程

---

① 央视新闻."校园贷"莫成"校园害" 借款超57万 女大学生"负债"自杀[EB/OL]．（2017-04-20）．http：//news.cctv.com/2017/04/20/ARTIoNYy73aaCBCB8CNjnvdr170420.shtml．
② 田凤."后真相"时代教育舆情话语的产生、传播与反思[J].当代教育科学，2018（10）：69-74.

有计划地传播报道，经过固定传播环境，加上媒体传播时的选择，有可能比较重大的教育舆情事件能够被缩小，得到很好的处置解决，也有可能比较细微的教育舆情事件逐渐被放大，造成比较负面的影响。

3. 社会环境

随着互联网技术和移动通信技术的发展，公众日益频繁地参与到社会公共事件的讨论中，借由自媒体传递信息、发表个人观点和意见已经成为公众日常生活中不可或缺的一部分。2019年2月28日，中国互联网络信息中心（CNNIC）发布第43次《中国互联网络发展状况统计报告》①，指出我国网民规模继续保持平稳增长，网民结构不断优化并趋于成熟，同时网络空间综合治理取得显著成效，网民已经成为社会政治、经济和文化生产、消费的主力军。自媒体和各类客户端的发展成熟，为公众获取信息、参与时事评论、发表个人意见提供了便捷、高效的平台和工具，网络已经成为影响力超越报纸、电视等传统媒体的新型传播渠道。由于自媒体和客户端使用的便捷性和低准入标准，人们借此参与社会事件的评论等交互活动越发方便和频繁，网络舆论的产生和发展也更为迅速，影响力和规模都在不断扩大，在社会舆情的产生和发展过程中扮演着越来越重要的角色。舆情的环境被表述为民众情绪、态度形成、发展和变化的具体情景，主要是指舆情主客体之间以及主客体与空间中其他要素互动的情景。这种互动通常体现为社会大众对舆情事件的关注热议及讨论，也就是体现为社会舆论环境。社会舆论环境作为影响教育舆情的环境因素，发

---

① 第43次中国互联网络发展状况统计报告 [EB/OL]. (2019 - 02 - 28). http：//www.cac.gov.cn/2019 - 02/28/c_1124175677.htm.

挥着重要作用,当教育舆情发生之后,社会舆论往往会聚焦到发生的事件中心,通过发表舆论观点和意见来呈现各个阶层的利益诉求,因为大众所表达的观点与自身利益切身相关,教育舆情中所体现的舆论常常伴随着社会大众的主观情绪,而并非理智的声音。这种缺乏思考的舆论声音传播扩散后,会形成感染性的传播,这种单一、片面、非理性的舆论会充斥整个社会,影响教育舆情的纠正与扩散。社会大众对教育舆情的舆论表达也分为积极与消极两个方面:一方面社会舆论环境会促进教育舆情的应对与处置,这通常是对持有理性、建设性的态度而言;另一方面,社会舆论环境会阻碍教育舆情的处理,甚至会恶化教育舆情的传播情况,出现难以处置的局面。教育舆情的产生、发展和演变受到了教育场域的影响,这个场域囊括教育事业的主客体和主客观环境,教育场域对网民舆论和行为的影响是广泛而深远的。

三、教育舆情治理内涵、目标与内容

从学前教育、义务教育到高等教育,每一阶段的教育问题都引发高度关注,使得教育领域成为舆情的高发地带。如何透过舆情事件表面的迷雾和喧嚣,找出背后所隐含的利益诉求并妥善解决,是教育舆情治理的根本任务。对教育舆情进行科学治理,为教育的健康发展营造良好的舆论氛围,是开展教学工作的需要,也是提升教育治理体系和治理能力现代化的需要。开展对教育舆情治理的研究,充分显现了舆情研究的阶段性特征,有助于进一步推动教育舆情研究的科学化进程。特别是厘清教育舆情治理的内涵,有利于确定教育舆情治理的目标、价值和具体内容。

(一) 教育舆情治理的概念辨析

网络社会的到来对教育舆情治理提出了时代要求,教育舆情治理成为新的时代课题。传统的治理方法、治理能力和治理效果难以适应新时代的发展。"治理"一词的内涵经历了不断丰富的过程,越来越切合时代需要。在新时代的"教育舆情治理"这个概念中,"治理"不仅仅是现代汉语词典里简单的字面含义,也不仅仅是西方学术界阐释的"经典"意义,而是打上了新时代中国特色社会主义的印记。"治理"英文为"governance",可以溯源到古典拉丁文和古希腊文,原意是"控制""引导"和"操纵"。现代汉语词典的解释是:"统治;管理:治理国家。处理;整修:治理淮河。"[1] 这是"治理"的基本含义。

但在政治学领域,"国家治理"中的"治理"被赋予了"抑制冲突""保持秩序""调和矛盾"等新内涵。"长期以来它与'统治'一词被人们交叉使用,并且主要是用于与国家的公共事务相关的管理活动和政治活动。"[2] 国家一旦产生则与"治理"密不可分。马克思认为,国家是阶级矛盾不可调和的产物[3]。这就意味着,国家需要统治、管理或治理。绝不是像黑格尔所认为的国家是"理性的形象和现实"或"伦理观念的现实"。基于此,恩格斯也曾经指出国家决不是从外部强加于社会的一种力量[4]。

---

[1] 中国社会科学院语言研究所词典编辑室. 现代汉语词典 [M]. 5版. 北京:商务印书馆,2009:1758.
[2] 俞可平. 论国家治理现代化 [M]. 修订版. 北京:社会科学文献出版社,2015:19-20.
[3] 中共中央马克思恩格斯列宁斯大林著作编译局. 列宁专题文集:论马克思主义 [M]. 北京:人民出版社,2009.
[4] 恩格斯. 家庭、私有制和国家的起源 [M]. 北京:人民出版社,2003.

教育舆情治理将舆情放在治理的视域下讨论，既有协调之意，也有管理之实，因此可以认为，教育舆情治理就是教育管理机构协调各方资源，围绕既定目标进行协调、处理的过程。教育舆情治理是教育治理的重要内容，是推进教育治理现代化的关键环节。现代教育舆情治理的核心是处理好学校、家庭、社会与政府之间的关系，搭建完善的舆情治理体系。

（二）教育舆情治理的目标

当前，我们生活在一个信息高速发展和传播的时代，各种各样的信息像磁场一样充斥在我们身边。随着网络的普及，人们越来越喜欢在网络平台上表达情绪，因此教育舆情更多以教育网络舆情的方式呈现出来。网络信息的传播和扩散更是呈现出如核聚变的发展态势，关系民生的教育舆情每天都会以不同的视角被报道在各类媒体上，引发公众对教育的热议和深思。其中一些负面且争议较大的教育舆情若处置不当，在网络等平台上一经传播发酵，将会给社会的稳定带来极大的破坏，甚至扭曲社会主流价值观。因此，加强教育舆情治理，对维护社会稳定以及加强国家对教育领域的改革具有重要意义。根据对教育舆情的主体、客体及环境因素的分析，我们在进行教育舆情治理工作中，应努力实现以下目标：

1. 提升政府治理教育舆情的能力，有效降低负面教育舆情事件的发生[①]

我国的教育舆情治理工作具有强烈的现实意义。一方面，发

---

① 刘娜，雷佩琦. 我国教育舆情监控与引导的现状分析及策略［J］. 当代传播，2018（5）：47-51.

展教育、增强国民素质是我国的基本国策之一，社会公众对教育领域的相关事态始终保持着高度关注。教育与公众的切身权益密切相关，因此教育舆情相比其他领域的舆情具有更深远的影响力。作为教育过程的直接参与者，社会公众对教育政策和教育领域的新闻事件更加敏感，往往会成为教育舆情最重要的传播主体。随着教育领域改革的推进，教育领域的新闻事件和新出台的教育政策备受关注，如教育资源分配、校园霸凌、招考录取、师德师风等问题频频引发网民争议。近年来，教育舆情的高发、频发也让教育管理部门应接不暇，教育舆情处理得当与否，直接影响教育领域的稳定与发展，因此教育舆情的治理需不断提升政府部门的处置能力，第一时间回应与处置是教育舆情治理的关键，也是降低负面舆情事件发生的重要环节。另一方面，随着世界的深刻变化和网络的快速发展，公众表达言论和情绪的窗口变得多元化，网络成为了社会舆论的放大器、舆论斗争的主战场。网络的广泛渗透拉近了教育主体与社会之间的距离，传统的教育管理模式和理念在互联网环境下逐渐式微，大学生群体作为新媒体平台的主流用户，更易于通过网络行使主权，参与学校管理事务。因此，加强高校网络舆情治理能力在互联网时代至关重要，这不仅是高校自身管理体制的重要方面，也是高校作为处于意识形态工作和互联网发展的前沿阵地的基本任务。近年来，关于教师行为失范的负面典型事件屡见报端，例如2017年12月，"西安某大学博士生溺亡事件"在网络上一经传播，其"不堪导师奴役自杀"的新闻报道便在网络上大肆渲染，引发了大众对教师群体素质的担忧，还有不法分子借机以此为题来攻击中国教育体制。网络主体具有隐匿性的特点，人们可以很容易地将自己的真实身份隐藏起来，在法不责众的心理暗示下，很容易失去社会责任感和自我控制力，对他人的遭遇大肆进行言论攻击。一些媒体缺乏法律意识和道德底线，为了获取利益，对个别教育舆情进行夸大宣传，加上一些别有用心的公知对此进行大肆炒作，使一些教育舆情事件上升为"群体极化现象"。因此，加强教育舆情治理体系建设，对教育舆情进行长期监测，针对负面教育舆情的传播进行科学分析，及时控制，有效降低类似舆情的发生，是教育舆情治理的核心目标之一。

2. 充分发挥媒体议程设置功能，推动教育主体塑造良好媒介形象

互联网模糊了教育主体与社会的界限，使二者之间互动越发频繁密切，教育舆情逐渐成为了社会舆情的重要部分。因此教育舆情治理工作与其媒介形象和社会的稳定发展息息相关[1]。推动教育主体良好媒介形象的塑造是我们在教育舆情治理中追求的目标之一。教育舆情的治理，具有媒体价值观导向和价值引领功能，树立该治理目标有其必要性：第一，引导网民多层面思考，避免引发群体情绪，激发社会矛盾。中国正处于教育深刻变革转型的"交汇期"，教育一直是贴近民生、关系人民群众切身利益的领域，而教育领域中的教育不公、校园安全、师德缺失的问题不同程度存在，容易引发民众情绪的爆发。第二，建立教育主体公信力，直面矛盾和问题。我国网民数量庞大，其中青年群体和学生群体亦是主力军，容易积聚情绪，并且一些年轻网民缺乏生活经验，仅凭直觉对事件进行判断，容易积聚不信任情绪。当负面教育舆论事件一经曝出，在第一时间形成一边倒的舆论倾向，社会不稳定因素会因此大大增加。因此，教育管理部门必须以客

---

[1] 何欣蕾，王保华. 治理视角下的教育舆情研究：问题与对策[J]. 现代传播（中国传媒大学学报），2015，37（1）：139–142.

观、真实的信息回应公众，用理性的证据引导舆情，避免舆论升级，出现新的矛盾和问题。第三，倡导公众主流价值观，防止失真、夸大的教育舆情事件煽动公众的负面情绪。在浮躁的网络舆论氛围下，一些网络媒体崇尚金钱主义，为了获取更多的点击量，对一些教育舆情刻意宣传、肆意放大，甚至虚构情节来煽动公众的负面情绪，从而扭曲了公众的价值观，特别是对那些辨别能力较弱的学生群体，使其动摇了正确的价值观，削弱了社会信任感。例如，2018年"黄某砍杀学生事件"，究其原因，正是大量评论强调"社会不公、就业问题、贫富分化"等社会因素导致了黄某犯罪。

3. 规范和完善教育舆情治理结构，为教育决策提供合理化依据

负面教育舆情主要是发生在教育领域中的一些负面事件，如近年来频发的师德师风问题、校园安全问题、学校乱收费问题。2018年网络上接连爆料出高校教师的负面新闻，师德师风问题被推到了风口浪尖。先是某大学博士生导师性骚扰，紧接着是某大学研究生不堪导师压迫跳楼自杀，再到某大学教授涉嫌性侵等一系列事件。网民对涉事教师及高校进行疯狂的攻击和指责。部分舆论借机大肆诋毁学者以及整个学术界，造谣抹黑各高校；一些别有用心的人士借此对我国教育体制发出质疑的声音，对我国教育事业的发展和教育部门的形象造成损害。面对此类问题，在实际解决问题中，学校和政府相关部门也总结了成功应对的经验：一是重塑健康的师生文化；二是建立完善的法律机制解决师德师风问题；三是建立相对独立的行政权利的申诉、调查和评判渠道，使学生对教师申诉渠道畅通；四是健全师德师风建设的长效机制。在教育舆情治理的过程中，不断规范学校的教育管理和

教学活动,使教育事业的发展获得智慧和机遇①。且公众的教育诉求可通过网络反馈给相关的教育职能部门,使教育诉求上升至政策层面来考虑,上级部门在进行教育决策时会同时参考具有代表性的意见,更好地促进决策的民主化、科学化。

(三) 教育舆情治理的基本内容

教育舆情治理是一项系统工程,必须健全机制,从传统的"灭火式"管理走向"防火式"治理,利用大数据技术整合线上线下数据,打捞起"沉没的声音",实现教育网络舆情治理与现实社会治理的有机结合、紧密联动。

1. 健全教育舆情协同机制,增强规范性

教育舆情一般涉及政府教育部门、学校、家长等多个主体。因此,需要不同部门协调配合,共同解决问题。首先,教育部门应加强与有影响力的媒体沟通,确保在重要时间节点和政策出台前,传递准确信息。针对社会关心的教育话题,主动邀请传统媒体和自媒体"大V"进行广泛传播,通过网络第三方意见的客观反映,展现教育的真实性,缓解社会对教育问题的普遍焦虑。其次,与网信、公安等有关部门协调处置,加强网络舆情监测、信息搜集反馈,并将信息发布纳入科学监管体系,特别重视对微信公众号,自媒体"大V"等渠道的关注,防止该类自媒体利用教育话题获取商业价值,有意进行网络"炒作",并通过建立信誉等级制度等方式,敦促其坚持"底线意识",承担更多的社会责

---

① 骆正林. 社会舆论对教育改革和发展的支持现状 [J]. 广州大学学报(社会科学版),2014,13 (6):46-52.

任。最后，主动加强与各教育实体单位的联系，加强政策的正面解读和舆论引导，形成各具特色又协同一致的宣传工作新局面。

2. 健全教育舆情分析机制，增强预见性

网络的普及使公众很容易能够将对现实教育领域的某一方面的观点、情绪表达在网络平台上，因此网络成为了隐射实际生活的重要渠道[①]。当民众提出的困惑、疑问一时得不到解决，或者其表现出的不满情绪得不到解决而逐渐累积时，就可能扩散成群体性不满情绪，"小事"上升为"大事"，"个体事件"演变为"群体事件"，激化社会矛盾，使网络成为舆论争论的主战场。面对网络上充斥着的各种各样的负面教育信息，若没有进行科学的分析，则不能找到问题的根源，就无法对症下药，使隐藏着的社会矛盾再次被激发。科学正确的教育舆情治理，应使舆情汇集渠道畅通，健全舆情分析机制，充分应用大数据技术及智能工具，增强工作的预见性。通过预测教育舆情的发展趋势，及时发现具有苗头性倾向性的舆情，有效进行处置，避免群体事件的发生。

3. 健全教育舆情反馈机制，增强实效性

教育信息反馈是教育舆情治理的关键环节，及时进行网络教育信息反馈，回应民众关注焦点，可以提升民众的受重视感，对党和政府工作的认同感，以及意见、建议得到采纳的成就感，参政议政的幸福感，对凝聚力量、整合资源，形成政府、学校、家庭、个体合力办好满意的教育具有重要意义。对教育舆情进行反馈，应加强信息公开。教育领域中的师德师风问题、校园安全问

---

① 刘伟. 论转型时期我国网络舆情治理的思路与对策［J］. 理论与改革，2016(3)：93-101.

题、招生入学问题等一直深受公众的关注,作为教育主管部门,一方面要加强对学校教育方式、管理方式、教学情况的了解监督,用喜闻乐见、生动有趣的方式讲故事,塑造教师的正面主流形象,让"尊师重教"成为社会共识;另一方面,应主动公布学校在办学质量等方面的官方调查数据或评价机制,并作出科学分析、开展舆论引导,尽力消除公众因教育信息不对称所产生的偏见。针对教育领域重大突发事件出现的跟风舆论、煽动破坏性舆论,及时通过网上解答、跟帖、澄清事实,以正视听,把网上炒作抹杀在萌芽状态。

4. 健全教育舆情应急机制,增强调控性

教育舆情治理应健全舆情应急机制,明确责任主体,提前制订预案,分级分类响应,主动进行议程设置,妥善平息舆论。教育舆情爆发具有突然性、瞬时性,且舆情危机的高强度、广覆盖,使得危机处置变得异常困难。网络时代,信息传播的"菌殖效应"[①]很可能在极短暂的时间内改变事态的趋向以及"社会心态"的变化。例如2018年的"疫苗事件"因涉及民众的切身利益,其传播快速且覆盖面广,一时之间民愤滔滔,网络舆论呈一边倒的趋势。汹涌的舆情引起了正在国外访问的习近平总书记的高度重视,在习近平总书记作出"立即调查事实真相,一查到底,严肃问责,依法从严处理"的指示后,在多方共同努力下,舆论才得以平息[②]。纵观教育相关舆情的发酵过程,基本传播过程为:网友爆料、话题热议、媒体跟进报道到相关部门回复、媒体持续报道和议程设置、舆情逐步缓解。其中一个特别值得关注

---

① 王怀民. 加强高校网络舆情管理与引导［N］. 中国教育报,2009-02-09.
② 新华网. 习近平对吉林长春长生生物疫苗案件作出重要指示［EB/OL］.（2018-07-23）. http://www.xinhuanet.com/2018-07/23/c_1123166080.htm.

的新变化是信息传播过程中，自媒体和传统媒体往往相互影响，交叉传播，使舆情话题走势和传播路径更为复杂多变。因此教育相关部门领导只有了解网络舆情发展和变化的新规律，把握教育舆情网络传播新特点，深入网民群体，提升自身的业务水平和能力，增强网络评论能力，才能在重大舆情事件中有针对性地做好回应。例如，利用主流媒体议程设置的作用、通过政务新媒体主动发声或借助网络"大V"树正纠偏，充分发挥网络媒体在信息公开和负面教育舆情治理中的积极作用。此外，教育舆情处置应把握好应对的时间和方式，在进行回应时的态度、用词、时机等方面要群策群力，切不可乱回应、不回应，避免应对不当形成次生舆情，危及教育系统的安全稳定。

第三章

教育舆情治理中大数据技术及其应用

大数据风暴正在来袭。正如维克托·迈尔·舍恩伯格在《大数据时代》一书中所说,"我们正处在一个重大的时代转型期,每个人的生活方式、工作方式和思维方式都在因大数据带来的信息风暴而改变。世界的本质是数据,大数据将开启一次重大的时代转型。[1]"大数据技术与应用的飞速发展,给教育舆情治理带来严峻的挑战,同时也为教育危机处理与舆情治理注入新的活力与生机。面对教育领域各种类型的舆情事件,如何利用大数据手段在纷繁复杂的教育信息中发现舆情苗头并进行有效判断,如何通过大数据技术进行教育舆情处置,如何提高教育决策的科学性与说服力等都成为教育舆情治理的新方向[2]。

---

[1] 维克托·迈尔·舍恩伯格,肯尼思·库克耶. 大数据时代:生活、工作与思维的大变革 [M]. 周涛,等译. 杭州:浙江人民出版社,2013.
[2] 朱建平. 网络舆情分析的统计思维 [J]. 统计与信息论坛,2016,31(11):9-12.

一、大数据的基本内涵与核心技术

几十年以前，数据还仅仅是一种记录符号，其价值并没有被完全挖掘出来。随着大数据时代的到来，人们重新审视数据的价值。目前，数据已经变成了一种新型资源，与煤炭、钢铁等传统资源不同，数据是"真正可持续利用的资源"[1]，因为数据资源不会在使用的过程中减少，而且可以重复多次交叉利用。在以大数据为教育舆情研究背景的今天，充分了解大数据的定义、大数据的特点和大数据的前沿技术是本书思考的原点。

（一）大数据的基本概念

"大数据"作为术语出现的历史还很短暂，无数有识之士的长期努力才使得现在大数据能够在世界各地发挥巨大作用，进而引发全球政治生活、经济生活和文化生活的变革。

1. 大数据的历史

世界上第一次互联网络通信实验发生于1969年，当时在美国加州大学洛杉矶分校工作的克兰罗克教授，向远在500公里外的斯坦福研究所杜瓦研究员使用网络发送了"LO"两个字母。1980年，著名社会思想家托夫勒首次提出"大数据"一词，他

---

[1] 黄欣荣. 大数据哲学研究的背景、现状与路径 [J]. 哲学动态, 2015 (7): 96 - 102.

预言"大数据"将会是信息化革命中最绚烂的华章。1998 年,《科学》（Science）杂志上刊登了文章《大数据处理》,正式将"大数据"一词作为专业词汇开始使用[①]。2004 年以来,以脸书（Facebook）、推特（Twitter）为代表的新兴媒体陆续登上历史舞台,实时通信成为了现实,全球的互联网用户也都成为了数据的生产者,数据爆炸成为人类面临的新问题,人们在不断思索如何更好地处理各种类型的数据。数字化信息网络的普及使人们的生产生活方式发生了革命性变化,以现代科技为基础的社会,人类的生存方式也变得数字化和网络化,广泛、快速、低成本的信息通讯活动发生于每时每刻[②]。人们的行为和思想都可以被互联网捕捉记录,以前难以预测的社会现象变得可以被监控。2007 年连线杂志在《理论的终结：数据洪流让科学方法过时》一文中着重介绍了"大数据"的概念[③];2008 年全球顶级学术刊物《自然》刊登了以"大数据"为核心的封面文章,说明大数据在自然科学和社会科学中的诸多应用[④]。2011 年,美国咨询公司麦肯锡在报告中指出,大数据是未来国际竞争的关键所在,各国政府应该重视大数据技术,颁布支持大数据发展的政策,以数据驱动未来社会发展[⑤]。在大数据如同浪潮一般席卷全世界的情况下,联合国充分肯定了大数据的巨大作用,于 2012 年发布了《大数据促发

---

① Cass T. A Handler for Big Data [J]. Science, 1998 (282): 581 - 832.
② 《互联网时代》主创团队. 互联网时代 [M]. 北京: 北京联合出版公司, 2015: 1 - 6.
③ Anderson C. The End of Theory: The Data Deluge Makes the Scientific method obsoletes [EB/OL]. (2013 - 11 - 02). http://archive.wierd.com/science/discoveries/magazines/16 - 07/pb - theory/.
④ Anon. Nature. Big Data [EB/OL]. (2012 - 10 - 02). http://www.nature.com/new/specials/bigdata/index.html: Nature.
⑤ ManyikaJ, ChuiM, BrownB, et al. BigData: The Next Frontier for Innovation, Competition, and Productivity [EB/OL]. http://www.mckinsey.com/Insighs/MGI/Research/Thchnology_and_Innovation/Big_data_The_next_frontier_for_innovation: Mc Kinsey Global Institute, 2011 - 05.

展：挑战与机遇》白皮书,强调大数据给世界各国,特别是经济欠发达国家带来了重大挑战[①]。同年,美国政府颁布大数据发展规划,在阐述美国大数据研究情况和大数据商业运用情况的同时,勾勒了未来美国的大数据发展的图景。

2. 大数据的定义

"big data"是人们对大数据的英文称呼,由于大数据的组成要素太过复杂,目前学术界对大数据也没有统一定义。不过可以肯定的是,单纯强调大数据规模庞大无法完全反映大数据的内涵。本书将从不同的角度梳理关于大数据的定义。

(1)从数据本质角度进行定义。国际知名公司麦肯锡公司在对大数据进行定义的时候着重强调大数据是传统工具难以采集的数据集,包含的数据量很大[②]。城田真琴认为,大数据是一种数据集,但其规模远超传统数据集采集、存储和分析的范围[③]。涂子沛将大数据比喻为源于测量的传统小数据和源于记录的现代大数据的集合[④]。美国国家科学基金会认为,大数据是分布式数据集,其特点是复杂、多元、数量大[⑤]。在大数据概念提出早期,人们通常习惯从数据的本质角度定义大数据,这种观点着重区分了大数据和小数据的区别,其定义视角相对微观。

(2)从数据价值角度进行定义。舍恩伯格明确表示,通过对海量数据的挖掘,人们可以从大数据中获取巨大的财富和深刻的

---

① Emmanuel Letouzé. Big Data for Development: challenges & Opportunitise [EB/OL]. http://www.unglobalpulse.org/projiects/Bigdatafodevelopment: UN Global Pulse,2012 - 05.
② 郭晓科. 大数据[M]. 北京:清华大学出版社,2013.
③ 城田真琴. 大数据的冲击[M]. 周自恒,译. 北京:人民邮电出版社,2014.
④ 涂子沛. 大数据:正在到来的数据革命[M]. 桂林:广西师范大学出版社,2012.
⑤ 王超. 大数据时代我国意识形态安全探析[J]. 学术论坛,2015,38(1):18 - 22.

洞见①。国际数据资讯公司认为，大数据代表了新一代技术，是人们为了高效获取规模大、结构和类型复杂的数据而建立的架构②。盖瑞·金认为，大数据具有大价值，是一种新型战略资源，想要开发这种资源必须结合周密的业务逻辑和强大的算法支持③。

（3）从数据处理与技术角度进行定义。权威信息技术（IT）研究机构高德纳（Gartner）认为，大数据是处理非常规数据的非常规方式④。维基百科在指出大数据是超出传统数据分析工具解决范围数据集的同时，将大数据定义为一种新的信息处理模式，其面向的对象是海量化和多样化的信息资产⑤。李国杰院士认为，大数据来自不同机器设备，是各种可以整合加工的数据集合⑥。徐子沛认为大数据的首要特点就是数据规模庞大，远超传统数据规模，分析小数据所使用的 Excel、SPSS 等软件难以满足大数据处理的要求⑦。朱建平等提出"狭义的大数据指数据规模、结构化数据、半结构化数据和非结构化数据；广义的定义指不仅包含大数据结构形式和规模，还泛指大数据的处理技术。因此大数据不仅是指数据本身，还指处理数据的能力。"⑧

从以上总结中可以看出，虽然学界和业界对大数据的定义还

---

① 维克托·迈尔·舍恩伯格，肯尼思·库克耶. 大数据时代：生活、工作与思维的大变革 [M]. 周涛，等译. 杭州：浙江人民出版社，2013.
② 刘智慧，张泉灵. 大数据技术研究综述 [J]. 浙江大学学报（工学版），2014，48（6）：957-972.
③ Jonathan Shaw. Why "BigData" Is a Big Deal [EB/OL]. http：//harvardmagzine.com/2014/03/why-big-data-is-a-big-deal，2014.
④ 冯飞等. 第三次工业革命：中国产业的历史性机遇 [M]. 北京：中国发展出版社，2014：46.
⑤ Wikipedia. Bigdata [EB/OL]. http：//en.wikipedia.org/wiki/Big_data：Wikipedia，2017-07.
⑥ 李国杰，程学旗. 大数据研究：未来科技及经济社会发展的重大战略领域——大数据的研究现状与科学思考 [J]. 中国科学院院刊，2012，27（6）：647-657.
⑦ 涂子沛. 大数据：正在到来的数据革命 [M]. 桂林：广西师范大学出版社，2012.
⑧ 朱建平，章贵军，刘晓葳. 大数据时代下数据分析理念的辨析 [J]. 统计研究，2014，31（2）：10-19.

没有达成共识，但大家还是都注意到了大数据的一些特点。首先，大数据的产生与社会化网络的兴起密不可分，大数据的核心是一种可以储存数量巨大、类型丰富数据的数据集。其次，大数据不单纯指规模庞大的数据量，还包括与数据对象相关的各种分析处理技术。最后，大数据的产生拓展了人们的视野，促使人们不断开拓新的研究领域，用全新视角审视世界。

3. 大数据的特征

目前，全球数据的增长速度已经超出了人们的预期和想象。总结大数据的发展趋势，人们发现数量多、速度快、多样化和价值密度低是大数据的四大特点。

（1）大量化（volume）。据统计，2013年全球数据存储量已达到1.2泽字节（ZB）[1]。这是一个非常庞大的数字，假如一部电影可以压缩为1吉字节（GB），则10亿部电影相当于1艾字节（EB），而1024个艾字节才等于1泽字节；假如这些数据用图书来表示，那么记载这些数据的图书可以覆盖全中国52次。据IDC公布调查数据显示，全球数据量庞大已成趋势，未来全球数据将维持50%左右增长率，到2020年，全球数据总量将达到44ZB。

（2）快速化（velocity）。全球的数据总量在飞跃式增长，据互联网数据中心估计，2006年全球产生的数据总量为161EB，这个数据总量每18个月就翻一番。2010年和2011年，该研究中心发布信息，宣布人类每年创造的数据总量超出预期，2010年全球数据总量已达1200EB，2011年则增加到了1800EB。

（3）多样化（variety）。过去人们分析的数据多为结构化数

---

[1] 人民网．改变世界的大数据［EB/OL］．（2013-06-24）．http://cpc.people.com.cn/n/2013/0624/c365109-21951851.html.

据，随着智能设备的普及，人们生产的数据类型日渐复杂。除了传统的关系型数据，电子邮件、社交媒体、购物网站、搜索引擎等平台还会生产各种规则和不规则数据。在数据形式日益丰富的情况下，除了文本信息，包括视频、音频在内的非文本类信息也成为可以被采集分析的数据格式类型。人们获取数据的方式也变得多元化，除了组织内部运作，还包括了组织外部爬取。例如，人们清晨洗澡的时间和办公楼集中关灯的时间与交通拥堵问题似乎毫无关系，但大数据技术却可以通过人们清晨沐浴的时间估算出交通的早高峰时段，通过计算办公楼集中关灯的时间，加上一个偏移量就可以计算出夜间交通拥堵时间。看似不相关的两件事情通过数据分析就可以知道它们之间的关联。

（4）价值密度低（value）。大数据的获取方式多种多样、获取内容也千差万别，大数据"大"的特征主要体现在人们能开始获取与某个社会现象关联的全部数据，但是大数据的价值密度较低，有效数据和无效数据会混合在一起，人们在使用大数据的过程中必须考察数据的真实性。追求高质量的数据是一项艰巨的工作，很多数据本身具有不确定性，任何数据处理方法都不能降低数据固有的不可预测性。例如，大数据可以记录人类情感，但是这种情感表达充满不确定性，人们很难从历史纪录中总结经验。不过尽管如此，大数据技术还是为人类探索世界提供了宝贵信息。

（二）大数据的内涵探究

作为一场席卷世界各个角落的变革，大数据在影响人们生产生活方式、改变人们思维观念的同时，还发挥了"鲶鱼效应"的作用，推动政府和企业进行深度变革。过去，数据就是数据；今天，数据就是财富。

表面上看，大数据的特点是数据规模大，但深挖下去会发现，利用数据规模的量变引发数据价值的质变才是人们追求的目标。在"万物皆数据"理念的指导下，人们在认识、理解和改造世界方面也随之发生相应变化，在数据指导下树立观念、认识事物、发现规律、采取行动，成为当今反映世界本质的重要途径[①]。

1. 大数据的思维

前面已经提到，大数据对人类生活影响极大。那么大数据对人类思维的影响究竟是如何体现的？本书认为，这种变化主要体现为人们的思维方式从自然思维转化为智能思维，数据开始具有生命力，机器可以开始像人脑一样思考。

（1）总体思维。从古至今，人们一直在利用数据分析社会现象的总体特征。在大数据技术出现前，人们无法获取总体数据，所以不得不选择样本数据作为分析对象。大数据时代来临后，人们不再依赖样本抽取，而是利用网络技术获得所有与研究对象相关的数据。另外，由于大数据信息捕捉范围非常广，人们很有可能在分析问题的过程中发现抽样调查无法反映的细节信息。在总结大数据思维的过程中，舍恩伯格表示，抽样统计是在技术受限的历史条件下采取的数据分析方法，在技术进步的今天，人们完全可以将总体数据分析作为数据分析的主要方式，在特殊情况下，再以抽样分析作为补充。这也表明，大数据时代，信息采集、管理、分析的技术都与以往有了很大不同，我们更应关注动态化的非结构数据，而不再局限于传统的结构化数据。人们的思维方式也要随之改变，要从局部思考变为整体思考，从宏观视角

---

① 黄欣荣. 大数据对思想政治教育方法论的变革 [J]. 江西财经大学学报，2015 (3)：94–101.

审视社会问题。

（2）容错思维。大数据时代来临前，人们主要依靠小数据来分析社会问题。由于收集的样本数量较少，为了保证信息记录的准确性，人们会将数据结构化处理，利用精确数据分析问题，以免出现从样本到整体南辕北辙的情况。而精确思维则是传统数据时代人们普遍的思维方式。大数据时代到来后，人们对非结构化数据的处理能力迅速提升，这一方面丰富了数据库的数据内容，另一方面也挑战了人们传统的精确思维方式。舍恩伯格认为，人们不得不接受一个现实，即世界上绝大多数数据都是非结构化的（占比在95%以上）。只有坦然接受混乱，人类才能打开新世界的窗户。人们要包容海量数据，允许数据中出现纰漏，放弃对数据精确性的过分追求，在错误和混乱中认识世界，从宏观层面更好地分析数据。

（3）相关思维。人们在分析小数据的时候，可以发现小数据存在明显的分析缺陷，即有限的样本量难以反映事物之间复杂而普遍的联系。事物之间的关系类型多种多样，如果只从因果关系的角度分析数据，就无法看到事物之间可能存在的其他关系。大数据时代，数据挖掘技术的不断进步使得人们可以从更宽广的角度审视事物之间的相关关系，进而获得对不同事物更加深入的了解，这些新的认知可以帮助人们更好地了解现在、预测未来。运用复杂数据分析技术的目的是找到人们的信息盲点，帮助人们更好地了解社会的运行规律。在实际应用的过程中，人们只需要知道"是什么"，而不必去探究"为什么"，新的事物考察视角会给研究者提供更加新颖的研究思路。这就意味着，人们的思维方式也要从探究因果关系转变为探究相关关系，只有颠覆了人类几千年来形成的思维定式，真正发挥大数据的优势作用，并在大数据指导下看到更广阔的人类远景。

（4）智能思维。在科幻小说中，人类无数次幻想有和人类一样思考能力的机器人出现，而大数据思维转变的核心，就是推进机器人能和人类一样智能思维，而不是只能简单线性思考。虽然人脑的数据处理速度低于机器，但人脑具有智慧，可以从环境中全面搜集信息，并在综合分析判断的基础上进行总结归纳。大数据时代，人们对机器智能化的要求进一步提高，物联网、云计算、可视化等技术的飞跃式发展，使机器开始逐渐具备类似人脑的信息处理能力。当机器可以立体式分析、动态式判断的时候，整个人类社会的发展水平就会再上一个台阶。因此，机器思维方式的转变依赖于人类思维方式的转变，因此我们也要将自己的思维方式从自然思维转变为智能思维，从而获得具有新价值和新洞见的信息。

2. 大数据的价值

在一般人看来，大数据的价值在于数据规模大。事实上，利用大数据的规模优势，从低价值密度数据中挖掘出有价值的信息，引发数据分析质量的飞跃式提升，才是人们追求的根本所在。"万物皆数据"的思维方式是从数据角度揭示世界的本质，引导人们以数据为基础，建立不同事物之间广泛而紧密的联系[1]。

（1）社会价值。就大数据的社会价值而言，人们首先应该意识到大数据技术是一种符合社会发展条件的、科学合理的"价值观与方法论"[2]，合理利用大数据技术可以有效帮助人类了解社会。通过对大数据的持续监控、多角度分析和科学解释，可以让人们从数据中获得新的认识，大数据中蕴含的"大知识"与

---

[1] 黄欣荣. 大数据对思想政治教育方法论的变革[J]. 江西财经大学学报, 2015 (3)：94-101.
[2] 寻找通往未来的钥匙[N]. 人民日报, 2013-02-01.

"大价值"将进一步推动科技进步和人类社会发展①。陈潭认为,"未来数据就是产生信息、知识、智慧的基础。数据将成为数字化生存时代的新型战略资源"②。付玉辉认为,"大数据创造了新的方法、明确新的战略框架、孕育了构建新社会秩序的可能性,对人类社会发展具有重要意义"③。国务院印发的《促进大数据发展行动纲要》也明确指出要利用大数据技术,建立先进的、科学的管理机制,推动社会治理的数字化,用数据说话、决策、管理以及创新④。

(2) 教育价值。就大数据的教育价值而言,大数据技术的广泛应用可以让教育系统发生翻天覆地的变化,学生考察世界的方式也会随之相应改变⑤。大数据在教育领域的广泛应用,将使传统教育模式中增加反馈环节,教育工作者可以根据学生的不同特点开展定制式个性化教育服务,人们还可以根据历史数据预测教师的教育效果。基于大数据在教育领域的重要作用,教育部明确指出,要加强和推动数据资源的利用、整合与集成,注意数据资源对教育决策的支撑作用⑥。

3. 大数据的风险

毫无疑问,随着互联网技术和传感器技术的发展,人们获取

---

① 涂子沛. 大数据:正在到来的数据革命 [M]. 桂林:广西师范大学出版社, 2015:57.
② 陈潭等. 大数据时代的国家治理 [M]. 北京:中国社会科学出版社, 2015:3-4.
③ 付玉辉. 大数据传播:技术、文化和治理 [J]. 中国传媒科技, 2013 (5):61-63.
④ 国务院. 国务院关于印发促进大数据发展行动纲要的通知 [EB/OL]. (2015-08-31). http://www.gov.cn/zhengce/content/2015-09/05/content_10137.htm.
⑤ 赵中建, 张燕兰. 与大数据同行的学习与教育——《大数据时代》作者舍恩伯格教授和库克耶先生访谈 [J]. 全球教育展望, 2014, 43 (12):3-9.
⑥ 教育部. 教育部办公厅关于印发《2014 年教育信息化工作要点》的通知 [EB/OL]. (2014-03-12). http://www.moe.gov.con/publicfiles/business/htmlfiles/moe/s7062/201403/165870.html.

非结构化数据的难度在不断降低，大数据技术的时代适应性表现明显。但是，大数据作为一个热门概念，很容易被人们过分炒作，一味强调大数据的重要性而忽视传统数据分析方法有效性的论断频繁出现，"大数据万能论"甚嚣尘上，甚至有人认为只要数据规模足够大，人们就可以从中得出相应结论。实际上，大数据作为一种新技术新思维新理论，在概念和方法上依然有很多不成熟的地方，我们应该在肯定大数据优点的同时，承认大数据也存在分析缺陷。要将大数据与小数据结合起来，更好地审视人类社会的变化。

（1）大数据不能完全代替传统数据。虽然大数据为人们分析问题和处理问题提供了新思路，但大数据目前仍无法完全取代传统数据。因为人类分析结构化数据已经有了上千年的历史，而人类分析非结构化数据的经验非常有限。在实际操作过程中，我们应该选择适合大数据的应用领域，例如易安信（EMC）、谷歌（Google）、Facebook等科技公司，他们就需要更多地关注大数据的利用情况，通过分析用户行为等非结构化数据可以帮助这些科技公司更好地为用户服务。如果传统数据分析方法能够完全解决某些领域的问题，那这些领域就没有必要盲目引进大数据技术，也没有必要盲目追逐潮流。现在，很多公司将大数据作为噱头来吸引投资者眼球，他们对传统数据进行包装，就声称自己使用了大数据技术，这种行为不利于大数据技术的长远发展。"大数据最优"的论调并不正确，人们应该根据自己的实际情况，从自身需求出发，选择合适的数据处理方法。

（2）数据保护与个人隐私。目前，大数据被很多行业视为推动行业变革的动力，各个行业纷纷引入大数据技术，将大数据技术作为分析个人数据最有效的手段。在这种情况下，个人数据正在趋向透明化，网络购物、网络社交、网页浏览、内容搜索，无论什么行为只要个人在网络上留下"数据足迹",企业就利用大数据手段掌握相关信息,曾经只有政府部门才可以掌控的数据资源,现在正被企业、机构甚至个人使用。除了个人在网络上留下的数据,随着智能设备的普及,人们线下的行为也变得可以被随时监控。例如,智能手机可以探测人们所处的位置,行车记录仪可以反映人们的行动轨迹,无处不在的电子摄像头使机器可以每时每刻记录人们的动态。大数据在推动社会发展的同时,也使个人数据泄露的风险大为增加,个人数据将被视为重要资源,被商业机构采集利用,一旦个人数据被黑客窃取,人们的人身安全和财产安全就会受到威胁。大数据技术越发展,人们就越担心大数据会威胁个人隐私安全,面对新的社会技术问题,社会管理者应该完善相关法律规定,为大数据隐私保护提供法律支撑,明确哪些主体才具有大数据获取权、大数据使用权和大数据所有权。

(三)教育舆情的大数据技术与方法

没有技术支持,何谈大数据应用?想要利用大数据资源,就要充分利用包括云计算、社交网络在内的各种信息技术,利用技术帮助人们获取数据,再从数据中找到有价值的信息。下面,本书主要介绍几种与教育舆情治理有关的大数据核心技术。

1. 大数据核心技术

大数据技术可以帮助相关工作人员全面把握教育舆情的动态,深度剖析教育舆情的演化规律,在教育舆情治理中发挥着重要作用,其核心技术包括云计算、人工智能、物联网等。

(1)云计算。作为"信息高速公路"的进一步发展,"云计算"(cloud computing)来源于通信行业,是基于"虚拟专用网络"技术而提供的专用资源。云计算是大数据存储的关键技术，可以为互联网企业提供弹性化的网络服务[①]。云计算把硬件电脑具有的能力放到了互联网上，通过网络将计算机的能力汇集了起来。云计算拥有便捷性、安全性、个性化、按需访问、价格低廉等优势，目前在硬件、软件、操作服务等不同领域云计算都有应用，以云计算为核心技术的产业链正在兴起。正是有了云计算的支撑，人类计算能力才有了质的飞跃，曾经难以分享的数据也变得可以传递。从技术角度看，大数据与云计算如同硬币的正反面，紧密相连。云计算为大数据提供了有力支撑，如果没有云计算人类将难以分析越累越多、越来越复杂的各种数据。在实际操作过程中，人们很难将云计算和大数据明确分开，因为大数据技术包含的数据获取、清洗、分析、展示能力就是一种数据计算能力，而且大数据存储的空间就是由云计算提供的。随着云计算技术的迅速发展，现在数据存储的价格已大为降低，30年前存储1TB，也就是约1000GB数据的成本大约是16亿美元，现在只需要不到100美元。个人可以利用云空间存储文档、视频、图片；企业可以根据自身需要，搭建个性化云空间。数据存储不是目的，对存储的数据进行有效挖掘才是人们追求的关键目标。如果想要对海量数据进行挖掘，单台计算机难以满足处理需要，人们必须借助云技术来实现计算目标。

（2）人工智能技术。近年来，人们在提及大数据技术的时候，也往往提到人工智能技术。人工智能主要研究如何模拟人类智能、让机器更具人类智慧。作为计算机技术的分支之一，人工智能主要探讨了"智能"的本质，希望通过完善技术，让机器人

[①] 黄铠，杰弗里·C. 福克斯，杰克·J. 东加拉. 云计算与分布式系统从并行处理到物联网［M］. 武永卫，秦中元，李振宇，钮艳等译. 北京：机械工业出版社，2013.

具备人类智慧，能够和人类一样对社会环境做出综合反应。几百年来人类一直在幻想拥有具备人工智能的机器人，不过人类对人工智能的要求很高，单纯可以模拟人类思维过程还不够，机器还应该具备超越人类的计算能力。因此，人工智能是一门充满挑战性的科学，只有融合多学科知识、组建跨学科团队才能开发出真正具备人类智慧的机器人。机器也能进行复杂的脑力劳动，是人类研究人工智能的初衷。不同时代，人们对"复杂工作"的理解各不相同，现在，人工智能的身影可能出现在智慧城市建设、道路安全增强、网络安全维护等不同空间中。将人工智能技术与大数据技术有机结合起来，可以进一步推动社会进步，把人类社会的科技水平提升到新高度。

（3）物联网技术。作为大数据生产的硬件支撑和物质基础，物联网构造了物物相连的网络，为智慧化时代的到来提供了前提条件。广义的物联网是指万物都与计算机相融合，无论是人类还是物体，其产生的信息能随时被监控分析，整个社会可以实现智能化控制。物联网的出现是第三次科技革命的标志，《2010年中国物联网与现代物流发展报告》指出，2010年物联网已经在国防安全、交通、电力、物流等领域有了大规模应用。万物互联必将产生浩如烟海的数据，没了数据资源的支撑，大数据应用就是一句空话。当大数据与物联网技术相结合，智慧社会的神经网络就被建构了起来。Web 1.0 时代，人们利用搜索引擎解决信息不对称的问题；Web 2.0 时代，人们利用手机应用程序（APP）解决效率不对称的问题；Web 3.0 时代，大数据将和物联网结合起来，共同解决智慧不对称问题。物联网本质上是由算法驱动的服务网络，在自我学习、自我管理、自我修复能力提升的情况下，物联网可以实时感知人类状态，迅速分析人类需要，以最小的成本满足每个人个性化的服务需要。

2. 教育舆情大数据的关键技术

互联网产生的数据规模庞大，教育舆情信息就蕴藏在纷繁复杂的互联网数据中。传统的数据采集和数据处理方法无法帮助研究人员从海量信息中提取有价值的信息，也无法满足教育舆情分析对速度和精度的要求。因此，我们必须将信息采集技术、中文信息识别技术、序列模式挖掘技术、文本倾向性分析等新技术应用到教育舆情领域，在技术的辅助下了解舆情走势、分析舆情动态。

（1）教育舆情信息采集技术。网络中数据繁杂，教育舆情信息的处理要以批量、快速、准确为首要标准。数据采集技术就是根据用户需要，利用计算机技术，批量精确爬取网络中有关的半结构化和非结构化数据，再将其进行转化，以更加规则的形式保存在特定数据库中，以待进一步进行数据挖掘。网络中的教育信息呈现出多样化、动态化的特点，要想及时全面地采集数据非常困难，但是数据采集又是教育舆情监控的基础，所以基于这一研究难点，学术界根据不同媒介形态，展开了相关技术研究。目前，学术界针对不同网络的爬虫技术展开讨论，在基于 Web 页的网络爬虫的设计与实现、基于微博应用程序编程接口（API）的分布式爬取技术等方面，均有突破[1]。

（2）教育舆情的序列模式挖掘技术。数据挖掘研究的一个重要分支是序列模式挖掘。序列模式挖掘是关联规则的进一步拓展，它在关联规则中加入了时间属性，这样的调整使序列模式挖掘可以分析数据前后序列的关系。对象的顺序排列是序列模式挖

---

[1] 张军玲. 我国网络舆情信息挖掘研究综述 [J]. 情报科学，2016，34（11）：167-172.

掘的特点，在数据挖掘过程中研究者会根据自身需要频繁提取子序列。目前，在教育舆情领域，运用这种数据挖掘方式的学者还比较少，未来学者们可以更多关注这一技术，通过分析序列变化考察话题和受众的分布特点。

（3）教育舆情中文信息处理技术。中文信息处理与自然语言分析紧密相关，中文是象形文字，而英文是拼音文字，所以中文信息更难处理。想要处理中文信息，就必须解构中文文本，而识别、转换、压缩、检索、分析中文的字词句段需要多学科支持，如数学、语言学、计算机科学等。目前，基于规则的研究方法和基于统计的研究方法是自然语言处理两种主要研究方法，这两种方法一个侧重语言规则的获取，另一个侧重大规模语料库的分析。信息提取、文本挖掘、话题监测、情感分析都是中文信息处理需要考虑的问题，而中文信息处理技术为教育舆情分析过程中的热点议题挖掘、分析文本情绪与倾向提供了基础[①]。

（4）教育舆情的文本倾向性分析。网络空间具备匿名性的特点，民众在网络中更容易说出心里话。因此，对网络文本进行智能挖掘，可以提炼出民众关于教育舆情真实的想法，明确民众对特定教育舆情的态度和情感方向。随着各种社交网络的兴起，海量的数据信息涌现出来，依靠智能工具分析各种观点是网络舆情挖掘的重点。一般来说，文本倾向性的分析主要是通过分析句法结构、依存关系、语义特征进行的，相关人员可以依照一定语言规则挖掘出信息所反映的特定情绪状态和重要内涵。想要实现文本信息的精准挖掘，需要掌握该文本信息的影响力和情感取向。而基于语义的分析和基于机器学习的分析是当前文本倾向性分析

---

① 张军玲. 我国网络舆情信息挖掘研究综述［J］. 情报科学，2016，34（11）：167－172.

的两类。基于机器学习的教育舆情分析以机器学习为核心，对机器进行词汇训练，进而生成词汇与情感的对应关系，并将其分为褒贬两类。这种分析方法更加符合网络舆情信息快速多样的特点，因而被广泛应用。基于语义的分析需要构造倾向性词典，这种方法无法考虑上下文语义之间的关系，进而无法满足动态化、短时间的教育舆情分析要求[①]。

（5）教育舆情的话题检测与跟踪技术。每天网络上曝光的公共事件数量都非常大，要快速从海量信息中找到与教育舆情相关的数据需要依靠话题检测与跟踪技术。该技术综合了计算机技术、信息技术、人工智能技术等领域技术成果，可以把分散的信息又聚合到一起，帮助人们了解同一话题下的所有事件，还可以进一步分析各种类型事件的相关程度。例如，研究人员可以以话题簇为基本单位，将不同类别的信息归入其中，还可以按照增量聚类的过程，建立新的话题簇。研究依据有限文本建立规则，在检验规则有效性之后就可以推广到全局，进行全局信息聚类。话题跟踪是通过追踪用户行为，分析用户感兴趣的话题，并以此为依据跟踪事件后续发展。这种技术利用正例和反例训练来判断所采集的数据是否与舆情事件相关，分类效率较高，是一种特殊文本分类技术[②]。

3. 教育舆情的大数据处理方法

包括基于描述性的教育舆情大数据分析方法、基于模型的教育舆情数据挖掘基本方法、基于算法的舆情数据挖掘基本方法和

---

① 纪雪梅. 特定事件情境下中文微博用户情感挖掘与传播研究［D］. 天津：南开大学，2014.
② 李良. 突发事件微博舆情的话题发现和热度预测研究［D］. 西安：西安理工大学，2018.

基于可视化的舆情大数据基本方法。

（1）基于描述性的教育舆情大数据分析方法。进行教育舆情分析的第一步就是要对教育舆情现状有一个大致了解，这通常需要用到总体频率、频数、均值、方差、峰度、偏度等指标，只有对教育舆情现状有了总体了解，人们才能够进一步选择合适的数据分析和挖掘方法。另外，由于有关教育舆情事件的内容种类繁多，就算使用非线性模型去拟合整体分布，模型的解释效率也不高，难以帮助人们深入了解相关数据。因此，面对复杂的教育舆情，我们可以利用网络爬虫技术采集相关数据，并对相关统计量进行描述分析，进而总结不同类型教育舆情的特点[①]。

（2）基于模型的教育舆情数据挖掘基本方法。主要有基于线性的挖掘方法、贝叶斯分类器和基于无监督的聚类分析法等三种方法。

基于线性的挖掘方法[②]。线性模型（linear model）尝试通过寻找到特征间所存在的线性组合来进行预测与估计的函数，即：

$$f(x) = \omega_1 x_1 + \omega_2 x_2 + \omega_3 x_3 \cdots + \omega_d x_d + b$$

想要分析的教育舆情数据如果比较简单，建模比较方便，就可以使用线性模型对数据进行拟合，这也是数据挖掘的重要基本思想。较为直观地表达了各项特征在模型预测之中的重要性，故而选取线性模型可以有很好的可解释性。

贝叶斯分类器。贝叶斯分类器来源于贝叶斯统计决策论，而贝叶斯统计决策论可以利用数理方法，根据研究者需要计算相关事件概率，进而进行优化分类。如果教育舆情数据比较复杂，线性模型已经无法满足预测需要，研究者就可以尝试使用贝叶斯分

---

① 王宏志．大数据分析原理与实践［M］．北京：机械工业出版社，2017．
② 韩家炜，米歇尔·坎伯，裴健．数据挖掘：概念与技术［M］．范明，孟小峰，译．北京：机械工业出版社，2012．

类器简单、快速、有效地处理舆情事件信息。这种数据处理方法抗干扰能力好，对噪声数据和缺失数据不敏感，需要使用的训练样本量也相对较少，可以处理大量样本数据，并根据样本数据估算概率值。

基于无监督的聚类分析法。聚类分析要求预先设定聚类规则，然后将不同数据划分到不同的数据集中，要尽可能做到各个数据集之间互不相关。数据集与数据集之间的差异要尽可能大，而数据集中的数据要尽可能一致，在这种思路指导下可以将数据划分到不同类别中。

（3）基于算法的舆情数据挖掘基本方法。主要有树模型、神经网络与深度学习和支持向量机等三种方法。

树模型。树模型本质上是一种流程图，是根据数据特征进行的分层和分割。在使用树模型以前，人们会预设分类规则，这样就可以先将少量样本划分到不同区域，对于新出现的数据，机器会将其和已有数据进行比较，进而预测该数据应该被划分到哪个区域中。由于这种划分过程形似一棵树，所以这种方法被形象地称呼为树模型。树模型不需要负载数学计算公式，分类结果简单明确，解释起来也非常方便，故而有较高的执行效率。

神经网络与深度学习。神经网络由多层次功能神经元组成，这种方法模拟人类神经系统的结构，可以为解决各种非线性问题提供思路[1]。深度学习是在神经网络基础上开发的技术，其中隐藏多重神经网络，是参数多、容量大的复杂模型[2]。

支持向量机。支持向量机是一种空间技术，可以将 N 维数据

---

[1] 西蒙·赫金. 神经网络与机器学习[M]. 海金，译. 北京：机械工业出版社，2011.
[2] 伊恩·古德费洛，约书亚·本吉奥，亚伦·库维尔. 深度学习[M]. 赵申剑，黎彧君，符天凡，李凯，译. 北京：人民邮电出版社，2017.

映射到 $N+1$ 维空间中，然后利用技术方法，计算不同平面之间的距离。两个平面之间的距离相差越大，信息分类的效果就越好[①]。

（4）基于可视化的舆情大数据基本方法。包括可视化、词云图和关系图。

可视化。可视化思想由来已久，自20世纪80年代末被提出后被广泛应用于各个领域。教育舆情数据挖掘结束后，必须通过可视化方式将复杂的数据转化为易于理解的图形，因此可视化也可被视为一种计算机图形学技术[②]。

词云图。词频是体现文本挖掘结果的方式之一，传统的词频展示方式就是以频数为基础绘制直方图，但这种方式展示的词语数量较少，如果要展示较多的词语就会使直方图变得凌乱进而影响理解。词云图则利用大数据绘图技术，以词语大小反映词汇出现的频率，使数据挖掘结果的显示既直观又整齐。

关系图。关联分析使大数据分析中经典的分析方法，但是传统关联分析很难将让读者短时间内理解。随着大数据可视化技术的进步，利用关系图展示词语之间的关系，可以降低数据挖掘结果的理解难度，让读者直观感受不同词语之间关联性的大小。

二、大数据时代教育舆情治理实现场景

教育关乎国计民生，涉及公众的切身利益，有关教育的问题

[①] 邓乃扬，田英杰. 支持向量机：理论算法与拓展［M］. 北京：科学出版社，2009.
[②] 凯西斯特拉等. 数据科学与大数据技术导论［M］. 唐金川，译. 北京：机械工业出版社，2018.

极容易牵动公众敏感的神经。当前教育公平、教育改革、校园安全、师风师德等议题风波不断,教育领域已经成为舆情的高发地带。随着大数据方法、技术的不断完善,打造一个运转高效、独立统一的教育舆情监测、分析及研判系统势在必行,该系统的建立有助于推动教育舆情治理更加科学化与精准化。

(一)大数据教育舆情治理系统的基本架构

教育舆情大数据技术指基于云计算、以分布并行技术为基本特征、能够低成本应用于各种教育平台的数据管理和处理技术,以 Hadoop[①] 和 MapReduce[②] 等为代表。大数据教育舆情治理系统以云计算平台、云储存、网络、监控等为基础构架支持,运用数据仓库技术(ETL)工具采集教育舆情数据,以分布式文件系统和分布式数据库储存教育舆情数据,通过大数据并行计算,数据挖掘算法、可视化分析等实现教育舆情报告[③]。设计的教育舆情基本技术路线图如图 3-1 所示。

大数据教育舆情治理系统构建的关键技术有大数据储存技术、并行计算能力、数据分析技术、数据显示技术。针对目前教育网络舆情存在的缺陷,需要建设四个核心子系统(大数据爬虫系统、大数据库系统、大数据分析系统、监测预警系统四大系统),大数据教育舆情系统平台架构如图 3-2 所示。

---

① 汤姆·怀特. Hadoop 权威指南:大数据的存储与分析[M]. 王海,等译. 北京:清华大学出版社,2017.
② 穆罕默德·古勒. Spark 大数据分析:核心概念、技术及实践[M]. 赵斌,等译. 北京:机械工业出版社,2017.
③ 陈封能,等. 数据挖掘导论[M]. 范明,范宏建,译. 北京:人民邮电出版社,2011.

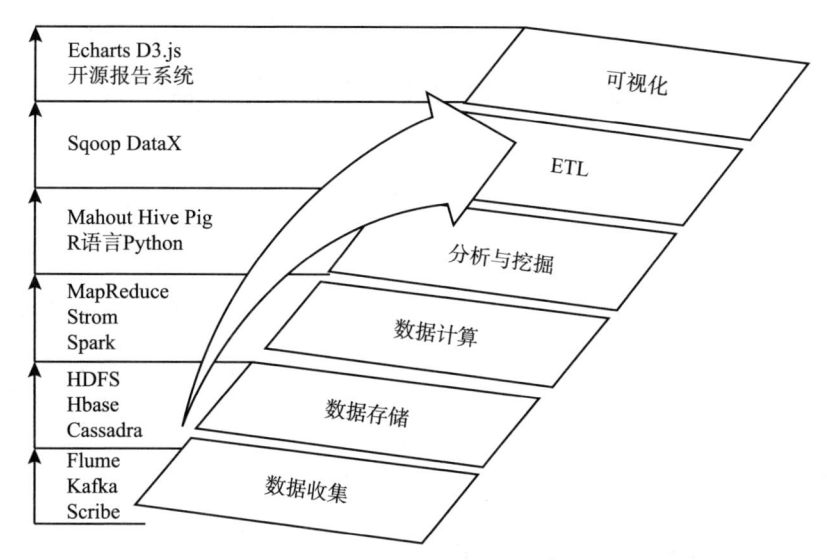

图 3-1　教育舆情基本技术路线

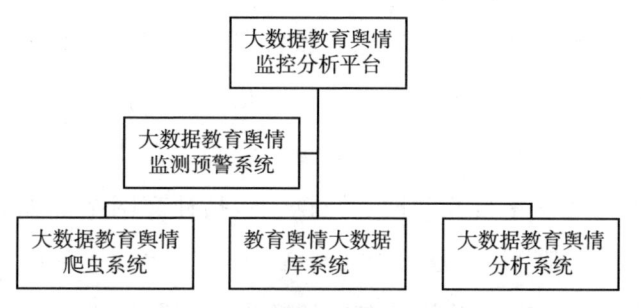

图 3-2　大数据教育舆情监控分析平台

技术人员利用舆情爬虫系统抓取不同来源、不同类别的教育数据，建设成为教育舆情大数据库系统，为教育舆情监测提供丰富的数据资源、随时监测教育热点及时捕捉舆情苗头。通过大数据教育舆情分析系统，研判教育舆情发展态势、预测教育舆情未来走势，为教育管理者、决策者的危机舆情处理、决策咨询提供参考。

（二）大数据教育舆情治理系统的主要内容

大数据技术的发展和运用丰富了教育舆情治理的手段，人们可以及时有效地利用大数据技术对教育信息进行监测分析，并从数据处理结果中找到科学处置教育舆情的依据。大数据教育舆情治理系统内容包括大数据教育舆情爬虫系统、教育舆情大数据库系统、教育舆情大数据分析系统、教育舆情大数据监测预警系统。

1. 大数据教育舆情爬虫系统

教育舆情大数据爬虫系统通过网络爬虫技术定向定期地爬取教育领域数据，并将数据存储于教育舆情大数据库系统中[①]。

教育大数据主要有两个来源：一是教育系统内部数据，包括学生、教师、学校产生的基础数据，还包括招生、就业、考试等业务数据。二是来自互联网的数据，包括社交网站（如微博、微信公众号、贴吧）、论坛（如 CSDN、教育在线）、新闻门户网站（如搜狐新闻、新浪新闻）产生的数据，还包括教育系统内部网站产生的数据。

大数据教育舆情爬虫系统由 Java 语言的 Spring MVC 作为整体系统架构，以 Python 语言的 Scrapy + Django 作为网络爬虫接口与数据库接口，以 JavaScript 语言作为网页解析脚本接口。因为绝大多数网站均有大大小小的反爬虫机制，所以我们收集到的教育舆情数据时常会出现错位、空值、乱码等现象，这就需要对异

---

① 西尔伯沙茨等. 数据库系统概念［M］. 杨冬青，等译. 北京：机械工业出版社，2012.

常、空白数据进行处理。

在进行建模之前，我们需要对收集的教育舆情数据进行初步的拟合。部分模型要求数据大体服从一些特定的分布，甄别数据是否符合建模标准，倘若拟合度太低还需做相应的转换处理；或甄别原始数据是否为需要进行建模分析的数据，传感器数据较为精准，故在分析传感器数据时通常会提前甄别出哪些信号属于有待分析的数据。大数据教育舆情爬虫系统如图3-3所示。

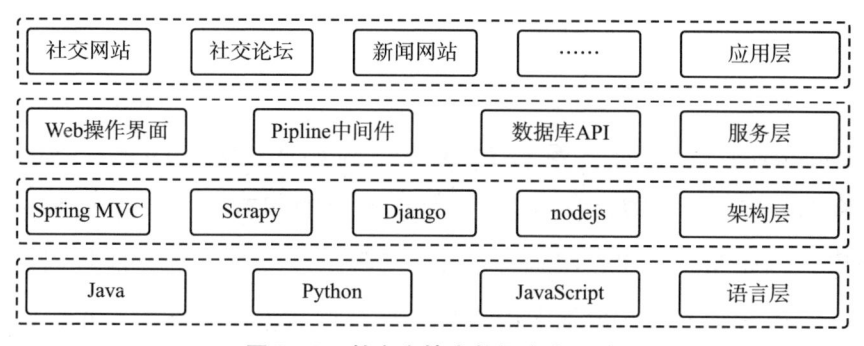

社交网站	社交论坛	新闻网站	……	应用层
Web操作界面	Pipline中间件	数据库API		服务层
Spring MVC	Scrapy	Django	nodejs	架构层
Java	Python	JavaScript		语言层

图3-3　教育舆情大数据爬虫系统

2. 教育舆情大数据库系统

大数据库系统的作用是存储教育舆情数据，其内容既涵盖结构化的数据，也包含半结构化和非结构化的数据，我们可以将大数据爬虫系统中的网络数据固化至本地磁盘中进行存储、查询、转换等操作。该系统由关系型数据库（MySQL）、非关系型数据库（MongoDB）作为底层数据库支撑，Hadoop为分布式文件系统提供支撑。Kafka、Spark和Flink等大数据计算引擎作为ETL工具，实现将数据进行流式、实时抽取与处理。使用ElasticSearch作为快速检索舆情历史数据的搜索引擎。该架构的主要内容以及相互之间的逻辑关系如图3-4所示。

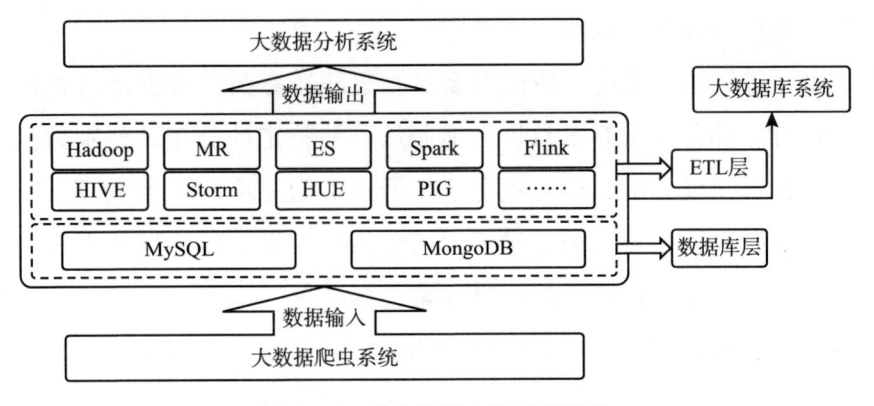

图 3-4 教育舆情大数据库系统

数据库主要分为两大类：第一类是以 SQL（Structured Query Language）为主的关系型数据库，例如 MySQL、Oracle、SQL Server、SQLite 等数据库；第二类是 NoSQL 系列的非关系型数据库，例如 MongoDB、Hbase、Redis 等数据库。在进行舆情数据清洗时通常会直接在数据库中进行，关系型数据库可以编写相应的 SQL 脚本，非关系型数据库可以采用对应的解释器语言编写脚本，例如 MongoDB 采用 JavaScript 编写脚本。另外一种处理方式是使用建模所用语言在读取数据库数据时，编写自动化清洗程序，例如 Python、R、Java 等语言。

3. 教育舆情大数据分析系统

大数据分析系统来源于两个子系统：一是机器学习系统，二是大数据可视化系统。机器学习系统以开源框架 scikit-learn 作为算法接口[1]，支持数十种传统数据挖掘算法[2]。同时支持当下最流

---

[1] 奈森库兹. 数据驱动建模及科学计算——复杂系统和大数据处理方法 [M]. 吕丽刚，等译. 北京：电子工业出版社，2015.
[2] 佩瑟鲁·拉吉，阿诺帕马·拉曼. 高性能计算系统与大数据分析 [M]. 齐宁，等译. 北京：机械工业出版社，2018.

行的人工智能技术——深度学习和强化学习，采用 Google 开源框架 TensorFlow 及其衍生框架 Keras，最终将分析结果进行可视化展示。架构的主要内容以及相互之间的逻辑关系如图 3-5 所示。

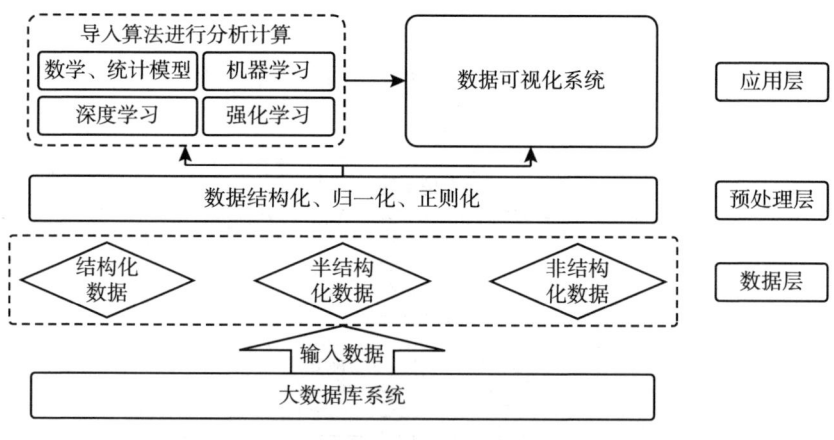

图 3-5 教育舆情大数据分析系统

4. 教育舆情大数据监测预警系统

教育舆情大数据监测预警系统是以教育舆情构成因素为基础，构建起主动链式预警系统。针对教育舆情多种情绪连锁反应的特点，相关技术人员提出了链式舆情预警等级模型，首先将教育舆情主体、客体、本体、舆情空间影响因子作为一层神经网络矩阵模型输入；其次通过非线性激活方法提取权重法，产生一个新数据模型[①]，继续将更新数据集作为第二层神经网络矩阵模型的输入，产生更精准的模型，以此类推；最后，设定合适的矩阵权重系数将多层模型组织连接在一起综合形成神经网络处理中心，进行人工校正分析等级划分，输出教育舆情等级，进行辅助

---

① 王毅，邹涛，周义兵，等. 汉江流域自然灾害监测预报预警大数据平台研究 [J]. 成都信息工程大学学报，2018，33 (5)：540-543.

决策，如图3-6所示。

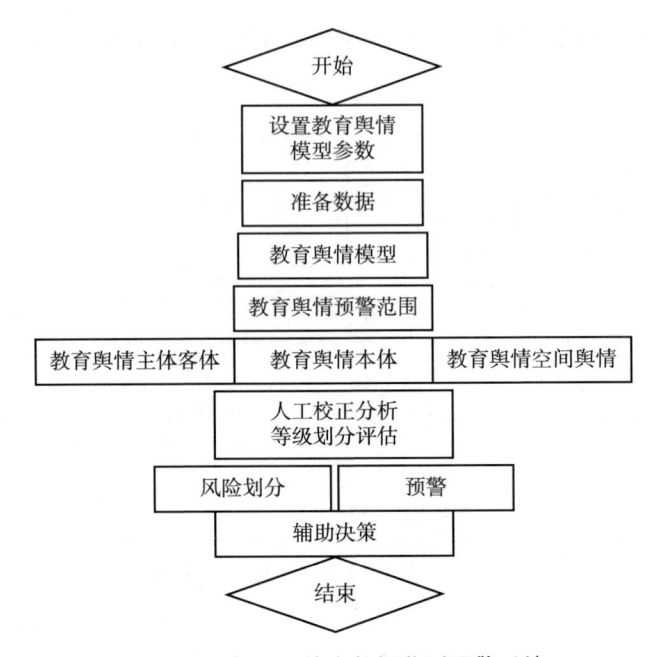

图3-6　教育舆情大数据监测预警系统

（三）大数据教育舆情治理系统的核心功能

在教育舆情治理领域，大数据技术的优势包括数据的可得性和代表性强、准确性和精确度高，能够模拟现实情景和个体心理反应。大数据教育舆情治理系统具有教育舆情的信息监控与研判、教育舆情信息的社会感知与反馈、教育舆情数据可视化、教育舆情工作管理系统化的功能。

1. 教育舆情的信息监控与研判

大数据教育舆情治理系统的首要功能是对教育舆情信息进行监控与研判。该系统犹如岗哨，它面向广袤多变的互联网环境以及复杂庞大的网络数据信息，通过对数据与信息的实时抓取与多维分析，有效识别教育舆情危机信号，并进行分级预警提示，协助相关人员及时、快速地发掘教育网络舆情危机事件，在发现和整理教育网络舆情的基础上，对舆情信息进行合理筛选与科学分析。使相关人员能够迅速总结、归纳教育舆情的传播机制及引导策略，形成舆情分析报告与应急预案并及时上报，以便决策部门能够第一时间了解、掌握与应对网络教育舆情危机事件。

2. 教育舆情信息的社会感知与反馈

大数据教育舆情治理系统具备社会感知与反馈的功能。网络舆情信息收集与分析的过程也是了解社会热点与民众想法的过程，这将有助于及时了解公众对不同教育事件的关切程度以及对教育系统的态度。通过基于网络舆情分析的社会感知，结合教育系统内部的实际情况，可以更加客观地反映当前社会教育系统的现状，发现现有系统的不足，对后续教育政策的制定与出台、教育项目的解决与实施等提供参考。教育事业的民众满意度分析也是该系统的重要运用场景之一，当政府颁布新的教育方针、政策和项目后，可以通过网络舆情分析快速捕捉社情民意，获取舆论反馈，从而不断推进教育事业的进步与完善。

3. 教育舆情数据可视化

大数据教育舆情治理系统提供了舆情数据的可视化功能。数据可视化技术强调对舆情信息的视觉化阐释，它能够将数据爬取系统采集到的舆情信息在快速处理和分析的基础上进行过滤、挖掘、表示、修饰，以图表等艺术化表现形式呈现教育舆情情况。可视化技术有利于系统用户直观、清晰地了解教育舆情的基本状况、传播特征、事物关系以及发展趋势等。在大数据教育舆情治理系统下，可视化功能也可以满足系统用户的交互需求，用户拥有数据的管理权，可以通过选择不同的舆情关注偏好来定制化获取舆情数据可视化报告，完成系统与用户的双向沟通。

4. 教育舆情工作管理系统化

大数据教育舆情治理系统可以提高当前教育网络舆情工作的系统化水平。目前，教育舆情工作管理的系统化水平仍有待提高，各管理环节之间尚未完全建立联系，协同程度不足。对此，该系统可以将教育网络舆情工作中的信息收集、数据分析、报告输出、决策辅助、工作评价等功能串联起来，实现对教育网络舆情工作的组织实施、过程管理、资源调度等，在有效提升教育网络舆情工作效率的同时，全面评估整体工作的开展进度、实施效果、存在问题，并形成教育舆情工作的改善建议，提升教育网络舆情工作的质量。

三、大数据技术在教育舆情治理中的应用前景

大数据不仅是巨量的数据资料，更是一种战略资源，搜集分析大数据的方法蕴含着新的思维方式和管理方式。根据大数据创新应用的发展趋势，遵循大数据对舆情治理的理念革新，将大数据与教育舆情结合并运用于教育舆情治理的全过程，这是一种尝试，也是创新，更是适应当前社会发展的需求。从教育舆情工作流程来看，大数据创新教育舆情的治理过程，主要体现在"舆情监测"和"舆情分析研判"。正是在这两个方面的创新应用打下基础，才能够让大数据为教育舆情处置提供充分的依据。

（一）大数据技术为教育舆情的全面监测提供可能

教育舆情监测重在"发现"，有价值的教育舆情信息发现越早，应对处置越主动，舆情隐患越小。及时发现倾向性、行动性、预警性教育舆情信息尤其如此。大数据技术采集的非结构化数据和传统数据库中存储的结构化数据共同组成了大数据教育舆情数据库，通过大数据计算模型对数据库中的数据进行深度挖掘，实现数据的量化分析，进而结合实际探寻教育舆情内在规律、预警教育舆情风险、优化监测方式、提高监测效率，实现对教育舆情的科学高效全面监测。而在具体应用过程中，新的经验数据又会形成。经验数据作为大数据库中的重要组成部分，有利于更切合业务实际的大数据挖掘分析，进而促进大数据应用的优化升级。

1. 大数据技术优化教育舆情风险预测预警

传统的教育舆情风险预测预警，主要依赖人工，通过建立数据库然后对结构化数据进行统计分析，得出比较简单的结果，无法将各种数据关联起来。对于众多事件背后的深层次原因，传统方式无法分析或分析效果欠佳，这导致人们无法准确分析教育舆情的发生、发展、演化和消退过程。大数据技术可以通过对教育舆情主体的分析，结合教育舆情事件发展的时间节点，实现舆情预警预测。大数据技术利用教育舆情事件的关键词、敏感内容，以自动自主分析的方式，对舆论风险进行等级研判，进行及时推送预警，提升教育舆情应对的及时性[1]。大数据技术通过第一时

---

① 徐萍. 大数据在高校网络舆情应急处置中的应用探讨 [J]. 图书馆工作与研究，2016（5）：55–58.

间抓取到涉及教育关注的内容，进行分析研判后精准地推送给需要对象，在时效上进行了优化，能够确保相关主体部门及时发现和处理教育舆情事件。中国教育舆情、蚁坊软件等开发了基于大数据技术的舆情监测软件，教育舆情功能能够及时进行监测，并建立相关联数据分析，使"深层原因"得以被轻松地剖析。大数据技术能提升教育舆情风险预测预警的有效性，通过设置关键词、信息数据库和其他内容，建立涵盖教育舆情内容的信息数据库，抓取教育事件中具有舆情苗头的重点，通过"理论+数据+分析运算"，精准地分析出值得关注的教育舆情。根据人民网舆情监测室的统计，2017年1~8月与大学贫困生相关的网络新闻内容达3900多篇，安徽、云南、陕西等地因此采用大数据技术，与教育、财政、扶贫等多部门连接，通过家庭、收入以及消费等综合数据，有效识别出贫困生，避免评选贫困生时出现"比穷比惨"的负面舆情，有力维护学生尊严[①]，既有效地识别出贫困大学生，又优化了舆情风险预测预警，可以说是教育舆情工作成功的典范。

2. 大数据分析明晰教育舆情监测内在规律

大数据具有"4V"特点，即海量性、多样性、高速性和易变性，教育舆情领域的大数据分析运用能够更加高效地明晰教育舆情的内在规律，包括教育舆情的发生、发展、演化和消退过程，以及其中的时间节点、舆情燃点和传播规律。大数据分析能够帮助人们探究教育舆情的内在规律，能够帮助人们厘清教育舆情监测的关键点、时间点和重点舆情账号。具体来说，主要有以

---

① 人民网. 经常出入网吧不得认定贫困生引争议：述贫比惨就好吗？［EB/OL］. (2017-09-01). http://yuqing.people.com.cn/n1/2017/0901/c209043-29508974.html.

下几点：第一，大数据分析明晰教育舆情监测的重点指向。大数据的教育舆情监测，其中所有内容均会有详细记载，而这种"未被遗忘"的信息记录会形成数据记忆，最终通过关联性分析，把这种记忆之中的联系查找出来，形成有用的数据。明晰了教育舆情重点，就可以通过对海量、多样的数据进行清洗、排列组合和关联分析，筛选出其发展的规律。例如，2016年，中国人民大学新闻与社会发展研究中心发布的《中国网民的信息生产及情感价值结构演变报告》，其中就利用到近5年我国网民提到的网络词汇表达以及热词，分析出教育问题（41.64%）是"社会问题"中人们最关心的话题[1]。第二，大数据分析明晰教育舆情监测的重点时间。通过大数据分析可以发现哪些时间节点可能会出现教育舆情，这为教育舆情的预测预警提供了极大的帮助，使相关人员可以提前做好应对方案，做到有备无患。一般来讲，每天的早晨7点、下午6点和夜间9点后是教育舆情出现的集中时间段；每月的工作日会出现较多教育舆情，而周末时间段则较少；寒暑假是比较少的，而临近开学或放假的教育舆情又会增多。除此之外，教育舆情在国家教育改革措施出台以及中考、高考、毕业论文答辩等重要阶段也会增多。第三，大数据分析明晰教育舆情重点区域。人民网舆情监测室发布的《2016年中国互联网舆情分析报告》通过大数据分析发现："微博、微信的平台化主导了互联网舆论的生成，微博、微信都已经超出单一社交应用范畴，成为平台级入口。"[2] 通过2年多的监测分析表明，微博、微信这两大平台已经成为教育舆情发生的主阵地。例如，2018年"重

---

[1] 中国人民大学新闻与社会发展研究中心等. 中国网民的信息生产及情感价值结构演变报告（2012~2016）[R]. 2016.11.
[2] 人民网. 人民网舆情监测室发布2016年互联网舆情报告[EB/OL]. http://yuqing.people.com.cn/GB/401915/408999/index.html.

庆某幼儿园砍伤"事件，不到3个小时，微博和微信就成为舆论讨论的主阵地就是最好说明。这给教育舆情预测预警输送了信号，即要抓住重点的教育舆情场域，作针对性、计划性的监测部署以及分析。据大数据分析调查显示，"参与热点舆情事件讨论的微博用户年龄结构变化不大，中位数始终保持在24岁左右，但随着老用户的流失和大量新用户的加入，微博舆论场中网民的社会学结构有着显著的改变，表现为女性比例明显上升以及三四线城市的用户比例猛增。"① 我们可以充分利用大数据技术，分析教育舆情发生的城市地点、关注焦点、账号分布以及话语范围。

3. 大数据思维引领教育舆情监测方法创新

教育舆情的未来发展方向，是通过大数据技术更加精准地找到教育领域的重点难点，然后利用大数据的思维来创新教育舆情的预测预警方法，全面提升教育舆情监测的有效性。通过大数据的数据搜集、分析和整理系统，建立广泛的数据库和案例中心，能够为教育舆情监测提供夯实的数据基础，包括各类事件发生的时间、原因、发展过程、应对方法和后续跟进等。实现"人机结合"，以人为主，机器为辅，在出现教育舆情危机时，依据机器分析的数据迅速得出分析报告，指导教育舆情导控工作。相关工作人员要树立大数据思维，用数据说话，尤其是把需要预警的信息数据化。建立重点舆情监测预判机制，确保舆情监测方向明确、重点清晰、精准高效。例如，2017年北京某幼儿园虐童事件发生后，相关人员可以以幼儿园虐童事件为主线预判舆情走势，增强信息监测针对性。

---

① 人民网. 人民网舆情监测室发布2016年互联网舆情报告[EB/OL]. http://yuqing.people.com.cn/GB/401915/408999/index.html.

教育舆情监测在改进方法、增强实效性方面也应依靠大数据思维。一是树立"先预而后立"的思维观念。"凡事预则立，不预则废"这句话强调的就是要做好预测的工作。大数据技术能够将已获取的教育舆情相关数据信息进行分析，根据事件内容的关联性强弱，预判容易引发的关联性舆情，分析规律，预判可能发生的大概率事件。二是树立"纵深抓取"的思维观念。大数据时代，教育舆情内容几乎每天都在变化、更新，针对教育舆情的病毒式传播以及无序化特征，大数据思维可以帮助找到教育舆情演变规律和裂变式传播规律，建立教育舆情词汇变异数据库，随时搜集、定期分析研究相关教育舆情词汇信息演变规律，确保教育舆情词汇无论怎么变都逃不过舆情监测的火眼金睛。三是树立"人机结合"的思维观念。教育舆情的预警预测，要充分发挥大数据技术汇聚数据量全、采集速度快、用户范围广等独特优势，采用镜像复制的方式，定期备份采集包括搜索引擎、社交平台、新闻博客以及电商平台等境内外涉某个地区的约上亿个网页信息，从传播、情感、受众等多个维度全面分析教育舆情事件。可针对微博、微信等主要媒介平台的大数据，从"关键词"和"特定账号"两个角度进行高频人工巡查和技术筛查，第一时间发现用户关注、发布的信息，并对监测结果进行分析、分类、预警。

（二）大数据技术为教育舆情数据的深度挖掘提供可能

如果说大数据技术在教育舆情监测中的最大应用价值在于精准发现舆情，那么大数据技术在教育舆情研判中的最大应用价值就在于完成人类难以完成的工作，即实现舆情发展趋势、与数据库相似案例比对等方面的精准分析判断。舆情研判是指根据线下实情，舆情发生、发展、发酵规律，舆情实践经验知识等对舆情信息所反映的内容进行真实性、倾向性分析，对信息传播发展趋势、牵涉的利益关系等方面进行挖掘、分析、研究、归纳和预判，以便为舆情应对处置、领导决策提供依据。"网络舆情分析与研判，是网络舆情工作的重要环节，它一头连接着舆情的监测与收集，另一头连接着舆情的应对与引导，起着承上启下的重要作用。系统收集到的大量舆情信息只有通过分析与研判才能从中发现价值，科学正确的分析与研判对舆情的及时发现和有效的应对密切相关。"[1] 在移动互联网大环境下，舆情的隐秘性、交互性、非理性等特征突出，使教育舆情研判面临很多难题，离不开大数据技术的支持。

1. 通过大数据挖掘技术实现对教育舆情传播规律的深度分析

当前，政府部门和商业机构所使用的大数据分析系统具有相似的功能：在数据采集方面，该系统能够实时监测包括主流新闻网站、门户网站、地方新闻网站在内的新闻网站，能够实时监测包括微博、微信、论坛、博客在内的自媒体平台，能够实时监测包括新闻客户端、数字报、行业垂直站点在内的其他网络平台。在数据追踪方面，该系统能够追踪舆情话题的发展态势，在全网范围内分析挖掘舆情的传播声量、传播来源、传播媒体类型、转载情况以及情感态度，便于掌握舆情发展的路径、脉络和态势。在数据推送方面，该系统能够实现数据的可视化呈现，将最新的舆情信息通过桌面通知、微信、邮件或短信等方式提醒用户，内置多种分类标签和舆情报告，聚焦话题演变和全网态势，便于快

---

[1] 梁雪云. 网络舆情的分析与研判机制研究 [J]. 今传媒，2016，24（5）：51-53.

速了解最新的舆情动态。在数据整理方面，该系统能够剪辑文章段落和图表，导出关键数据，自动生成舆情简报，便于舆情报告的整理与编写。这些功能能够基本实现舆情传播规律的分析展现。例如2017年9月21日，教育部公布世界一流大学和一流学科名单，引发全社会高度关注。通过蚁坊软件大数据分析，即可发现"双一流"建设相关舆情数据量在9月21日到达顶峰[1]。传播路径为：2017年9月21日，教育部官网发文公布"双一流"建设高校及建设学科名单，并通过其官方微信、微博公布具体大学名单，随后新华社、中国新闻网等媒体报道了相关信息，引发网民热议。之后，光明日报、南方日报等媒体陆续发文解读、评论"双一流"大学名单相关信息，引发网民持续关注（见图3-7），也能够清晰地看到舆情爆发、发展、降温等阶段的传播路径图（见图3-8）；不同平台上的舆情所占比例（见图3-9）；各平台之间的关系（见图3-10）。这些传播路径、阶段特征、平台权重、平台之间的关系的清晰呈现为下一步的舆情应对处置提供了明确的着力点和切入点。这是通过定性分析的方法做舆情研判所不能完成的。

教育部发文 > 媒体报道 > 网民热议 > 媒体解读评论 > 网民持续关注

图3-7 "双一流"舆情传播路径

资料来源：蚁坊软件. "双一流"建设高校名单公布［EB/OL］. (2017-09-28). http://www.eefung.com/hot-report/20170928164649.

---

[1] 蚁坊软件. "双一流"建设高校名单公布［EB/OL］. (2017-09-28). http://www.eefung.com/hot-report/20170928164649.

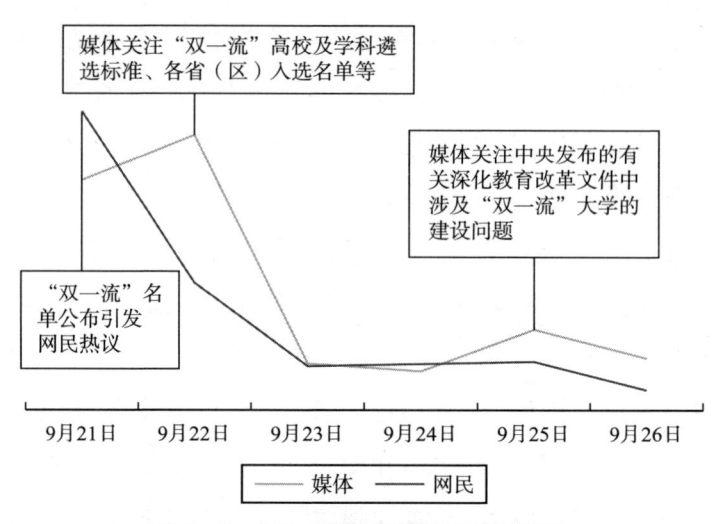

图 3-8 "双一流"舆情阶段传播路径

资料来源：蚁坊软件. "双一流"建设高校名单公布［EB/OL］.（2017-09-28）. http://www.eefung.com/hot-report/20170928164649.

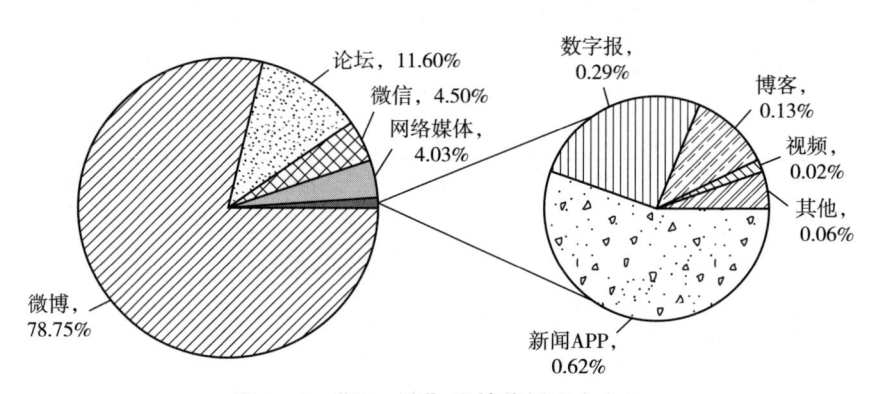

图 3-9 "双一流"舆情传播平台占比

资料来源：蚁坊软件. "双一流"建设高校名单公布［EB/OL］.（2017-09-28）. http://www.eefung.com/hot-report/20170928164649.

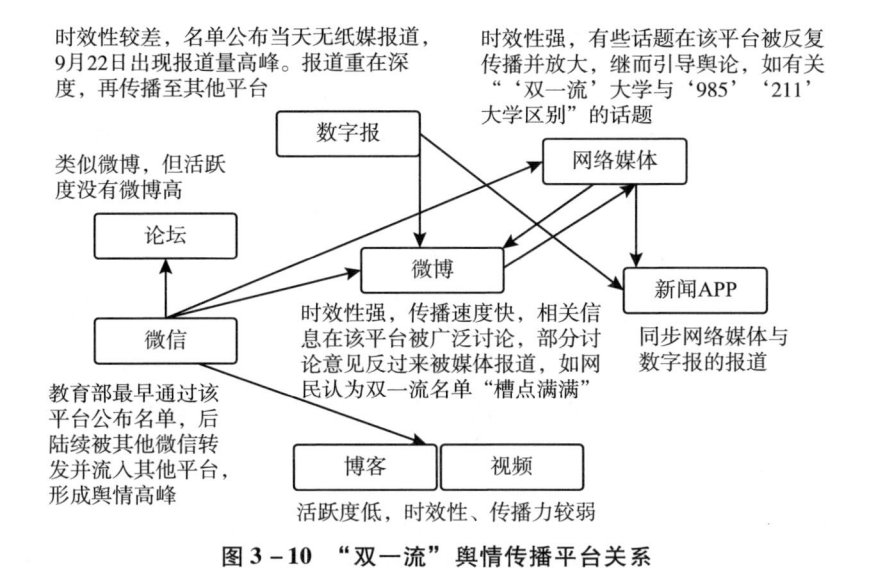

时效性较差，名单公布当天无纸媒报道，9月22日出现报道量高峰。报道重在深度，再传播至其他平台

时效性强，有些话题在该平台被反复传播并放大，继而引导舆论，如有关"'双一流'大学与'985''211'大学区别"的话题

类似微博，但活跃度没有微博高

时效性强，传播速度快，相关信息在该平台被广泛讨论，部分讨论意见反过来被媒体报道，如网民认为双一流名单"槽点满满"

同步网络媒体与数字报的报道

教育部最早通过该平台公布名单，后陆续被其他微信转发并流入其他平台，形成舆情高峰

活跃度低，时效性、传播力较弱

图 3－10 "双一流"舆情传播平台关系

资料来源：蚁坊软件．"双一流"建设高校名单公布［EB/OL］．(2017－09－28)．http：//www.eefung.com/hot－report/20170928164649．

2. 通过大数据挖掘实现对教育舆情观点的量化分析

在定性舆情研究过程中，基础层面只能进行舆情观点分类，强调每一个关注点有多少媒体或者群体关注，却无法对这些观点进行权重分析，进行区分和反映。利用大数据舆情分析却可以规避这个难题。以"蚁坊软件"官网上对"双一流"建设相关舆情数据的分析为例。《"双一流"建设高校名单公布》舆情报告称，2017年9月21日至2017年9月26日，媒体关于"'双一流'建设高校名单公布"的新闻报道约5220篇，报道的主要媒体为《中国教育报》《光明日报》《新民晚报》《广州日报》等。通过对这些信息进行关键词提取、主题聚类分析，可知其倾向性如下：聚焦教育部发布"双一流"高校及学科名单，占46%；解读如何推进"双一流"建设，占24%；认为"双一流"有利于我国教育发展，占17%；评"双一流"非"211""985"翻

版，占9%；其他新闻，占4%。网民话题分析：2017年9月21日至2017年9月26日，网民关于"'双一流'建设高校名单公布"的言论约10.1万条。通过对这些信息进行关键词提取、主题聚类分析，可知其倾向性如下：支持"双一流"推动教育事业的发展，占28%；讨论"双一流"标准不合理，占26%；质疑"双一流"无实际意义，占19%；建议理性看待"双一流"的评比结果，占13%；认为教育部门阻碍学术发展，占8%；其他言论，占6%（见图3-11）。从主流媒体与网民反映来看，主流媒体明显比较理性和中性，而自媒体相对较为情绪化，质疑的比重较大。这包含了为下一步开展舆情应对处置的启示：应主要在自媒体平台上引导；应主要针对网民提出的"不合理""无实际意义""阻碍学术发展"等角度予以引导，并将引导重点放在"不合理""无实际意义"上。

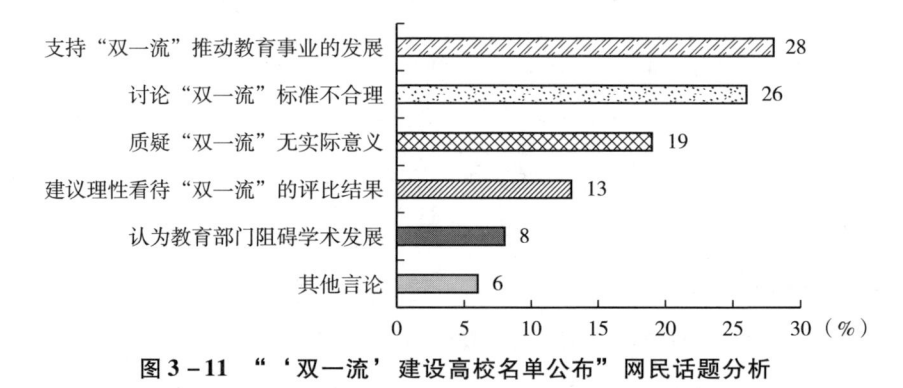

图3-11 "'双一流'建设高校名单公布"网民话题分析

资料来源：蚁坊软件．"双一流"建设高校名单公布［EB/OL］．(2017-09-28)．http://www.eefung.com/hot-report/20170928164649.

3. 通过大数据挖掘实现对教育舆情事件特点的分析研判

大数据分析在社会各个领域舆情的研判中都有较好的应用。

如交通类舆情大数据分析,可以找到堵车的时间点和地点;教育类舆情大数据分析,可以找到社会各界对教育最为关心的焦点;反腐类舆情大数据分析,可以找到腐败的共同特征;通过大数据对网络谣言进行分析,就能准确掌握网络谣言的某些特点。据2015年4月2日的报道《大数据分析网络谣言》指出,微信每天收到用户发起的谣言举报就有3万次,日均谣言拦截量达到210万次。微信谣言主要集中在食品安全、人身安全、疾病三个领域。周一、周二、周三和周六是谣言散布的高发期,而数字夸大、图片夸张的文章是谣言最常使用的方式[①]。文章指出,假借权威、捏造数据、制造恐慌、嫁接图片、偷换概念、直击刚需等是谣言传播常用的手段。在微信、微博和新闻客户端等谣言的制造和传播中,男女做出的"贡献"极为不同,男性制造了谣言中的83%,而女性只占17%。不过,在谣言传播过程中,女性会相对更愿意传播[②]。对谣言类舆情而言,这些分析是必不可少的内容,而仅靠人工是很难完成的。这些分析对于谣言的应对处置提供充分的科学依据,也饱含启示。例如果壳网主编徐来在报道中称,对谣言的传播方式、来源进行分析,就可以制定出"发现选题、拆解话题、查找文献"的机制,对于辟谣来说很有意义。

(三)大数据分析结果为教育舆情处置提供充分的依据

教育舆情应对处置就是要在充分利用大数据技术的基础上,把握好时、度、效原则,以做好舆论引导为核心,及时发布权威信息,主动设置议题,回应关切、解疑释惑、疏导情绪、平衡心

[①②] 徐静. 大数据分析网络谣言:男人爱造谣女性愿意传谣 [EB/OL]. (2015 – 04 – 02). http://yuqing.people.com.cn/n/2015/0402/c212888 – 26788665.html.

理，运用现代传媒新手段新方法，积极稳妥做好热点问题舆论引导和突发事件舆论应对工作，稳妥做好线下实情的处置工作。大数据分析结果是教育舆情应对处置的充分依据。

1. 大数据分析结果能够为教育舆情处置提供充分数据支撑

教育舆情治理不仅仅需要 IT 提供信息沟通交流的手段，更加需要数据技术（data technology，DT）为危机管理、科学决策提供预测和相应的解决方案。传统教育舆情在监测和处置中主要关注文本类数据信息，忽视了网民心理变化、图像、视频、语音等内容，教育舆情处置过程中使用的数据不完整。而大数据技术能够为教育舆情处置提供充分的数据支持，能够将看似无关紧要的数据纳入分析范畴，使舆情立体化、全局化、动态化，提供海量决策数据。此外，互联网的虚拟性以及网络用户注册信息的开放性，使得教育舆情信息来源有明显的不确定性，大大加强了信息监测的困难，运用大数据强大的数据关联，可以精确改进教育舆情源头治理，构建"立方体"式的教育舆情信息库，把网上网下各方面数据综合运用，形成整合体，进行纵横分析，挖掘教育舆情信息和社会动态背后的深层次关系[1]，为教育舆情的治理提供充分的数据支撑。2019 年 3 月，兰州某幼儿园给孩子食用变质过期食品的事件被曝光，而利用大数据技术我们可以从全网清晰掌握该事件的首发媒体、事件脉络、发展趋势、传播途径、水军特点以及网民观点等，能够为该教育舆情治理事件提供网民情绪、观点以及事件基本走势的基础数据，并通过可视化途径展现，将各类数据进行量化展示，为该教育舆情的治理提供强有力

---

[1] 王乾. 大数据背景下的教育舆情研究 [J]. 电脑知识与技术, 2018, 14（24）：134 - 135, 142.

的数据支撑。

2. 大数据分析结果能够为教育舆情决策提供前瞻科学预测

目前教育舆情的管理存在断点,没有形成覆盖舆情发现、舆情分析、舆情应对、舆情评价总结、舆情预测监控的舆情生命周期的统一管理平台[①]。随着大数据技术的发展与推广,未来的教育舆情决策将更加依赖有说服力的数据,以及具有前瞻性的科学预测[②]。传统教育舆情的引导或者决策开始于对已经发生舆情的监测,但是该引导或者决策基于已发生的事实,具有较为明显的滞后性局限,而利用大数据的关联技术则可以将监测的目标时间点提前到敏感消息进行网络传播的初期,并利用模型对教育舆情演变过程进行模拟仿真,从而实现对教育舆情的科学预测。此外,使用大数据技术可以监测民众对于教育部门新政策、方针实施的反应,并且利用教育舆情关联分析能够打捞那些可能代表一个群体或一定数量级的"沉默的声音"[③],如基于教育舆情关联规则挖掘,分析新浪微博中某个教育舆情话题中活跃者间关联强度、坚定支持者人数以及坚定支持者成员的变化频度等三个时间序列间的关联规则,挖掘出新浪微博教育舆情的关联关系,进而为教育舆情分析提供重要依据,从而提高教育舆情信息全面性,有针对性地对政策进行修订,助力教育舆情决策。

3. 大数据在教育舆情统计分析和监测中的应用举例

虽然目前我国教育舆情的分析监测工作处于起步阶段,但是

[①] 张鹏高,毕曦. 基于大数据的教育网络舆情监控与分析 [J]. 中国教育信息化,2015(15):7-9.
[②] 探码科技. 大数据时代,探码网络舆情监控系统顺势而为 [EB/OL]. (2018-01-18). http://www.sohu.com/a/217416693_506171.
[③] 徐广军. 思维变革:重构大数据视角下的网络舆论引导工作 [EB/OL]. (2014-08-27). http://yuqing.people.com.cn/n/2014/0827/c210118-25549618.html.

已经出现部分高校利用大数据技术依托建立的实验室对教育舆情进行统计分析和监测，例如复旦大学舆情研究室、中国传媒大学高等教育传播与舆情监测实验室、人民大学新传媒网络舆情技术实验室、上海交通大学舆情研究实验室等实验室的建立为教育舆情研究提供了资源基础。目前，教育舆情中大数据的运用主要为舆情关键词设置及检索、数据的可视化分析以及对突发教育舆情的预测研究，这些大数据技术的应用大大提高了我国教育舆情的处置效率。而其中中国传媒大学高等教育传播与舆情监测实验室在教育舆情研究中值得借鉴之处颇多。例如，其将高等教育舆情划分为12个主题，包括体制改革、质量评估、就业、学生、教师发展、高校管理、人才培养、科学研究、社会服务、学科专业、政策聚焦、国外教育[①]，并设置主题关键词，通过自动监测、分类以及聚类等可以及时监测到热门教育舆情事件；此外，中国传媒大学将高等教育舆情监测分为13类，每半个月编辑2类简报（《高教舆情参考》《高教质量传播与舆情参考》），每一个季度形成1个专题报告[②]，进行深度分析与跟踪研究，取得了良好成果，这些研究成果能够为教育舆情处置提供有力依据。

[①②] 何欣蕾，王保华. 治理视角下的教育舆情研究：问题与对策［J］. 现代传播，2015，37（1）：139-142.

| 第四章 |

教育舆情演变过程及机制的大数据分析

科学把握教育舆情演化规律，呈现教育舆情内在的动力机制，是教育舆情治理的前提与基础。大数据不仅可以真实、全面呈现教育舆情演化动态，并且通过语义分析、词云图谱、虚拟仿真，准确把握教育舆情的动态发展、议题演变，科学把握教育舆情的内在动力与发展规律，还可以形成可视化操作系统，实时推演教育舆情治理过程，从而使教育舆情治理流程更为优化，直观显现教育舆情治理成效。本章将结合近年部分舆情典型案例，运用大数据分析方法，探讨教育舆情发生机制、传播机制和演化机制的主要特征，为今后教育舆情有效治理提供经验借鉴和参考建议。

一、教育舆情发生机制的大数据分析

大数据分析与数据科学都是围绕数据展开的，这是两者之间的一种内在联系。"一切以数据说话"是其共同的本质[1]，两者都是从数据分析中发现隐含的规律，以便透过事物表象的记录来认识其本质。近些年全国教育舆情呈现话题丰富，高位运行的态势。为准确把脉教育舆情症结，找准解决问题的着力点，本部分在研究过程中，运用中国教育舆情监测软件，选取2017年重庆市教育舆情事件为样本，对综合新闻、博客、论坛、微博和微信的数量进行筛选，结合相关数据从时间、地域、类型以及媒体曝光渠道等维度进行分析对比，探析教育舆情的发生机制。

（一）样本设计与选择

本书在研究过程中，力求全面准确探析教育舆情发生传播演化的内在机理。首先利用大数据采集技术，通过大数据爬虫技术对重庆市2017年全网教育舆情事件进行数据信息收集，构建分析样本框；其次，利用大数据预处理技术和存储技术，采用数据仓库技术（Extract – Transform – Load，ETL）工具对数据进行抽取、转换、装载，再对数据进行清洗；最后利用大数据分析技术和可视化技术，使用机器学习和统计分析法对网络平台教育舆情信息进行分析和比较，归纳出教育舆情发生机制和规律。通过对教育舆情规律的归纳，为加强运用大数据技术对教育舆情的采集、分析、挖掘及分享，探析新的教育舆情传播动力机制提供实证支撑。大数据技术设计示意如图4-1所示。

---

[1] Copty N, Duran A, Hoeflinger J, et al. The Design of OpenMP Tasks [J]. IEEE Transactions on Parallel & Distributed Systems, 2009, 20 (3): 404–418.

展现与交互	·报表、图形、可视化工具、增强现实
数据计算	·查询、统计、分析、预测、挖掘、图谱、BI
数据存储	·分布式文件系统，分布式数据库
数据采集	·ETL工具，数据总线
基础架构支持	·云计算平台、云存储、网络、监控等

图 4-1　大数据技术设计

（二）数据统计与分析

本次研究通过教育舆情大数据库系统和大数据分析系统，利用大数据文本分析技术基于舆情言论文本和图文视频等各种结构化数据或非结构化数据进行分词，从而根据构建的教育舆情语料库进行词频统计，提取具有代表性的关键词进行语义网络分析和情感分析。通过运用教育舆情大数据分析系统，筛选出 2017 年重庆市教育相关的有代表性的负面舆情 3059 条，采样时间段为 2017 年 1 月 1 日至 12 月 31 日。通过机器学习和可视化分析，得出以下基本特征：

1. 收费、环境、工资绩效、违规谋利等舆情言论持续不断

通过媒体、客户端、微博、微视、爆料问政平台、论坛、贴吧等信息来源平台爬虫抓取文本或图文媒介形式，利用自然语言处理和大数据清洗技术，获取语料库后最终提取出了常见教育舆情事件的 36 个关键词，利用 R 语言大数据编程软件得到 2017 年重庆市教育负面舆情特征词云图（如图 4-2 所示）。

图 4-2　2017 年重庆市教育舆情特征词云图

在 3059 条负面教育舆情中"收费"问题的舆情言论有 395 条，如爆料问政平台中的"举报学校收费辅导作业费"，论坛信息来源的"一小学校学生娃儿的作业一千块一科"，媒体信息平台涉及的"这所小学一学期让孩子买 21 本课外书"，微博平台反映的"网曝第二小学变相收费"等问题；"环境"问题也是教育舆情的焦点，共有 360 条言论，主要集中在教育舆情分类中的"安全事故类"和"学习生活类"；开学期间的"入学"问题也是教育舆情的高发期，共有 232 条舆论，集中在入学难和就近入学规则上面，如爆料问政平台中"某区提前半年预约公立幼儿园都上不了"和"就近入学为何不是距离最近的学校具体怎样规定"，媒体信息平台中的"购房读名校如今难兑现，学校开发商正在协调中"等；根据词云图，同样地，作风、违规谋利、工资绩效、补课、校园经营、招生腐败、食品卫生等问题是教育舆情长期关注的舆论话题，基本保持在 100～200 条，应该引起足够的重视。

2. 教育管理类舆情事件点多面广

教育管理类舆情涉及师生切身利益，相关议题如教职工薪资待遇、职称评审、学生奖学金评定、学校后勤管理、食品卫生安全、教育乱收费、强制实习、大学生就业等。师生对涉及自身利益的公平问题尤为敏感，"有事向网上捅、把事情闹大"成为个别师生及家长解决问题的惯性思维。研究生招生、评优评奖、学校硬件设施建设、招考政策等话题经常引发网络舆情，且讨论频次高，情绪化、抱团化、行动化的倾向较为明显，舆情风险较高。根据关键词的提取和语义分析，采用数据挖掘的聚类分析，2017年重庆市教育热点事件类型可分为教育管理、政策法规、安全事故、师德师风、考试招生和学习生活等大类，由于教育管理类舆情直接关系民众的切身权益，在数量上最多，占比31.97%（如图4-3所示）。

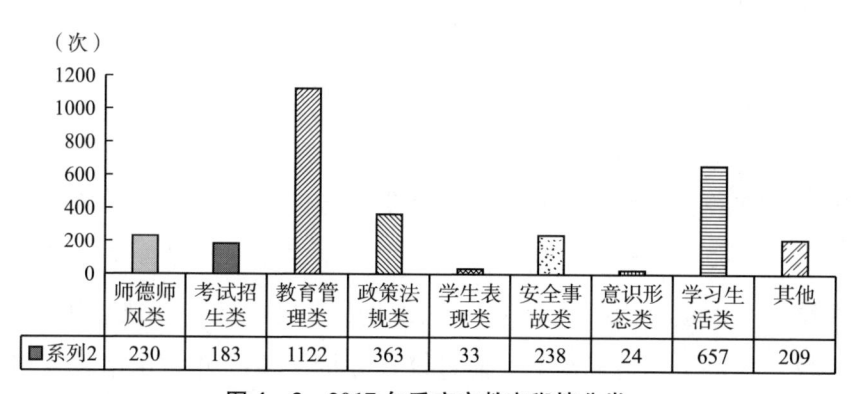

	师德师风类	考试招生类	教育管理类	政策法规类	学生表现类	安全事故类	意识形态类	学习生活类	其他
系列2	230	183	1122	363	33	238	24	657	209

图4-3 2017年重庆市教育舆情分类

注：系列2表示频数。

综合分析发现，随着素质教育的不断拓展和深入推进，社会各界对学校的教学与管理、教师素质也提出了更高要求，由于学校的不当管理行为而引发的舆情频次较高，对教育系统形象造成负面影响。一是违规办学类舆情。如网民投诉多家教育培训机构在未取得教育培训资格的情况下开班；网民反映有的幼儿园在未取得办学许可的情况下私自招生；一些培训学校在各区县学校外张贴虚假广告称培训完毕后分配工作，有多名学生上当受骗。二是不当教育管理行为。如有网民爆料某中学教师劝退抑郁症学生，致使该生心理压力过大；某高校以加学分为由强制学生在植树节以集体或个人名义通过学校购买树木进行种植，引发学生不满；强制学生前往扬州某电子厂实习，每天工作时间长达12小时且待遇苛刻。

3. 新学期伊始和毕业季为舆情多发期

从时间节点看：教育舆情"两头热、中间冷"呈"V字"形。即新学期、毕业季这两个时间节点舆情数量多、热度高，学期中相对平稳。因新学期开学涉及招生、学费、评级评岗、食堂、网费等问题，伴随毕业季的期末则涉及考试、就业、年终考核、绩效工资等问题，易引发学生、教职工群体情绪波动，教育舆情密度较大。校园食品卫生安全类、校园生活管理类、教师维权类、校园治安类、科研贪腐类、违规违纪类舆情易发生在学期两端，并由点及面扩大，进一步演化成为规模性乃至热点舆情，对教育稳定工作造成影响。通过统计分析，2017年重庆市教育相关舆情发生具有一定的规律性，高峰出现在6月和9月，即新学期伊始和毕业季为舆情的多发期（如图4-4所示）。

图 4-4 2017 年重庆市教育舆情发生时间分布

4. 网络问政平台是舆情发生的主要场域

移动互联网时代，舆情信息以图文并茂、音视频结合的方式快速传播，呈现出非线性的散播路径和交叉、重复、叠加式的传播覆盖，其中影响最为突出的就是网络问政平台的作用凸显。"网络问政是政府以网络为载体来做宣传、做决策、了解民情、汇聚民智，与公民平等对话并给予其更多的权利，从而实现科学决策、民主决策，真正做到全心全意为人民服务。"[1] 借助网络问政平台反映问题和表达诉求是广大民众的重要选择方式，虽然在一些重大舆情事件中，"两微一端"已经成为舆情传播发酵的主要场域，但本地网络爆料问政平台仍是教育舆情传播发酵的主要源头（如图 4-5 所示）。

随着新媒体新技术的发展，5G、短视频等互联网技术飞速发展易生成新的舆情载体，需紧密跟进。随着 5G 网络逐步商用，多种形式的视频流媒体将成为网民获取信息的新渠道。短视频平台日渐成为微信、微博、客户端之后的主要舆论场，并逐渐成为

---

[1] 明燕飞，毕腾飞. 服务型网络问政平台建设探析 [J]. 求索，2012 (3)：37-39.

舆情事件的"始发地"。以抖音为代表的短视频平台视觉新颖，青年学生群体不仅是短视频平台的主要受众，也是短视频内容的重要生产和传播者，他们不仅"玩转"朋友圈、短视频、网络直播、问答平台、知识社区，还擅长分享截图、动图、表情包、二维码，这些新兴媒介隐蔽性更强，监测难度更大。教育管理者需"与时俱进"，密切跟踪互联网新技术新应用，做到快速发现舆情、精准研判舆情、有效引导舆情、积极应对舆情。

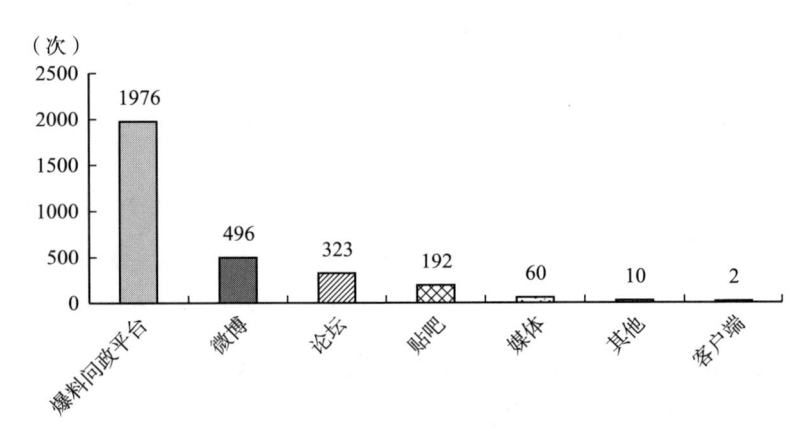

图4-5 2017年重庆市教育舆情信息传播平台分布

5. 基础教育领域是舆情基数最大的领域

基础教育阶段时间跨度较长，校园安全、教育管理、学生表现、收费补课等相关话题较多，在几大教育阶段中，其舆情基数较大（如图4-6所示）。全国性教育热点事件影响，基础教育领域虐待体罚、校园欺凌类舆情热度升温明显。一是虐待幼童类舆情。如某教师打骂学生并教唆学生互扇耳光，中国新闻网对此进行了报道，引发新华网、环球网等多家媒体转载，相关新闻报道达67篇，评论量达2000余条；某幼儿园女教师虐童，澎湃新闻网报道后受到社会高度关注。二是暴力体罚类舆情。一学生多次遭到该校老师毒打事件被腾讯新闻网报道；一教师体罚学生致其耳朵出血，该生3天后在送医途中死亡，相关信息被澎湃新闻等30余家新闻媒体报道，引发舆论集中讨论，影响较大。三是校园欺凌类舆情。网民爆料三名中学生在校外群殴一名小学生，《中国青年报》刊发文章对该事件进行了详细报道，被环球网、澎湃新闻、网易、新浪等多家新闻网站转载。

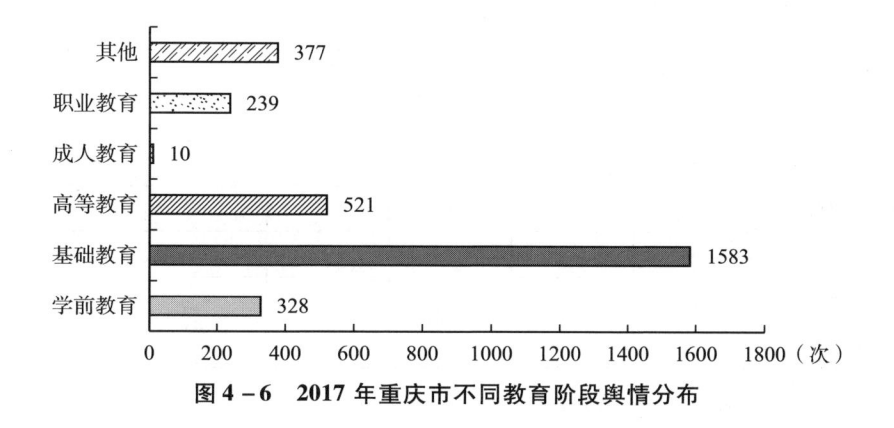

其他 377
职业教育 239
成人教育 10
高等教育 521
基础教育 1583
学前教育 328

图4-6 2017年重庆市不同教育阶段舆情分布

6. 不同类型教育舆情事件的舆情目的差异明显

利用可视化探索性数据分析的对应分析算法（correspondence analysis，CA）研究教育舆情事件与舆情特征目的差异发现：纵向来看，大部分教育舆情主要目的是举报投诉，部分是为咨询求助，还有部分是为了情感宣泄，少部分是为了建言献策和造谣恐吓。横向来看，学习生活类舆情事件主要是为了举报投诉；学生表现类和意识形态类事件舆情比较少，目的相对均衡；安全事故类舆情事件主要目的大部分集中在举报投诉，咨询求助、情感宣泄和建言献策占据少部分；师德师风类舆情事件多数是为了举报投诉；政策法规类和招生考试类舆情事件不仅是为了举报投诉，还有其他目的且比较均衡；教育管理类舆情事件发生比例最高，大部分目的是投诉举报，其他咨询求助、建言献策、情感宣泄和造谣恐吓的目的分布均匀，可视化对应分析如表4-1所示。

表4-1　2017年重庆市不同教育事件舆情特征目的对应分析

分类	举报投诉	其他	咨询求助	建言献策	情感宣泄	造谣恐吓
其他	●	·	●	·	·	·
学习生活类	●	·	●	·	●	·
学生表现类	·	·	·	·	·	·
安全事故类	●	·	·	·	●	·
师德师风类	●	·	·	·	·	·
意识形态类	●	·	·	·	·	·
政策法规类	●	·	●	·	·	·
教育管理类	●	·	●	·	●	·
考试招生类	●	·	·	·	·	·

注：表中圆点的大小代表频数的大小。

（三）研究结论与反思

通过对收集统计的重庆市2017年教育负面舆情进行分析发现，校园安全与暴力、考风考纪等舆情关注较高。综合来看，教育舆情的发生机制显示如下特征：

1. 涉校园暴力和欺凌类舆情增幅明显

当部分负面舆情引发公众共鸣或产生重大影响时，便呈现出"祸不单行""接二连三"的传播态势，即"涟漪式"传播[①]。

[①] 清博大数据. 舆情研究中最常见的十大效应［EB/OL］. http：//www.sohu.com/a/116586725_114751.

2017年，受"某亲子园虐童""北京某幼儿园虐童"等全国性教育热点事件影响，重庆市体罚虐待、校园欺凌类舆情热度升温明显。一是虐待幼童类舆情。如该市某区一幼儿园教师存在打骂学生行为，中国新闻网、新华网、环球网等多家媒体对此进行了报道或者转载。与此同时，某区某幼儿园女教师出现不当施教行为，澎湃新闻网进行了报道，同样受到社会高度关注。二是暴力体罚类舆情。如某区一小学教师体罚学生致其耳朵出血，相关信息被澎湃新闻等30余家新闻媒体报道，引发舆论集中讨论。三是校园欺凌类舆情。2017年4月，网民爆料某区出现中小学生被殴打行为，《中国青年报》刊发文章对该事件进行详细报道，被环球网、澎湃新闻、网易、新浪等多家新闻网站转载。

2. 涉招生考试类舆情关注度高

2017年，涉考风考纪类舆情较突出，相关话题在网络"大V"的关注和媒体的传播报道下形成了舆情热点。重庆市的相关舆情体现在：一是考试纪律类舆情。在2017年重庆市"专升本"考试中，个别培训机构出现违规行为，引发了网络媒体集中关注报道，网民特别是学生群体对此表示不满和担忧，新浪微博#重庆专升本#等相关话题累计浏览量达1128万次。二是招生录取类舆情。如有网民发帖反映在高考录取中遭遇"低分进档高分落榜"，舆论质疑和录取工作有失公平；还有网民反映部分学校违反中考招生流程，在中考前虚假宣传误导学生填写志愿，没有充分尊重学生的自主选择权，也引发舆论关注。三是虚假招生宣传类舆情。如网民反映重庆多家教育培训机构在未取得教育培训资格情况下私自营业；个别职业院校以知名大学名号进行虚假招生等。

3. 教育信息安全问题成为新的舆情触发点

教育信息安全是近年出现的舆情热点之一，2017年教育系统网络安全问题在重庆市也有所体现：一是网络游戏与病毒侵害类舆情。5月，俄罗斯游戏"蓝鲸"传入我国，诱导青少年自虐和自杀。据监测，重庆市有青少年参与该游戏并按游戏规则实施自残行为。5月12日，全球各地遭遇大规模网络攻击，我国校园网也成重灾区，引发部分网民对教育系统网络安全的关注与担忧。二是教育系统官网泄漏信息类舆情。11月，澎湃新闻网报道了主城某区教委官网网站泄露了部分师生信息，文章指出多名乡村老教师姓名、身份证号及部分家庭经济困难的大学新生、中央专项彩票公益金资助学生的信息遭泄露。某学院官网所发布的《国家励志奖学金获奖学生名单公示》和《国家助学金获奖学生名单公示》中，有学生的学号和身份证号等信息遭泄露。三是内部信息使用不当类舆情。重庆一职业学院在其官网中公开刊发"关于部分高校教师违纪典型案件的通报"，引发部分自媒体用户关注，网易订阅号、UC头条、大鱼号等对文件中涉及的部分典型案例进行摘取渲染报道，触发相关舆情。

4. 教育改革和政策发布所引发的舆情热度较高

教育改革话题一直是社会关注的焦点，部分教育政策的公布引起了激烈讨论。一是"双一流"建设高校名单公布引热议。重庆市两所高校入选教育部"双一流"建设高校及建设学科名单，其排名和政策支持力度引发师生的热议。二是规范招生政策被聚焦。如重庆市公布了义务教育招生政策和普通高校高考招生信息及办法后，网络中很快出现了关于"三对口"入学和"学区房"的炒作之声。6月，重庆市再次公布了《关于进一步规范普通中小学招生行为的通知》，严禁组织直接或变相的"小升初"招生考试，同样引发舆论高度关注。三是重庆深化高校专业设置改革引争议。10月，重庆市发布《重庆市深化普通高等学校专业设置改革的实施意见》，明文要求减少和淘汰市场需求度不高的专业，用3~5年时间建设各类一流专业，提升高校专业排名，引发社会广泛关注。

5. 涉学生生命、财产安全类舆情频发多发

校园安全稳定、学生生命财产安全是媒体关注的重点。一些校园安全的发生一般都会引发舆论对学校责任的抨击。一是学生意外伤亡类舆情。如重庆某学校一学生在2017年初开学日坠楼，舆论分析认为原因在于"假期综合征"，上游新闻、网易等媒体跟进报道，引起了较多转发和讨论。3月某区某幼儿园一女童意外死亡也被全国多家媒体报道。6月某区4名学生不幸溺水身亡，相关信息在微信朋友圈、论坛迅速传播，中国青年网、新浪、腾讯、今日头条等媒体对此进行了报道。二是近年备受关注的不良校园网贷也带来学生生命安全问题。7月某高校一学生疑似因无力偿还网贷跳江身亡，相关信息引发社会关注。7月"重庆广电-第1眼"刊发新闻，对部分学生通过手机平台借贷，导致需要偿还高额债务事件进行了报道。

6. 涉学校办学和教师不当管理行为类舆情持续发生

2017年，个别学校管理不当也引发了舆论关注，对教育系统形象造成负面影响。一是违规、虚假办学类舆情。如网民投诉重庆一职业培训学校违规办学、欺骗招生，冒名与重点大学合作招生；某区一培训学校在招生宣传中称培训完毕后分配工作，有多名学生上当受骗。二是不当教育管理行为。如有网民反映一职业

学院以加学分为由强制学生在植树节以集体或个人名义通过学校购买树木进行种植，引发学生不满。三是违规收费及有偿补课类舆情。如网民投诉个别中学向学生家长额外收取网络运营费、报名费，收取高额费用组织学生外出春游等；还有网民反映个别幼儿园将购买教具、打印纸、墨盒等办公用品的费用让家长摊派，个别中学强制要求学生参加假期有偿补课等。

二、教育舆情传播机制的大数据分析

信息传播机制，就是"信息传播的形式、方法以及流程等各个环节，包括传播者、传播途径、传播媒介以及接收者等构成的统一体，是一种对信息从发布者到接受者的渠道的总体概括"[①]。本部分主要分析当前我国教育舆情传播议题和媒介特征，并结合2017年"上海某亲子园虐童事件"及相关数据，详细探讨当前重大教育舆情事件中的舆情传播机制和特征。

（一）大数据视域下教育舆情议题分析

从不同角度探讨可以将教育舆情议题进行不同的分类，本部分从信息传播主体的角度出发，将舆情议题分为以反映校园安全、师德师风等问题为主的教育问题类议题，以借势营销、混淆视听为主的网络谣传类议题，以及以观点争鸣、矛盾探讨为主的理念冲突类议题，在一些舆情事件中，这些议题还往往

---

① 梅珍. 突发公共事件中微信传播研究［D］. 长沙：湖南大学，2015.

相互交叉传播。

1. 教育问题类议题

教育热点成为全社会关注的焦点，交互传播引发舆情事件触点。教育乃国家发展之根本，人才培养机制事关每一个家庭和社会成员，此等民生大计亦是媒体报道的重点。媒体议程设置下，教育政策、考试招生、师生冲突、校园暴力、校园食品安全等，都是引发舆论热点的议题。现代教育的广泛普及使教育问题成为全体社会阶层共同面临的问题，如每年各单位发布的年度教育舆情的主角既有西南地区的留守儿童，也有中心城市中高端幼儿园里的孩子，不同的生活境遇却同样面临教育行业的"疏漏"。移动互联网时代中，交互式传播更是助长了教育舆情的讨论热度和参与度，家长、学生、教师等群体建立起的若干个社会共同体，他们具有共同的价值认同，以及共同的利益和需求，成为舆情事件的主要参与者，酝酿着舆情事件的潜在危机。如河南某中学，因嫌食堂价格高，学生干部带领300名学生集体抗议。当对校方的不满达成一致共识，就成为点燃舆情的导火索，导致舆情全面爆发，如图4-7所示。

2. 网络谣传类议题

"'后真相'时代，社群和圈子成为谣言传播的基本单元，情感要素成为谣言传播的基本动力。"[①] 情绪与谣言致使舆情扭曲发展，现代网络参与对象主要是"90后""00后"群体，他们敢于伸张正义、批判社会不公，抱着惩恶扬善的目的积极参与到网

---

① 李彪，喻国明．"后真相"时代网络谣言的话语空间与传播场域研究——基于微信朋友圈4160条谣言的分析［J］．新闻大学，2018（2）：103-112．

络舆情热点中。但由于青少年群体的舆情素养不足，一腔热血容易被他人利用，在不良舆论引导下，广泛传谣而不自知，或因情绪极化形成"一边倒"的舆论环境，甚至影响事件的正常演进程序。在一些教育舆情事件中，不断出现一些谣传话题，左右事件舆情态势发展。如四川某中学学生坠亡事件中，"手脚被打断""被索要一万元保护费""50元封口费""100万元补偿金"等大量谣言在舆论场肆意传播，引起网民的愤怒和质疑。网络谣传促使可走司法程序的个案变成了民意沸腾的群体性聚集事件。如图4-8相关统计所示，网络舆论大量集中在传播不实信息和追问真相之中。

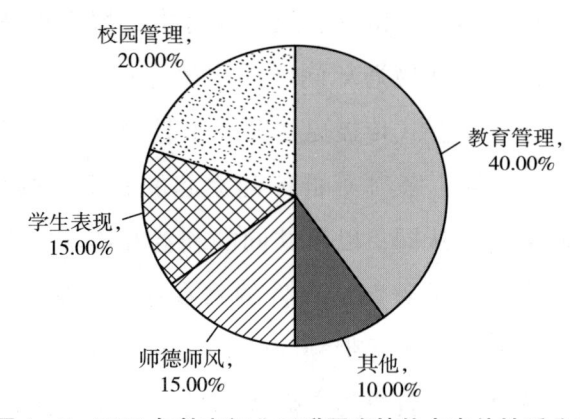

图4-7 2017年教育行业互联网舆情热点事件性质分布

资料来源：蚁坊软件.2017年中国教育行业互联网舆情［EB/OL］.(2018-01-11). http://www.eefung.com/hot-report/20180111104848.

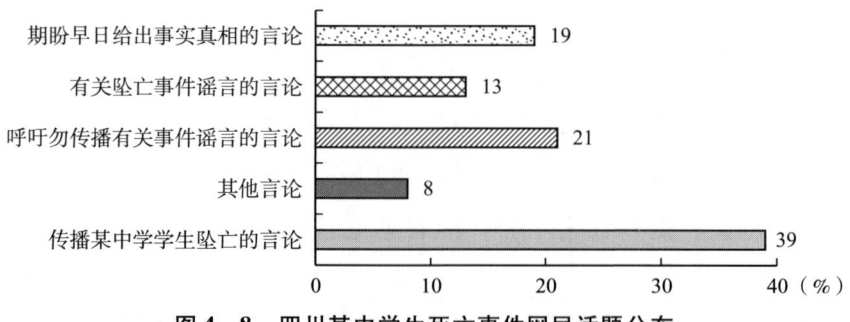

图4-8 四川某中学生死亡事件网民话题分布

- 期盼早日给出事实真相的言论 19
- 有关坠亡事件谣言的言论 13
- 呼吁勿传播有关事件谣言的言论 21
- 其他言论 8
- 传播某中学学生坠亡的言论 39

该中学事件中校园欺凌谣言的兴起并非完全"无中生有",近年来全国各地不同程度的校园欺凌事件频频引发关注,"北京某中学一学生被逼吃屎""某镇中学校园暴力"等引发网民强烈不适。校园欺凌对青少年生理和心理的伤害是社会强烈抵制的原因之一,屡禁不止的社会现实不断积累负面情感,如何解决校园暴力问题成为校方、有关部门、家庭教育等多方需要共同考虑的问题。

3. 理念冲突类议题

我国教育理念冲突很多源自优质资源的紧缺和教育资源分布的不公。其中关于素质教育的探讨又是其中一个重要话题。一个人改变一个根深蒂固的习惯尚不容易,更何况教育理念由长期固守的应试教育向全面发展的素质教育进行转变,两者的冲突不仅来自人才培养导向的不同,还包括社会全体尤其是招生、就业环节对素质教育成果和应试教育成果的考量标准。2017年4月,某中学进驻平湖一事在网络掀起了广泛热议,部分当地学生家长惶恐该校模式在高考中的竞争优势,除了直接的利益抢夺,还可能影响整个浙江地区素质教育的良好环境,如图4-9所示。

教育领域中,除了"下行"资源的争夺,"上行"优质资源的紧缺同样是问题所在,包括优质的教师队伍、硬件设施、教学机制等。接连曝光的未成年人性侵案、虐童案凸显出部分幼教队伍素质低下,也是优质教育资源紧缺导致社会矛盾激化而产生的结果,消费水平日益增长与教育发展的不平衡,引发家长对教育资源匮乏的担忧,以及对个体权益的关切。此外,部分地区高考移民政策的曝光同样引发因资源配置不同而产生的教育不公讨论。

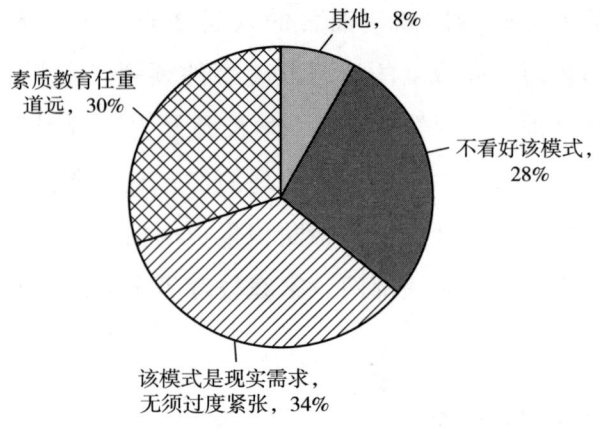

图 4-9　某中学进驻平湖观点分布

注：微博随机抽样 300 条统计。

（二）大数据视域下教育舆情媒介分析

媒介是信息的载体，教育舆情信息传播媒介总体呈现新旧媒介融合传播，并带动舆情议题不断辐射演化的特征。

1. 教育舆情媒介分布总体特征

通过分析 2017 年社会热点事件的教育舆情源头，可以看出主要来自微博、新闻网站、电视媒体、微信、政府官网等传播平台。排在前三的分别是微博、新闻网站、电视媒体。微博成为舆论热点事件主要的传播源头，主要分为个人爆料、媒体官微报道、企业账号播报及政务微博发布消息等。互联网技术的迅猛发展带来了网民话语权的扩大，微博平台以其公开性、便捷性特点及庞大的用户群体，依然位居舆情发源的第一平台。个人用户通过微博账号进行爆料或发声依然是主流形式。例如，北京某学院性侵事件、北京某中学生受辱事件等维权事件都是个人率先通过微博平台曝光，随后引发舆论动荡，如图 4-10 所示。

网民爆料 ⇒ 网民热议 ⇒ 媒体报道 ⇒ 相关回应 ⇒ 媒体跟踪报道 ⇒ 网民持续关注

图 4-10　北京某学院性侵事件信息传播路径

新闻网站、电视媒体，分别位居舆情源头的第二位、第三位，媒体在舆情传播过程中的引领作用依然不容小觑。相较个人爆料，媒体报道本身具有不可忽视的专业性与权威性，部分教育舆情议题最早在其官网上发布相关调查报道，遂引发舆论聚集。可以说新闻网站在一定程度上弥补了以往纸质媒体在新闻时效性上的不足。另外，其他平台包括境外社交网站、直播以及知乎等，都是舆情传播的主要源头。诸如某大学女硕士章某在美失踪，就是通过境外社交网站率先曝光，然后引发广泛关注与热烈讨论。

2. 教育舆情媒介议题辐射效应

在新媒体环境下，某一地区的教育偶发事件经常会迅速引发外地媒体的本地化解读，从而带来舆情风险。如校园塑胶跑道质量话题，江苏苏州一小学"毒跑道"话题最先见诸报端，2015年10月经由媒体报道之后，无锡、镇江、南京等地也有家长反映跑道问题，"毒跑道"话题讨论迅速蔓延。2015年10月，上海闵行、松江两所学校先后被媒体报道"塑胶场地有异味"，引发上海市乃至全国媒体高度关注及跟踪报道，此后"塑胶跑道"标准、各环节漏洞、对学生身体危害等各类讨论成为全国性话题，各类调查性报道一直持续至 2016 年 1 月，舆情热度长达 3 个月之久。

同时在 2015 年 10 月，有网民发布帖文称深圳有小学生因跑道问题不适，"深圳毒跑道"舆情话题也进入了公众视野。在主流媒体和网络传播的综合作用下，舆论关注度不断攀升，被发现出现"毒跑道"问题的学校达到了12家。与此同时，东莞、广州、佛山等地也相继发生了此类舆情。2016年7月，上海出台学校塑胶跑道有害物质限量的行业团体标准，并强调加强全程监管，再次引发媒体集中关注报道，并对推行"最严标准"的上海、深圳、湖南等地进行比较探讨，"学校塑胶跑道质量"成为全国性话题。2015年10月~2016年10月，百度的"毒跑道"相关搜索指数在一年时间内出现多个舆情高峰。

"毒跑道"舆情有着显著的区域传递特点，从长三角到珠三角，再到内地城市。在新增个案的曝光下舆情传播力度也越来越强，形成源源不断的话题热点，相关舆情热度持续居高不下。正是这种舆情议题的辐射效应，带来了大量同类舆情的连锁"井喷"。

（三）大数据视域下教育舆情传播特征分析

本部分以2017年影响较大、关注度高的"上海某亲子园虐童事件"为例，引入相关统计数据，深入分析当前教育舆情的传播特征。

1. 舆情信源：自媒体成为教育舆情重要曝光平台

当前，以"三微一端"为代表的自媒体已经成为社会舆论话语的中心平台。平民化、即时性、交互性的自媒体促使个体自主传播信息、表达诉求，并成为教育舆情信源的重要平台。"从网络自媒体的'碎片化'传播特点来看，网络舆情的联想叠加能使议题序列化、集中化呈现，不断衍生出新的热点，延长事件的兴奋周期。"① 自媒体不仅是曝光平台，更是舆情不断演变发酵的重要场所。在"上海某亲子园虐童事件"中，2017年11月初，"老师帮幼童换衣服时将幼童推倒撞到椅子上""幼师给孩子喂食不明食物（芥末）后放任孩子哭泣""幼儿家长愤怒质问亲子园工作人员"等相关视频就开始在网络自媒体流传并迅速发酵。网络情报实时监测与智能分析系统监测显示，自第8日中午12点起，亲子园集团开始陷入舆论危机，亲子园虐童视频铺天盖地在微博上疯传。当日下午4~5点，舆论热度到达峰值，夜间12点左右，有人称最先曝光此事的员工已被开除，集团副总回应称"最先曝光此事的员工已被开除是不可能的"，舆论热度一时又达到峰值。第9日清晨5点，舆论热度又开始升高。通过对传播"上海某亲子园虐童"事件的平台进行分析可知，微博是活跃度最高的媒介（如图4-11所示）。微博用户基数大，且能让网民及时、便捷地阅读和传播信息，所以活跃度最高。

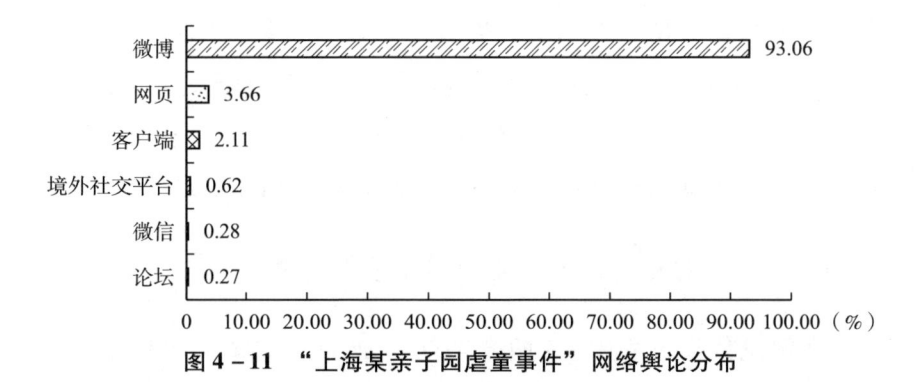

平台	占比(%)
微博	93.06
网页	3.66
客户端	2.11
境外社交平台	0.62
微信	0.28
论坛	0.27

图4-11 "上海某亲子园虐童事件"网络舆论分布

---

① 郭小安. 网络舆情联想叠加的基本模式及反思——基于相关案例的综合分析 [J]. 现代传播（中国传媒大学学报），2015, 37 (5)：123-130.

2. 传播媒体：商业网站和都市类媒体是主要传播媒体

据拓尔思软件舆情监测大数据显示，在该舆情事件信息传播的媒体构成中，排在第一的是新闻，数据1156条，占比27.15%，其次是微博，数据979条，占比22.99%，排在第三的是贴吧群组，数据858条占比20.15%。在网络报道排行榜前TOP10中，排在第一位的是新浪微博，除此之外，搜狐、新浪、网易、凤凰网等都是重要的新闻来源网站，新京报官方微博的相关报道产生了大量的网络评论和转发。

在2017年发生的另外一件重大教育舆情事件（北京某幼儿园虐童事件）中，商业网站和都市类媒体同样成为了主要传播媒体。事件发生之初是有网民反映有家长到派出所报案怀疑幼儿园园长和老师涉嫌猥亵和虐待儿童。11月某日，《新京报》、澎湃新闻网等多个媒体相继报道此事，新浪视频和现代快报等媒体也纷纷发表相关视频，事件引发舆论高度关注，当日的新闻报道量达692篇，商业网站和都市类媒体的参与传播助推舆情扩散。根据艾媒大数据舆情管控系统数据显示，北京某幼儿园虐童事件舆情自11月某日15时事件开始发酵后热度迅速攀升，19时到21时更是直线飙升，之后热度不减。截至次日13时，不到一天的时间，事件热度指数已达25020（如图4-12所示）。

3. 传播进程：公知大V加速舆情事件发酵

在舆论传播过程中，"两微一端"成为"虐童"事件最主要的传播平台，而网民的交叉讨论大大加速了"虐童"事件传播速度和传播范围。在11月关于上海某亲子园虐童事件中，来自微博的舆情信息最多，达到6446条，占比62.14%；其次是网页，占比16.65%，达到1727条。

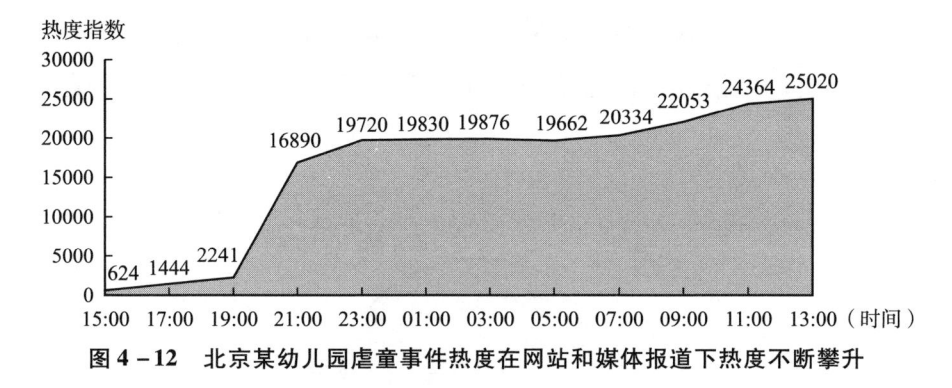

图 4-12 北京某幼儿园虐童事件热度在网站和媒体报道下热度不断攀升

与此同时，明星大 V、公众人物、媒体人等的加入及对舆情传播的推波助澜作用，往往能激发舆论的"共情效应"，加速舆情发酵升级。在"上海某亲子园虐童事件"中，多位明星妈妈的关注发声和讨伐，极大地契合网络舆论心声，成为网络情绪表达代表引发共鸣。

个别网络大 V 迅速推出了相关文章，详细描述了事件经过，调足了读者的情绪，引发了无数家长的愤怒和恐慌。

4. 传播情绪：负面声音成为主流推升讨论热度

教育公平、校车安全、师德师风、校园暴力等负面新闻往往会戳中公众"痛点"，形成重大舆情。而网络音视频和图片传播对受众的冲击超过简单的文字报道，"上海某亲子园虐童事件"也是因为"有图有真相"从而产生巨大舆论反响。关于"虐童"事件，《人民日报》新浪微博发布的系列报道中网民的负面评论超过半数（如图 4-13 所示）。

其中，自媒体尤其是自媒体营销号为了自身利益，在舆情事件中披着正义的外衣推波助澜，无节制地进行煽动、强化社会焦虑情绪的现象值得注意。比如，一些自媒体营销号在推文中引用大量来源不明的网贴，添油加醋以讹传讹，以"家里有小孩的注意了""轰动全国""删前速看""求扩散"等吸引眼球又裹挟着"正义"的话语进行传播营销，在创造流量的同时进一步放大着社会焦虑。

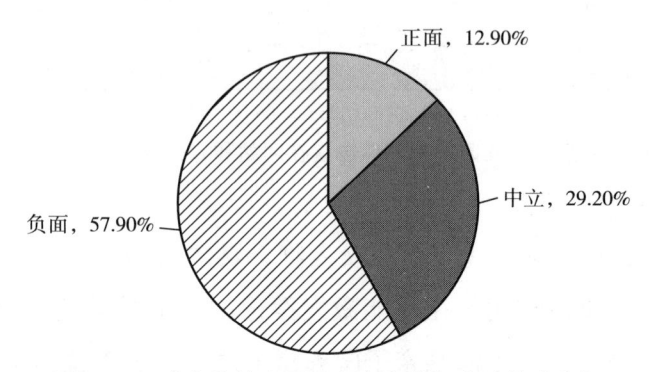

图4-13 "上海某亲子园虐童事件"舆论情感分析

相关数据显示，事件传播前，在相同的时间区间内，网民对于亲子园集团的整体满意度为76.39%。亲子园集团幼儿园虐童事件在网络上传播开后，网民对亲子园集团的满意度发生了很大的变化，满意度直线下降（如图4-14所示）。

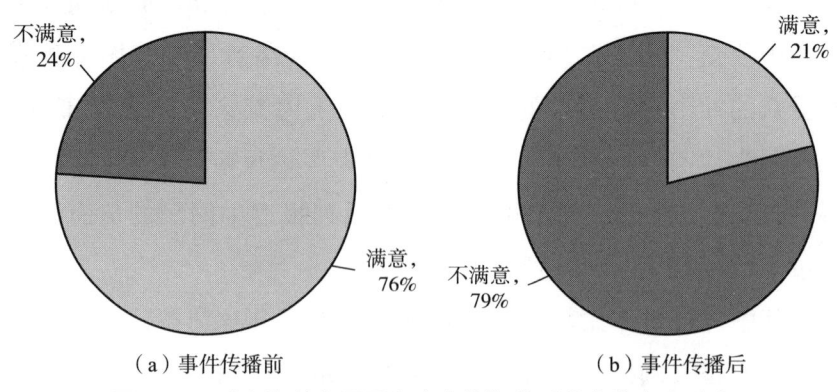

（a）事件传播前　　　　　　　（b）事件传播后

图4-14 "上海某亲子园虐童事件"前后公众满意度对比

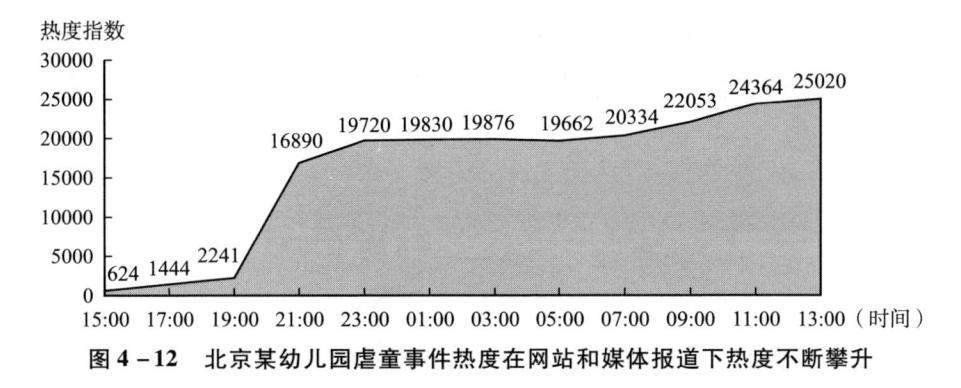

图 4-12　北京某幼儿园虐童事件热度在网站和媒体报道下热度不断攀升

与此同时，明星大V、公众人物、媒体人等的加入及对舆情传播的推波助澜作用，往往能激发舆论的"共情效应"，加速舆情发酵升级。在"上海某亲子园虐童事件"中，多位明星妈妈的关注发声和讨伐，极大地契合网络舆论心声，成为网络情绪表达代表引发共鸣。

个别网络大V迅速推出了相关文章，详细描述了事件经过，调足了读者的情绪，引发了无数家长的愤怒和恐慌。

4. 传播情绪：负面声音成为主流推升讨论热度

教育公平、校车安全、师德师风、校园暴力等负面新闻往往会戳中公众"痛点"，形成重大舆情。而网络音视频和图片传播对受众的冲击超过简单的文字报道，"上海某亲子园虐童事件"也是因为"有图有真相"从而产生巨大舆论反响。关于"虐童"事件，《人民日报》新浪微博发布的系列报道中网民的负面评论超过半数（如图4-13所示）。

其中，自媒体尤其是自媒体营销号为了自身利益，在舆情事件中披着正义的外衣推波助澜，无节制地进行煽动、强化社会焦虑情绪的现象值得注意。比如，一些自媒体营销号在推文中引用大量来源不明的网贴，添油加醋以讹传讹，以"家里有小孩的注意了""轰动全国""删前速看""求扩散"等吸引眼球又裹挟着"正义"的话语进行传播营销，在创造流量的同时进一步放大着社会焦虑。

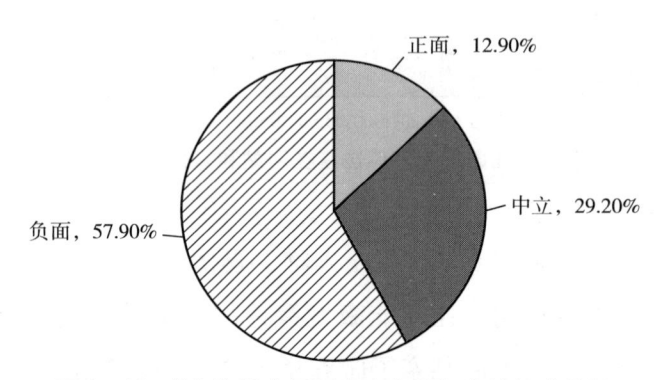

正面，12.90%
中立，29.20%
负面，57.90%

图4-13 "上海某亲子园虐童事件"舆论情感分析

相关数据显示，事件传播前，在相同的时间区间内，网民对于亲子园集团的整体满意度为76.39%。亲子园集团幼儿园虐童事件在网络上传播开后，网民对亲子园集团的满意度发生了很大的变化，满意度直线下降（如图4-14所示）。

不满意，24%
满意，76%
（a）事件传播前

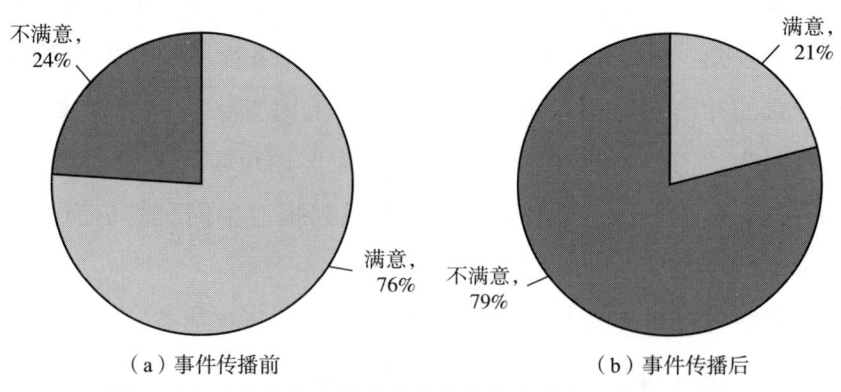

满意，21%
不满意，79%
（b）事件传播后

图4-14 "上海某亲子园虐童事件"前后公众满意度对比

5. 传播趋势：舆情走向复杂多变，反复冲击舆论场

在重大教育舆情事件中，舆情态势发展越来越复杂多变，涉及的单位也越来越多，民众对这类事件的抵触情绪也越来越强烈，各种猜测、谣言相继出现。事件不再是一次简单的个人案件，而是形成了把政府、学校及相关部门甚至不相干的部门都牵扯到其中的复杂的舆情网络。民众往往借助这类虐童事件发泄不满，个例探讨开始演变升级为对社会普遍问题的追问，或制度性问题的反思。上海某亲子园事件的舆论矛头原本指向亲子园集团，在上海市妇联发声后，众多指责的舆论矛头又一度指向上海市妇联，官方监管的不作为再次引发网友热议。大量不明真相的网民在具有导引性和煽动性的文章刺激下，一步步推高舆情热度，加深了舆情的非理性程度。

三、教育舆情演化机制的大数据分析

议题演变，指的是事件发展过程中的舆论焦点发生变化。"教育网络舆情议题演变，则是指在教育网络舆情中，随着舆情事件的发展，出现一些新的刺激条件，这些刺激条件促使舆情议题发生转变，而这种转变又具体体现在舆论焦点在以事件为核心的母议题和衍生的子议题之间的不断变化。"[①] 在诸多舆情事件中，教育舆情议题并非一成不变，而是会在各种因素作用下推移

---

① 阳美燕，贺艳花. 教育网络舆情议题演变分析［J］. 湖南行政学院学报，2015（4）：37-41.

变化。把握好舆情演变的特征和规律，是做好大数据视域下教育舆情治理的前提。

（一）大数据视域下教育舆情演化的主要因素

舆情议题的变化受到多重因素影响，本部分结合相关具体案例，主要分析以下几种最为突出的因素：

1. 舆情事件的进展

事件进展主要指是否出现了与事件密切相关的新信息新线索，政府部门对事件真相和处置的表态与回应，以及权威调查处置结果的公布等。事件发生之后，一开始往往无法向大众传递事件全貌。当出现一些新的线索，就容易吸引受众关注进而产生新的议题。信息披露越多，形成的议题也越广，其中主管部门的回应与处置措施对舆论聚集的议题有着重要影响，特别是相关部门的信息发布，对舆情事件态势发展的作用不可小觑。整体而言，舆情应对方式方法得当，舆情议题一般会走向理性并逐渐消退。若是主管部门应对方式失当，则容易出现次生舆情，应对局面也会越来越难以掌控。例如，"湖南某中学教官和学生冲突"事件中的议题就受此影响。2014年8月某日，网民在微博发帖反映该校教官体罚学生并导致互殴冲突，吸引了网民的注意，媒体也开始介入报道。第二日晚，当地政府回应称与师生发生肢体冲突的军训教官是"预备役人员"。在网民情绪激动，教官一方面临巨大舆论压力下，"预备役人员"触动了网友"临时工"的敏感神经，舆论认为这是为了推卸责任。当地政府在不当的时间作出的这一回应，引发了次生舆论危机。第三日晚，当地宣传部公布处理结果，然而其中所描述的事件发生经过与之前媒体所报道出来的出现偏差，官方在通告中回避了教官喝酒一事，矛头反而转向了班主任。舆论因此反弹升级，舆情议题变成了对官方通报内容的质疑，并最终转向了对军训改革和军训该不该废除的讨论。正是由于该县政府的回应不当，造成舆情议题不断变化，舆情久未平息，如图 4-15 所示。

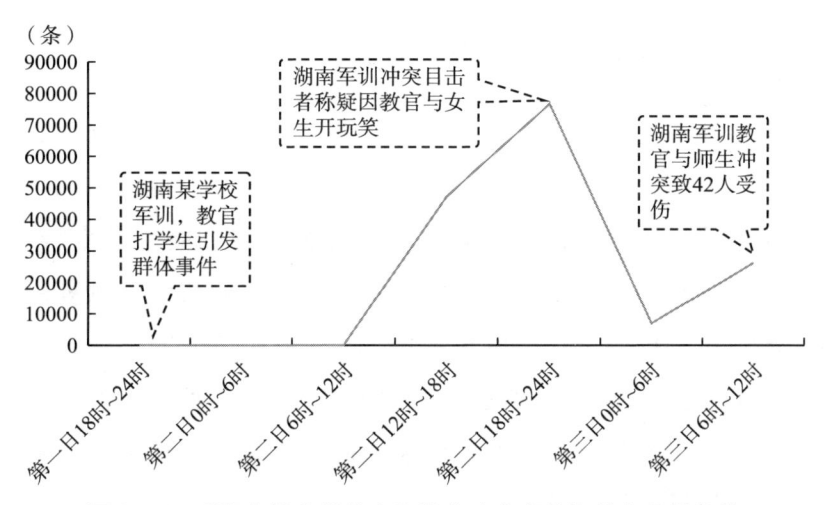

图 4-15 "湖南某中学教官和学生冲突事件"信息传播趋势

2016 年的"北京某小学校园霸凌事件"同样出现官方应对失当触发舆情发酵的现象。12 月某日，微信朋友圈广泛流传一篇反映该校出现了校园霸凌现象的文章，直指校方处置失当。作为一所名校，其舆情应对方式更是极易引人注意。由于官方在回应中使用了"对网络不实言论保留通过法律途径追究相关主体责任的权利"的话语，网民解读为这是来自校方的威胁，同时由于校方声明只有结论和态度，没有对事实的全面描述和校方如何公正处置的表态，引起了民众大量抨击（如图 4-16 所示）。

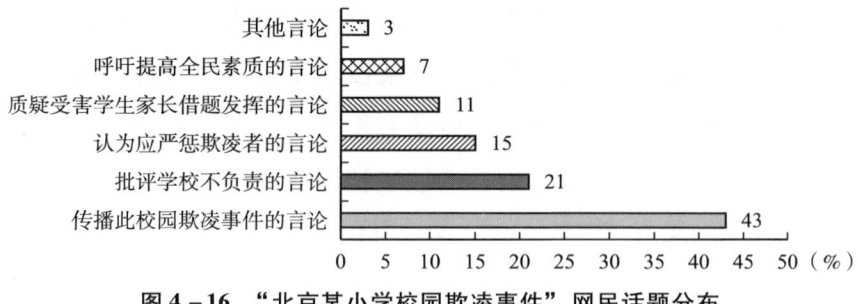

其他言论	3
呼吁提高全民素质的言论	7
质疑受害学生家长借题发挥的言论	11
认为应严惩欺凌者的言论	15
批评学校不负责的言论	21
传播此校园欺凌事件的言论	43

图4-16 "北京某小学校园欺凌事件"网民话题分布

2. 网络意见领袖对议题发展的推动

意见领袖是具有高度影响力的网络节点，网络意见领袖的特点是高认可度、高活跃度且发表的文章具有较强的说服力和创新性。网络意见领袖往往非常熟悉网络传播规律和舆论发生特点，他们有着较高的关注度和庞大的粉丝量，因此网络意见领袖的观点对舆情议题形成也产生着重大影响。"有研究表明，由新媒体首曝的突发公共事件，意见领袖的参与度更高。他们对有关事件的态度对网民的观点具有明显影响，并可能加速舆论分化，从而推动舆情议题的转变。"[1]

前面提到的"湖南某中学教官和学生冲突事件"中，就有多位意见领袖发表看法，并且对网民的讨论有着重要的作用。特别是有着24万粉丝的网络大V在微博上发起了取消军训的投票，有着38万微博粉丝的网络大V关于取消军训的微博同样获得了大量的转发和点赞，这些意见领袖频频发声使得舆情议题从事件本身上升到了"取消军训"和"军训存废"的社会大讨论。

---

[1] 阳美燕，贺艳花. 教育网络舆情议题演变分析 [J]. 湖南行政学院学报，2015 (4)：37-41.

3. 媒体议程设置对议题的导向

"媒介议程设置"理论认为:"大众传播具有一种为公众设置'议事日程'的功能,传媒的新闻报道和信息传达活动以赋予各种'议题'不同程度的显著性的方式影响着人们对周围'大事'及重要性的判断。"[①] 特别是权威媒体的报道对舆论议题走向有着重要作用,如何通过媒体议程设置来进行舆论引导也是舆情事件应对处置的重要一环。

2016年的高考减招风波能够得到有效处置,主要就是得益于新闻媒体合理地进行了议程设置。媒体在舆情爆发初期就积极跟进报道,传播政府处置和回应,对相关政策及时解读。虽然一开始成效并不明显,但之后媒体进一步加大引导力度,抱团发力,引入专家解读等,这种集体发声对缓解舆论风波作用明显,舆情逐渐得以平息。通过ImageQ舆情监测系统得到的数据(如图4-17所示),2016年5月的舆情发展过程中,由于官方应对得当,媒体积极发声,网友负面舆论由31%减少至30%,正面舆论由37%上升至46%,中立舆论由32%减少至24%。可以看出,中立舆论人群正逐渐往正面舆论人群偏移,负面舆论人群略微减少。

4. 普通网民的舆论施压

网民是教育网络舆情传播中的重要一环。舆情事件发生后,大量网民与事件中的弱者受害者产生情感共鸣,非理性的言论也容易滋生,甚至发酵成舆论暴力,对主管部门的有效应对提出挑

---

① 朱秀清. 图书出版的议程设置研究 [J]. 中国出版, 2006 (8): 37-38.

战。近年来在诸多的舆情事件中都有着网民舆论施压的现象出现，使得舆情议题发生演变。如在2014年"山东某地女生遭地痞性侵"事件中，针对网络传播的当地警方称有人"打招呼"，引发网民集体抨击谴责背后的保护伞，形成了巨大的舆论压力，迫使主管政府部门及时调查处置，如图4-18所示。

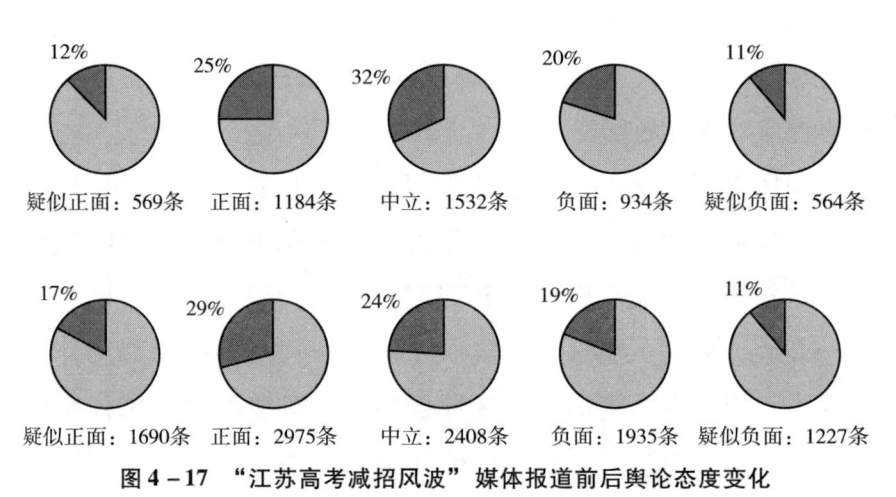

12%	25%	32%	20%	11%
疑似正面：569条	正面：1184条	中立：1532条	负面：934条	疑似负面：564条

17%	29%	24%	19%	11%
疑似正面：1690条	正面：2975条	中立：2408条	负面：1935条	疑似负面：1227条

图4-17 "江苏高考减招风波"媒体报道前后舆论态度变化

资料来源：Image Q 大数据. Image Q 舆情聚焦——"高考减招"事件舆情分析［EB/OL］.（2016-05-16）. http：//www.sohu.com/a/75602010_378399.

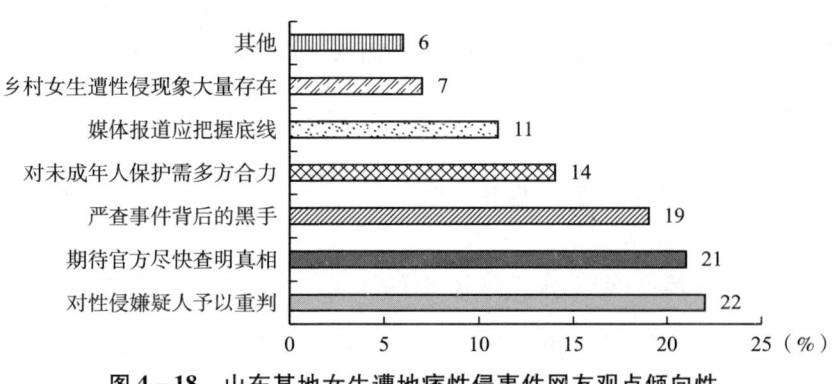

- 其他 6
- 乡村女生遭性侵现象大量存在 7
- 媒体报道应把握底线 11
- 对未成年人保护需多方合力 14
- 严查事件背后的黑手 19
- 期待官方尽快查明真相 21
- 对性侵嫌疑人予以重判 22

图4-18 山东某地女生遭地痞性侵事件网友观点倾向性

（二）大数据视域下教育舆情演化的基本路径分析

在受到上述多种因素的影响下，教育舆情议题形成了几种明显的演变路径，这些路径的形成主要建立在母议题和子议题的关系变化上。根据议题演变的路径，大致可以分为以下几种：

1. 分叉演变路径

舆情事件的母议题，是指"以事件发生的过程、原因等事件性要素为主的议题，子议题则是由母议题衍生而来，指与事件主题相关却又并非事件本身各要素的议题。"[①] 教育舆情分叉演变，就是在事件发展过程中出现了多个母议题之外的舆论聚焦点，母议题逐渐转变成了两个或者多个子议题（如图4-19所示）。近年发生的教育舆情事件，很多都属于这样的演变方式。

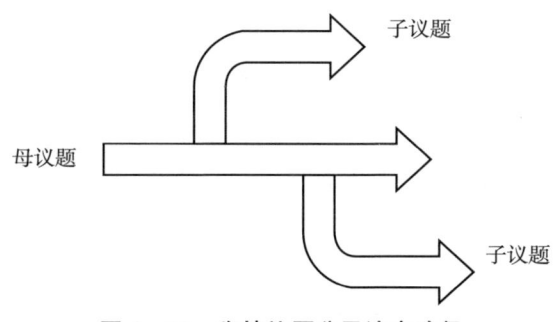

图4-19 舆情议题分叉演变路径

例如前面提到的"湖南某中学教官和学生冲突事件"就属于分叉演进的路径。事件曝光初期舆论追问的事实情况。官方回应

[①] 阳美燕，贺艳花. 教育网络舆情议题演变分析 [J]. 湖南行政学院学报，2015（4）：37-41.

后舆论开始聚集到了政府通告的问题以及揣测背后的隐情这样的微观议题，后期舆情议题又转移到了军训制度是否该废除这一宏观性议题上，如图4-20所示。

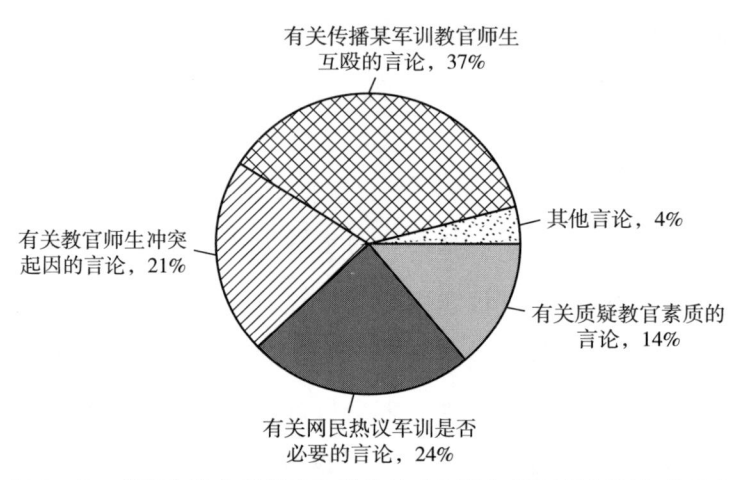

图4-20 "湖南某中学教官和学生冲突事件"网民话题倾向性分布

- 有关传播某军训教官师生互殴的言论，37%
- 其他言论，4%
- 有关质疑教官素质的言论，14%
- 有关网民热议军训是否必要的言论，24%
- 有关教官师生冲突起因的言论，21%

2. 转移演变路径

教育舆情议题还有一个转移演变的路径，就是舆论焦点在某些刺激性条件的作用下从一开始的议题转移到另外一个议题，二者是平行关系（如图4-21所示）。

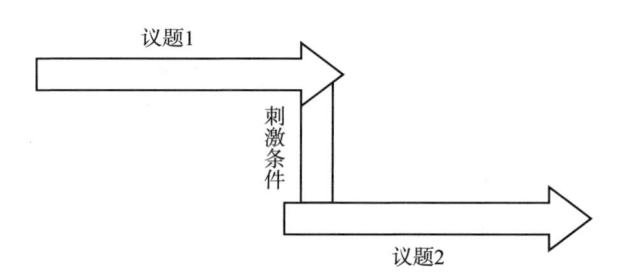

图4-21 舆情议题转移演变路径

很多微观事件信息只要与"公众的价值观念、历史记忆、物质利益、心理因素发生碰撞，便会激起种种议论或产生多种情绪性表现。"[①] 在 2014 年发生的"某大学校长被炮轰有用餐特权"事件中，舆情议题就因为触碰到了公众的既定共识引发不满，导致该话题长期未平息，且出现了转移演变的舆情传播路径。事件发生初期，舆论主要围绕该大学会计系副教授举报校长享有就餐特权以及校长如何回应展开。在校长的反向举报下，舆论转移到了副教授存在学术不端的议题之上。同时由于网络大 V 的出场，矛盾也从副教授与校长之间转移到了副教授和该网络大 V 之间。在这个议题演变过程中，网络大 V 的出场及相关言论则是刺激性条件，使得舆情议题快速切换，并且与原先的议题不再紧密相关。通过媒体报道的相关数据统计，我们也可以看到事件出现了多个议题（如图 4-22、图 4-23 所示）。

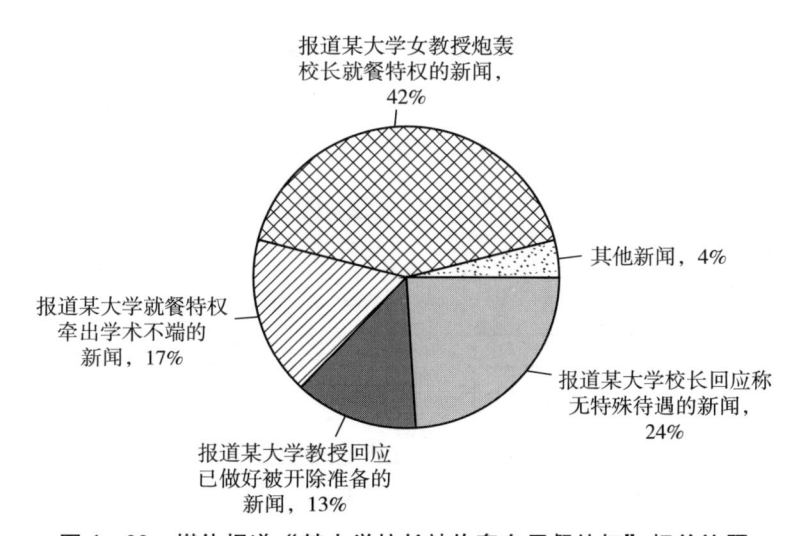

图 4-22 媒体报道"某大学校长被炮轰有用餐特权"相关议题

---

① 陈力丹. 舆论学 [M]. 北京：中国广播电视出版社，1999：52.

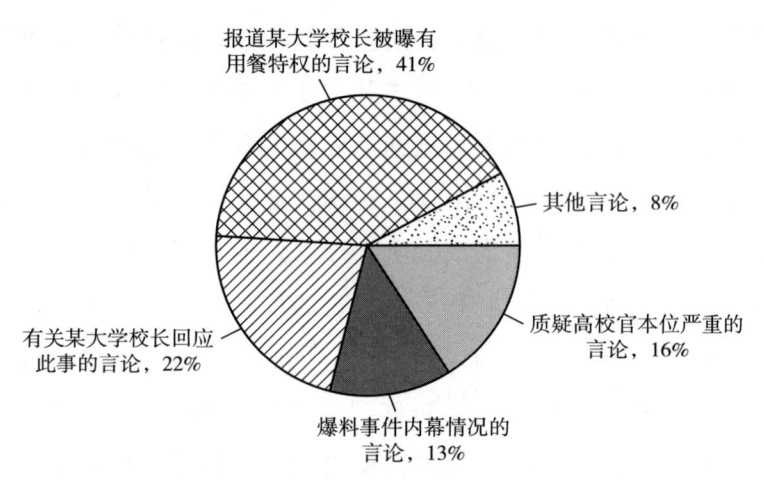

图 4-23 "某大学校长被炮轰有用餐特权"网民观点分布

3. 聚合演变路径

聚合模式则是经历了"母议题—子议题—母议题",即舆情发展初期先经历分叉演变路径,但是子议题在相关条件作用下逐渐冷却,舆论的焦点同时又回到母议题的探讨(如图 4-24 所示)。在这种模式下的一些舆情事件中,衍生出来的子议题往往是情绪化的非理性的,而转回到母议题也是舆论理性化的回归。

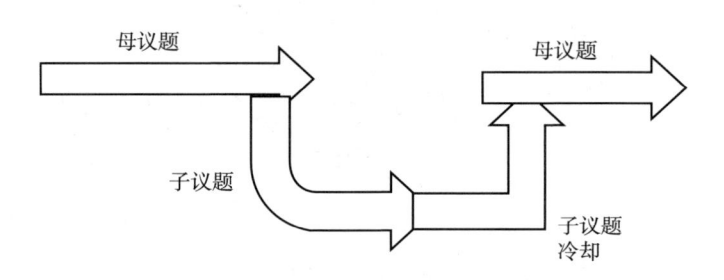

图 4-24 舆情议题聚合演变路径

以"江西高考生夺刀救人事件"为例。事件发生的初期舆论主要集中在如何为这位夺刀救人错过高考的学生圆大学梦。但在舆情深入发展的过程中，舆论话题又出现了关于"红色基因"（因该学生曾祖父是革命烈士）的子议题，带来部分负面言论，但最终使舆情议题还是回归到了如何帮助学生圆大学梦这个母议题之中。

第五章

大数据视域下我国教育舆情治理的综合检视及问题剖析

从"北京某幼儿园虐童事件"到"某亲子园虐童案"再到"武汉某大学学生自杀事件"等,相关舆情愈演愈烈,对我国教育领域相关话语造成一定冲击。喻国明指出"当下网络治理的重中之重是要充分认识互联网舆情的复杂性,并且在规制构建中体现这种复杂性的要求"[①]。构建一个借助大数据技术的、全面覆盖的教育网络舆情监测及分析系统,对教育网络舆情的治理具有十分重要的意义。本章将我国和西方国家教育舆情的治理情况进行对比分析,概括总结中西方教育舆情治理经验,有助于进一步厘清当前我国教育舆情治理的现状,反思教育舆情治理方式方法存在的不足,不断提高我国教育舆情治理体系和治理能力现代化。

---

① 喻国明. 网络舆情治理的基本逻辑与规制构建 [J]. 探索与争鸣,2016(10):11.

一、我国教育舆情治理的历史变迁

通俗地理解，教育舆情治理就是教育主体"运用科学理论、信息技术、法律准则等方式"[1]规范、引导和解决一定社会空间内出现的引发关注和热议的教育热点事件。一般来说，涉及校园安全、校园虐待欺凌、暴力体罚、招生就业、师德师风、食品安全、教育公平、教育政策等方面的事件均能够牵动教育主体各方的注意并在社会上引起强烈反响，成为亟待解决的校园治理问题。互联网信息技术的发展改变了信息的交流与沟通方式，影响着我国的社会结构、媒介生态、信息环境。同时，我国的网民群体结构较为复杂，其中思想激变也十分多元、意识形态斗争十分激烈，在重大舆情事件中表现得尤其突出，表现出"交互而非单线、交叉而非径直、动态而非稳态"[2]的传播形态。现实的社会环境也使得近些年教育领域的舆情越发复杂且难以管理和引导，教育舆情若处置不当将会严重冲击我国教育领域主流话语，增加网民对我国教育体制、教育环境的质疑，威胁我国教育的良好长远发展。因此，做好教育舆情治理的研究和实务工作成为当前学界和政府高度关注的焦点。经过分析梳理，我国教育舆情治理可以根据互联网信息技术的发展进程划分为三个阶段：第一阶段是门户网站时代的单向型治理；第二阶段是社交网络时代的互动型治理；第三阶段是大数据时代的融合型治理。

---

[1] 唐涛.网络舆情治理研究［M］.上海：上海社会科学出版社，2014：96.
[2] 匡文波.网络传播学概论（3版）［M］.北京：高等教育出版社，2009：08.

（一）门户网站时代的单向型教育舆情治理

我国互联网发展早期被称为门户时代，门户网站是这个时代最鲜明的产物。简单地理解门户网站，就是指提供某类型综合性互联网信息资源和提供相关信息服务的应用系统。门户网站的设立扩大了信息的数量，扩大了信息的传播范围，有效的分类和目录功能增加了信息的利用价值。在门户时代前期，由于我国互联网普及率较低，网民使用网络的意识和行动均未成熟，所以电视报纸仍是当时民众获取信息的主要渠道。因而，当时各门户网站主要是紧抓社会热点问题，注重对教育舆情事件的报道，强调"内容为王"，扮演单一的信息提供者和传播者的角色，其他功能的使用受到一定的限制。所以，门户时代的教育舆情治理主要呈现出单向型的治理模式。

门户时代的教育舆情治理主要由政府各职能部门担任，政府在其中担任着重要的角色，治理方式通常表现为单向型治理。例如，2004年发生了一件举国震惊的校园暴力事件，即"马某案"。2004年2月，云南某大学有4名学生被杀害，警方查明后将目标锁定为受害者同宿舍的学生马某，并在全国展开通缉，于3月晚7时在海南逮捕犯罪嫌疑人马某。同年6月，云南省高级人民法院裁定核准了昆明市中级人民法院以故意杀人罪判处马某死刑，剥夺终身政治权利的刑事判决[①]。至此，该震惊全国的校园暴力事件得到合法裁决。该事件在全国引起广泛关注和热议，是一起典型的教育舆情事件。通过分析该事件的治理过程可以发

---

① 中国新闻网. 残忍杀害四名同学后潜逃马加爵已经被执行死刑 [EB/OL]. (2004-6-17). http://www.chinanews.com/news/2004year/2004-06-17/26/449448.shtml.

现，政府各部门在其中居于主导地位，发挥着主要作用。该事件发生后，公安部门组织调查和抓捕，司法部门进行审判和裁决工作，其中各项工作的推进均由政府部门牵头组织，期间各媒体对事件的发展情况进行追踪报道，以方便民众知晓事件进展，民众在该事件中主要处于旁观地位，参与度较低。所以此类教育舆情治理方式被称为单向型治理，其模式如图 5-1 所示。

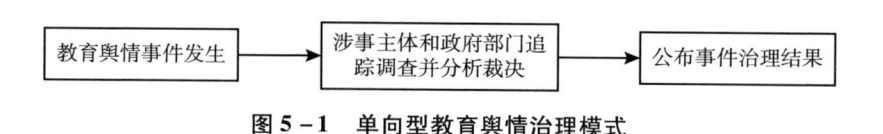

教育舆情事件发生 → 涉事主体和政府部门追踪调查并分析裁决 → 公布事件治理结果

图 5-1　单向型教育舆情治理模式

由于该教育舆情事件发生时，我国的网络普及率仍处于较低的层面，民众利用网络浏览和搜索信息的意识较弱，传统纸媒和部分门户网站是最主要的信息提供者，注重和强调信息内容，民众只是单纯被动地接收信息，教育舆情事件的解决依赖于政府部门，这种单方面的决断、单向性的提供、单一性的理解对民众的行为方式产生较强的制约作用，民众在教育舆情治理中的参与度较低，这就形成了单向型的教育舆情治理模式。单向型教育舆情治理模式有助于高效顺利地推进教育舆情事件的解决，同时也存在着民众和教育主体各方的参与度低的弊端，部分民众的诉求和教育主体的合理建议并未完全吸收，裁决结果公布后容易引起媒体和民众的评论和热议。

（二）社交网络时代的互动型教育舆情治理

随着社会的发展和科技的进步，互联网的发展更趋于多样化，因互联网技术的广泛运用和网络用户的增多，网络在人们日常生活和工作学习中占据着重要的位置。QQ、博客、贴吧、微博、微信等社交网络平台的成立，为人们获知信息和交友互动提供了新的方式，形成了新的互动关系，"双向互动的信息路径可以成为人们信息交往的平台"①，我国的互联网发展进入新的时代——社交时代。与门户时代的由网络媒体提供信息并强调内容的数量不同，社交时代的网络是一个分享平台，用户主动提供信息，其他用户通过互联网获取、传播信息。在社交时代，民众参与网络讨论和交友互动的意识不断增强，并在网络中积极发表观点和见解，形成了特殊的舆论场，教育网络舆情的互动性主要体现在"网民与政府、网民与媒体、网民与网民之间的互动"②。网络平台更注重挖掘用户之间的关系。因而在社交时代处理教育舆情事件通常采用互动型的治理模式。互动型治理模式就是指事件治理主体与涉事各方以及社会各界构建紧密互动的联系，并参考舆论场内大多数民意指向进行治理。例如，2010年发生的"药某案"也是一起引发全国人民密切关注和热烈讨论的典型校园暴力事件，但是在该教育舆情的治理过程中却有着不同的方式和不同的特点。"药某案"的处理过程可以简单地概括为，经过一审宣判后，药某又提起上诉后进行二审，经法院裁定后，驳回上诉，维持原判③。看似简单的教育舆情治理，其中却几经波折，尤其是在社交时代，不同社交网络平台的成立催生出一大批"意见领袖"，有意引导舆论走向，而聚集了较大能量的舆论会对司法产生压力而导致出现审判背离司法公正价值目标的结果。所

---

① Peter Ludlow. High Noon on the Electronic Frontier: Conceptual Issues in Cyberspace [M]. Cambridge: the MIT Press, 1996: 420.
② 刘泾. 新媒体时代政府网络舆情治理模式创新研究 [J]. 情报科学, 2018 (12): 67.
③ 央视网. 药家鑫故意杀人案二审宣判 维持死刑判决 [EB/OL]. (2011 - 5 - 20). http://news.cntv.cn/china/20110520/105867.shtml.

以，在教育舆情治理过程中需要治理主体多方互动，多次商讨。

"药某案"在治理过程中有一个鲜明的特点，就是舆论在其中扮演着重要的角色，起着关键性作用。在网络社会中，一个事件被媒体曝光之后再到其审判结果的出示，这期间通常伴随着一个较为复杂的博弈过程。"药某案"在治理过程中舆论场就出现了好几种不同的"声音"，有的专家学者在分析药某的犯罪原因时，认为药某在观念和情感等方面存在缺失，他的家庭教育缺少了"心理抚养"，因而他的情感是冷漠的，他把刀刺向受害者的行为"实际上类似于砸琴的行为"。这类观点使网民感到不满，网上舆论有质疑媒体为药某开脱，也有对专家的舆论持不认同态度，"弹琴杀人法"说被广泛传播。还有的专家情绪化地称药某"长着典型杀人犯的面孔""一看就是罪该万死的人""跑到天涯海角也要把你'满门抄斩'，这才是严肃的法律"等，诸如此类充斥着暴戾之气的言论赢得了部分网民狂欢式的热捧[1]。专家学者在媒体上公开发表意见，其对舆论的引领作用不可忽视，部分分析不太精准或是带有主观性的言论很容易导致公众认知产生偏差。尤其是在法庭判决之前就定罪，称药某"罪该万死"或者将案件定性为"钢琴杀人"，实际上是在进行"舆论审判"[2]，而这都将会调动网民情绪，引导舆论走向，对事件的审判和治理产生关键性的影响。因而，在社交时代开展教育舆情治理，通常会采用互动型的治理方式。通过分析"药某案"的治理过程，对社交时代的互动型教育舆情治理绘制简图如图5-2所示。

---

[1] 罗朋. "微"力量下的舆论审判——微博舆论对"药家鑫案"审判影响辨析[J]. 当代传播，2011（5）：45-48.
[2] 刘凯. "药家鑫案"中的舆论审判及其影响[J]. 现代交际，2017（15）：72.

```
事发曝光 → 媒体报道 / 网络舆论 → 舆论场 → 政府部门根据各方意见做出指示 → 治理完成
```

图 5-2　互动型教育舆情治理模式

从互动型教育舆情治理模式图中可以看出，在社交时代开展教育舆情治理工作，需要注重分析舆论内容，根据事实真相并结合社会各界在网络上提出的合法合理化建议和意见，以及在舆论场中呼声较高的具有争议性的问题，酌情商讨并最终做出合法判定。与门户时代教育舆情治理中媒体所强调的"内容为王"不同，社交时代多以"关系"为定位，内容生产者已经由专业网站广泛拓展到每一位普通网民，原本高度专业化、组织化、制度化的把关式生产，发展成为"自媒体"的随机式、自我把关式的生产。所以，互动型教育舆情治理模式可以有效地了解到更多的与事件相关的信息，也可以获得更多专家学者和社会各界对事件的意见和看法，也能够收获相对真实的民众对事件的诉求，因而可以更加科学合理进行治理，同时显得更具"人情味"。但互动型教育舆情治理模式仍存在着一些弊端，一是因有着强大力量的舆论场存在，所以在教育舆情治理过程中舆论或对治理主体施加压力，甚至左右治理结果；二是因为舆论场中存在"虚假舆论"，其所提供的信息是错误的不可靠的，需要治理主体提高对舆论的分析研判能力；三是治理结果的公布可能会引起舆论争议，并影响治理结果的实施。

（三）大数据时代的融合型教育舆情治理

"以物联网和云计算为代表的大数据技术在不断丰富和完善

信息传播功能的同时,加速革新和应用新兴网络媒介,尤其是广受公众欢迎的新媒体,不仅改变了教育网络舆情的主体身份,而且使舆情受众对象由群体转变为个体。"[1] 由于互联网技术和大数据信息技术在社会各个领域的广泛应用,从而潜移默化地改变了社会公众的行为方式和思想观念,所以我们将现阶段的互联网发展阶段称为大互联时代或大数据时代。大数据时代有三个显著特点,即主动性、多维性和数字最大化。主动性一般指网站通过大数据技术的应用,可以主动对网民网络行为偏好进行提取、加以处理分析,最后通过精密的算法呈献给用户所需要的信息。通过云计算、大数据技术可以将商品或者服务以数据的方式进行统计,帮助决策者做出更适合自己需求的决定,同时可以解决不同业务场景上在时空方面的矛盾问题。多维化是指给数字技术带来更加丰富多元的媒体平台或者播放形式,如移动短视频、虚拟现实、网络直播、网络教育等。数字最大化则是指利用大数据爬虫系统、库系统、分析系统,将所有结构化和非结构化的数据转化为可用数据,实现数据的最大化。"教育大数据研究和应用已经引起我国政府的高度重视"[2],大数据时代开展教育舆情治理工作需要采用哪种模式呢?本书选取近两年民众比较关注的属于校园暴力范畴的虐童内容,以"北京某幼儿园虐童事件"为例,分析大数据时代的教育舆情治理工作。

2017年11月,北京市某幼儿园发生"虐童"事件,多名家长在网上反映幼儿遭遇教师扎针、喂不明白色药片,瞬间引发大量舆论关注。北京警方就该事件进行了通报,对涉嫌虐童的幼儿园教师刘某某进行刑拘处理。2018年5月,北京某幼儿园虐童一

---

[1] 王博. 大数据时代网络舆情与社会治理研究 [D]. 昆明:云南财经大学,2016.
[2] 杨宗凯. 大数据驱动教育变革与创新 [N]. 光明日报,2017-04-18.

案，检察机关向法院提起公诉。北京某幼儿园虐童事件首先发生在网络上，部分网民在微博上发布虐童内容后被广泛转载，扩大了事件的传播面和提高了事件的认知度，在网络上成为热点事件，被网民广泛地讨论，同时学生家长自发地聚集在涉事学校周围，要求学校方面给出说法，在当地造成不小的影响。如此线上和线下的"联动配合"使得事件的影响进一步扩大，形成更为强大的舆论场。舆论场中的"声音"主要分为三个方面：其一，对幼儿园虐童事件本身的讨论，有的网民在未证实事情真伪的情况下说出"幼儿园教师（特指爷爷医生和叔叔医生）脱光衣物检查女孩身体"的言论试图加重事件的恶劣程度；其二，利用网络编造和传播某部队人员集体猥亵幼儿的虚假信息，其目的是恶意诋毁政府形象，煽动网民消极情绪，激化社会矛盾；其三，舆论中还有部分声音将先前发生的同类型事件对比分析，同年11月初，上海已经发生了令全国人民震惊和热议的"某亲子园虐童事件"，两件同类型的事件先后发生，间隔不超过半个月，更容易引起网民的关注和热议。因此，处理"北京某幼儿园虐童事件"与以往的教育舆情事件有明显的不同之处，一是该事件是线上线下联合行动，二是舆论内容更加复杂繁多，在治理过程中需要多方考量，加强线上线下之间的联动，开展全方位的治理工作。在"互联网+政务"时代，大数据驱动教育舆情治理创新，建构了治理的新思路和新模式，走向精准治理、动态治理、协同治理。我们把大数据时代的教育舆情治理模式称为融合型治理（如图5-3所示）。

所谓融合型教育舆情治理模式，是指将当前的大数据技术运用于教育舆情的监测治理，并将二者紧密结合起来，促进数据汇聚整合、开放互通和共享使用，做到快速响应和提前预警，实现教育舆情治理的现代化。在教育舆情监测方面：充分利用大数据监测和挖掘技术,从海量数据中迅速识别有价值数据,并进行可视化地抓取和记录。在教育舆情研判方面:强化数据存储和分析技术,对教育舆情传播演变进行可视化呈现,建立"舆情量化指标体系、舆情动态演化分析模型、网民意见倾向模型等数据模型,综合分析事件性质、传播路径、传播平台、发展态势、浏览人数、网民喜好特点和意见倾向等各方面数据,快速准确地划分舆情级别"①,实时动态把握舆情运行规律和发展趋势。在教育舆情应对处置方面:科学研判、快速响应,通过大数据技术,构建精准的教育舆情应急响应体系,解决传统的舆情分级中存在的随意性、滞后性等问题。

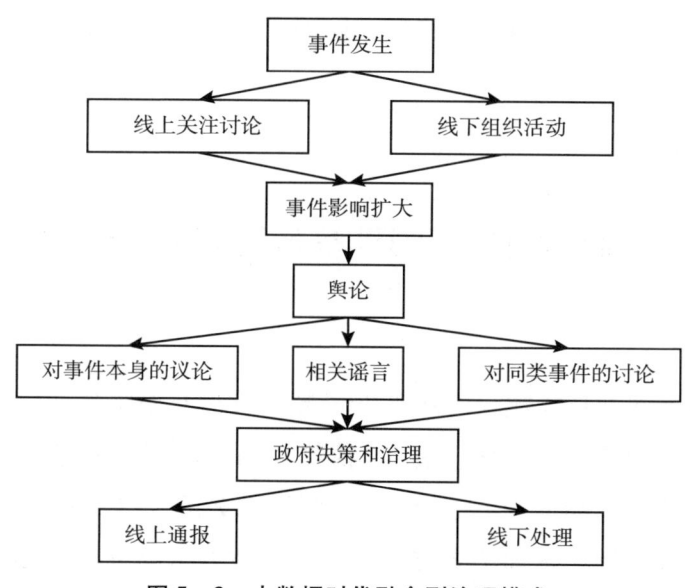

图 5-3 大数据时代融合型治理模式

---

① 卿立新. 创新大数据时代的网络舆情管理 [J]. 红旗文稿, 2014 (22): 28-29.

处于大数据时代的教育舆情治理主体开展治理工作，面对复杂的舆情事件和庞杂的舆论内容，不仅需要做好线上通报工作，公布真相和结果，惩罚违法行为和做好舆论引导，还要做好线下的安抚工作，与当事人积极沟通，化解矛盾，促进事件的合理合法解决；不仅需要处理教育舆情事件本身，还要查明针对该事件出现的舆论中所反映的民众的思想和意识状况。但是通过调查显示，目前融合型教育舆情治理模式并没有很好地推广运用，一是面对复杂的舆论内容，治理主体很难对其进行分类归纳和总结，并且舆论中掺杂着谣言和虚假错误信息，庞大的数据信息增加了治理的难度；二是治理主体通常停留在解决事件的层面，很少对事件所反映的意识形态问题和社会深层矛盾问题进行梳理总结，也没有进行警示教育，这将严重影响我国的意识形态安全，不利于我国教育的和谐发展。

二、大数据视域下国外教育舆情治理经验镜鉴

在互联网技术赋权的背景下，普通民众开始掌握话语权，网络舆论场因此变得无比喧嚣，"精英"与"草根"的意见、官方与民间的声音相互交织，各方利益犬牙交错，舆论环境纷繁复杂。教育问题关系到千家万户，教育领域发生的公共事件历来是公众瞩目的焦点，这也意味着社会管理者要重视教育舆情，对涉及教育舆情的公共事件要及时进行处理。

虽然不同国家有不同的国情和社会制度，但是教育舆情治理是各个国家普遍面临的问题，世界各国都在探索教育舆情治理的

路径，尝试使用各种手段解决教育舆情治理中出现的问题①。在不断探索的过程中，不少发达国家提出了独具特色的教育舆情治理方法。本部分以美国、英国、德国、日本等发达国家为研究对象，试图总结外国教育舆情涉及的议题，然后结合具体案例从不同视角审视外国教育舆情治理方法，归纳总结了西方国家教育舆情的治理经验，以期为我国教育舆情治理提供参考与借鉴。

（一）国外教育舆情涉及的主要议题

由于不同国家的历史文化背景的差异，对教育问题关注的重点各有千秋，因此教育舆情涉及的议题也不尽相同，但综合来看，教育公平问题、学术伦理规范、师生关系问题、校园暴力问题等是各国公众共同关注的主要议题。

1. 教育公平问题

从本质来看，教育公平是指不同社会群体有同样的机会获得教育资源②。无论是中国还是外国，教育公平问题都是教育舆情中重要的议题，很多家庭把孩子未来的希望寄托在孩子进入名牌学校上，如果孩子在大型考试中遭遇不公平对待，极有可能影响孩子一生的发展，因此公共事件一旦涉及教育公平问题，就特别容易引起民众关注。以2019年引爆美国舆论的名校舞弊案为例，2019年3月美国联邦检察官披露了至少有50人参与到了大学入学骗局中，一些家长通过贿赂学校行政管理人员、大学体育交流

---

① 毛欣娟，张可，王新婷. 国外网络舆情规制经验及启示 [J]. 中国人民公安大学学报（社会科学版），2014（2）：117.
② 褚宏启. 关于教育公平的几个基本理论问题 [J]. 中国教育学刊，2006（12）：1-4.

和美国高中毕业生学术能力水平考试（SAT）考官，以替考和孩子包装成体育特长生的方式，将自己的孩子送入名校中[①]。据报道，该事件涉及的金额高达几千万美元，多所美国顶级名校涉案，违法的家长中包含了律师、企业家、娱乐明星等[②]。该事件爆发后，多家美国媒体进行了跟踪报道。《纽约时报》指出美国顶尖大学的录取机制存在问题，认为现在美国大学的招生非常具有选择性，富裕家庭的孩子远比贫苦家庭的孩子更容易进入大学[③]。《洛杉矶时报》认为，目前美国大学将报考学生家庭的富裕程度视为了入学条件[④]。包括专家学者和政界人士也参与到话题的讨论中"[⑤]。

2. 学术伦理规范

学术伦理规范可以约束学术工作者的行为，具体而言，学术伦理规范主要是指从事学术活动的人员必须遵守的规范与准则[⑥]。西方发达国家对学术伦理规范，特别是学术造假问题格外关注，很多公共事件一旦涉及学术伦理规范问题就会被特别关注。以2014年某日本学者学术造假事件为例，该学者毕业于早稻田大学，2014年1月宣称发现了"万能细胞"——STAP细胞，但该研究成果引起了包括加州大学戴维斯分校教授保罗·诺福勒在内

[①] Richer, A, Binkley, C. TV stars and coaches charged in college bribery scheme [N]. AP News, 2019-3-12.
[②] Eustachewich, L. Felicity Huffman, Lori Loughlin busted in college admissions cheating scandal [N]. New York Post, 2019-3-12.
[③] Goldstein, D, Healy, J. Inside the Pricey, Totally Legal World of College Consultants [N]. The New York Times, 2019-3-16.
[④] Roy, J. A lingering question in the college admissions scandal: Why? [N]. The Los Angeles Times, 2019-3-16.
[⑤] Fox News Insider. Dershowitz: Alleged College Admissions Scam Is "One of the Great Scandals of the 21st Century" [N]. Outnumbered. Fox News, 2019-3-13.
[⑥] 龙红霞. 学术伦理及其规制研究 [D]. 重庆：西南大学，2014.

多位学者的质疑，他们发现该学者论文中使用的图片有造假嫌疑[1]。该学者所在团队在舆论产生初期宣称实验结果没有问题，实验是可以被重复验证的。随着舆论的不断发酵，该学者团队的立场开始转变，日本理化学研究所也成立了单独的调查团对该事件进行调查。最终，该学者的研究被判定为存在学术不端问题，其博士学位被取消。2011年，德国某官员也被指责其论文写作过程中存在学术不端行为。2007年该官员获得了法学博士学位，2011年其论文存在抄袭剽窃的声音开始出现，授予其博士学位的拜罗伊特大学立刻开始展开调查，2011年2月23日拜罗伊特大学在记者会上宣布取消该官员的博士学位，因为他在写作论文的过程中引用了他人的话语，却没有按照学术规范准确表明引用文章的出处[2]。

3. 师生关系问题

师生关系是指老师和学生之间的社会交往关系，师生关系影响着教育质量，也影响着社会各界对教师行业和当代学生的评价[3]。现代社会，师生关系越发紧张，如何处理师生关系是值得思考的问题。一方面，教师形象在一定程度上被污名化。曾经公众将老师视为学生的楷模，现在老师经常被贴上"收取贿赂""殴打学生""性骚扰"等标签。例如，在美国"Me Too"（我也是）运动发起后，不断有学生站出来声称自己曾被老师性侵过，加州大学欧文分校的知名教授就被学生指控过。该教授曾担任美国科学促进协会理事会主席，2018年其因为性骚扰的指控而主

---

[1] Stem cell "major discovery" claimed [N]. BBC, 2014-1-29.
[2] 央视网. 古腾贝格将成为德国最年轻的联邦经济部长 [EB/OL]. (2009-02-10). http://news.cctv.com/world/20090209/110047.shtml.
[3] 林崇德, 王耘, 姚计海. 师生关系与小学生自我概念的关系研究 [J]. 心理发展与教育, 2001, 16 (4): 17-22.

动辞去加州大学欧文分校的职务，其所在的学院也删除了与之有关的信息，还取消了其提供的奖学金计划①。除老师对学生有生理或心理上的侵犯外，也有部分学生对老师的身心健康造成了威胁。美国《2013年犯罪与安全报告指标》指出，在2009～2010学年，9%的学生每周都会做出对老师不尊重的行为，5%的学生每周或每天都会辱骂教师②。由以上调查数据可以看出，外国的师生关系也非常紧张。

4. 校园暴力问题

学者们对校园暴力的概念有不同的界定。有学者从行为发生的地点出发，将校园暴力界定为学校内或学校周边出现的暴力现象；还有学者从受害人的角度出发，将针对学生和老师进行的暴力行为③。无论学生和老师的身份地位，校园内任何人都可能成为暴力的潜在对象。例如，日本天皇的孩子爱子公主就曾在读小学的时候遭遇了校园暴力，男同学对她的欺负导致爱子公主一度拒绝去学校上学④。目前，线下的校园暴力行为还蔓延到线上。不少欺凌者在网络中作案，有人在网络中恐吓其他学生和老师；有人在网络中散布谣言，给被欺凌的学生带来无穷的困扰；有人在网络中肆意辱骂他人，贬低他人人格⑤。随着网络在校内教育中发挥的作用越来越大，网络中校园暴力行为出现的可能性增

---

① UCI proposes new name for School of Biological Sciences, science library after internal investigation substantiates sexual harassment claims against signature donor [N]. UCI News, 2018 - 6 - 28.
② Robers S, Kemp J, Rathbun A, et al. Indicators of School Crime and Safety: 2013 [J/OL]. NCES 2014 - 042/NCJ 243299. National Center for Education Statistics, 2014.
③ 姚建龙. 校园暴力：一个概念的界定 [J]. 中国青年政治学院学报, 2008 (4): 38 - 43.
④ 南海网新闻. 因遭遇校园暴力 日本小公主爱子至今不敢上学 [EB/OL]. (2010 - 09 - 10). http://www.hinews.cn/news/system/2010/09/10/011093975.shtml.
⑤ Norby - Jahner K A. Minor Online Sexual Harassment and the CDA Sec. 230 Defense: New Directions for Internet Service Provider Liability [J]. Hamline L. Rev., 2009, 32: 207.

加。和现实中的暴力行为相比,网络中的暴力行为更难被发现。网络空间中参与人员的匿名性和网络空间本身的开放性,一方面可以让欺凌者隐藏自己的真实身份;另一方面,欺凌者散步的谣言会被广泛传播,不识真相的其他学生可能会被谣言误导,导致线上的暴力行为蔓延到线下,影响被欺凌者的校园生活。线上暴力行为会严重损害当事学生的名誉权和隐私权,给被欺凌者带来身体和心灵的伤害。

(二) 国外教育舆情治理的体制机制

不同国家有不同的教育体制,目前学者们将其分为三种类型:第一种是分散型的教育体制,在这种体制下,地方政府和学校领导对学校事务的控制力超过了中央政府对学校的管理能力,市场在教育活动中发挥着重要的作用。和分散型的教育体制相反,第二种教育体制被称为集中型教育体制,中央政府拥有教育资源分配的权利,能对教育活动的运作产生直接的影响。介于两种教育体制之间,存在第三种教育体制,即复合型教育体制。在这种体制下,各方共同发挥学校管理的作用[①]。在不同的教育体制下,各国政府会采取不同手段对教育舆情进行治理。

1. 美国教育舆情治理的体制机制

美国是世界上最有影响力的发达国家,美国政府对教育舆情的管理值得我们关注。作为一个分权制的国家,中央政府、州政府以及学区都负有教育舆情引导的责任,本书将从这三个方面对

---

① 劳凯声. 重构公共教育体制:别国的经验和我国的实践 [J]. 北京师范大学学报(社会科学版), 2003 (4): 75 - 86.

美国政府采取的措施进行梳理。就中央政府而言,美国联邦政府主要通过成立联邦教育部、完善相关法律、专项拨款等手段调节教育资源的分配、监督教育活动中出现的问题。美国联邦政府会通过搜集相关数据,对地区学校进行抽样检查,保证及时发现教育活动中出现的关键性问题,防止教育不平等现象的出现,防止对少数族群学生的歧视。近年来随着控制力的增强,美国联邦政府通过制定全国性的教育考核标准和教学目标计划,防止教育舆情问题的出现。例如,2009年美国政府颁布了《国家复苏与再投资法案》,进一步加强了美国教育问题出现后的责任机制[①]。就美国各州政府而言,在美国宪法的保证下,各州政府拥有很大的自主权。一个州内会包含多个学区,州政府的主要责任就是为各个学区提供支持,同时要根据不同区域之间发展程度的差异,为不同学区提供不同的资金支持,进而保证不同学区能提供相对均衡的教育资源。除此以外,州政府还会为学区提供技术支持,组织学校老师进行相关培训,根据本州实际情况设定评价标准,定期评估不同学区之间教育质量的差异,对不符合要求的学区提出整改意见[②]。就学区而言,该机构包含三个部分。作为真正落实教育政策的组织,该机构包含学区委员会、学区教育局和督学三个部分。就学区委员会而言,其委员都由当地居民选举产生,他们来自不同行业不同领域,负责的主要工作是根据中央政府和州政府的意图制定适合本学区的政策、设定本学区的教育计划、管理校区内的教育工作者。学区教育局负责学区内具体的政策落实,包含多个具体的行政管理部门。督学也是学区内的行政人

---

① Ralph I W J, L. Morrell D, V. Mullane J. Reinvigorating the mission statement through top management commitment [J]. Management Decision, 2014, 52 (3): 446-459.

② Hemsleybrown J, Oplatka I. Market orientation in universities: A comparative study of two national higher education systems [J]. International Journal of Educational Management, 2010, 24 (3): 204-220.

员，但是督学要具备教育工作背景，他们要利用自己的经验为学区委员会建言献策①。

2. 英国教育舆情治理的体制机制

在教育舆情治理方面，英国设立的教育标准局承担了重要的责任。1992年该机构诞生，1993年该机构首次制定了《学校督导框架》，该政策日后成为了英国教育监督领域的核心文件。从1998年开始，该机构会定期发布教育督导结果，展示学校发展情况和资金利用情况，进而对英国所有学校进行全面管理。教育标准局管理的内容涵盖多个方面，学校的发展情况、学生的学业水平、师生的健康安全，都是该机构关注的内容。在舆情治理方面，教育标准局设立了官方网站，该网站承担了多种功能。首先，相关工作人员会定期公布教育标准局对各类学校的督导结果，使家长对自己孩子所在学校的情况有全面的了解。其次，教育标准局会对学校进行排行，该排行结果会影响学校获得的拨款金额，以此督促学校不断提升教育水平。最后，教育标准局还会接受投诉，他们会对收到较多投诉的学校展开额外检查并公布检查结果，以此降低教育舆情出现的概率。教育标准局的设立对英国教育事业的发展具有推动作用，该机构透明的管理方式赢得了民众信任，人们有了问题可以向教育标准局反映，教育舆情的热度就会相应降低②。

3. 德国教育舆情治理的体制机制

和美国类似，德国也是联邦制国家。德国基本法中规定，在

---

① Heinze K L, Zdroik J. School board decision-making and the elimination of sport participation fees [J]. Sport, Education and Society, 2016: 1-15.
② 王璐. 英国现行教育督导制度的机构设置、职能范围与队伍建设 [J]. 比较教育研究, 2013 (10).

文化领域，各州有自主管理权，因此德国不同州施行不同的教育管理体制。但是德国联邦政府依然有影响州政府的力量，因为联邦政府需要对各州公共出现的教育问题进行统筹管理，要以立法形式规范整个德国教育事业的发展。这就意味着德国联邦政府和州政府在保持紧密联系的基础上，又有自己专门负责的内容。具体而言，中央政府的工作内容整体性更强。第一，联邦政府可以行使竞争性立法权，这就意味着各州都要遵守联邦政府出台的法律；但如果联邦政府没有出台具体法律，那么各州就可以根据自身情况自行立法。第二，联邦政府有框架立法权，即联邦政府要明确国家教育的基本准则，推动各州之间教育事业的交流，协调教育资金的使用情况。德国州政府则在保持自主性的同时保持着和其他州的联系。一方面，州政府可以独立行使立法权和行政权，这使德国各州具有不同的教育特色。另一方面，各州会召开联席会议，在交流的过程中保持各州教育政策的互通性。在教育舆情引导方面，无论是中央级的教育管理部门，还是地方级的教育管理部门，都非常重视民众的声音。在制定政策的时候，德国教育管理部门会博采众长，发动各界人士建言献策。另外，德国各州都设立了教育咨询委员会，该机构可以及时反映当前德国教育领域出现的问题，还会听取学生、家长、老师的意见，在民众广泛参与中提升德国教育质量[①]。

4. 法国教育舆情治理的体制机制

进入 21 世纪以后，法国面临严峻的社会形势，移民问题和恐怖袭击问题成为了萦绕法国政府的梦魇，这两个问题也扩展到了教育领域。学校内不同种族的学生要如何和平相处？要如何防

---

① 赖秀龙. 德国教育政策的制定及启示 [J]. 上海教育，2009 (11)：113 – 115.

止暴力事件向学校蔓延，进而保障师生安全？面对这些问题，法国政府改革了相关体制，希望在提升教育质量的同时，减少热点教育舆情问题出现的频率。法国的教育管理体系分为两级。中央级的管理结构是教育部，其主要职责是规定法国教育发展的总体方向，具体内容包括颁布相关法律、规划教育发展战略、布置教育发展计划等。为了监督教育部的工作，法国还设立了教育督导制度，总督学署的职能就是对地方教育政策的落实和教育事业的发展进行监督。大学区和省教育局是法国的地方教育管理机构。在高等教育领域，大学区总长会协调不同大学之间的关系，监督各个大学资金利用情况。在基础教育领域，省教育局发挥主要的监察作用[①]。由于法国社会面临严重的恐怖主义威胁，为了引导舆论，保证法国教育领域政教分离，从2015年开始，法国政府就采取了多种举措推动政教分离的理念被学生接受。一方面，法国教育希望通过价值观教育，协调学生们不同的思想；另一方面，法国总统出面，积极鼓励社会各界加入教育改革的进程中，希望学生、家长、老师三方共同努力，防止学生被极端主义洗脑，防止学生参加恐怖活动。

（三）国外教育舆情治理中行政法律手段

随着网络技术的发展，人们可以自由地在网络空间中徜徉。越来越多的教育领域公共事件出现在公众视野中，教育舆情出现的概率呈现上升的态势。为了引导舆论、解决教育舆情治理中的核心问题，各国政府积极听取民众意见，采取行政法律手段对教育政策进行调整。

[①] 李帅军. 法国教育行政管理体制的考察与启示 [J]. 外国中小学教育，2003（1）.

1. 保障教育公平的政策法律

教育公平问题是被社会各界所关注的议题。以英国为例，曾经在很长一段时间里，英国教育管理者贯彻着"撒切尔主义"，即重点关注精英教育，着重培养学生的贵族意识。从20世纪末开始，英国开始进行教育改革，提出保护弱者的理念，希望保障每个孩子都能获得平等的受教育机会。1997年，以《追求卓越的学校教育》白皮书的发布为标志，英国政府开始进行全国教育改革。第一，从发展学生个性的角度出发，英国政府要求学校根据学生特点制定培养计划，保障了学生的自主选择权，同时推出了学校培养情况追踪方案，使得学习成绩优异的学生和学习成绩相对较差的学生都能从学校教育中获得知识。第二，从协调不同地区教育发展水平的角度出发，英国政府启动了教育扶助计划，在教育质量薄弱的地区，鼓励个人或企业对学校进行投资，以部分教育体制私有化的形式，提升贫困地区的办学条件。

2. 提升教育质量的政策法律

一个国家的整体教育质量关系着国家未来的发展，随着信息化时代的到来，各国政府纷纷意识到如果民众一直没有渠道获取所需的知识，民众就会产生不满的情绪，任何与之相关的公共事件都有可能引爆舆论。以英国为例，英国政府一方面强化基础教育，另一方面颁布保障公民终身学习权利的法律政策。随着《面向新千年的继续教育》《学习与技能法》等相关法律政策的颁布，英国构建起公民终身学习体系。与此同时，英国政府还利用互联网搭建网络学习平台，并建立了网络学习成果的认证体制。在保障教育质量方面，德国走在世界前列，特别是德国的职业教育质量非常高。1976年，德国颁布《培训岗位促进法》，联邦政府开始对职业教育的发展情况进行整体评估。1981年,德国又颁布了《职业教育促进法》,明确了政府在国家职业教育中承担的主要职责。此后《职业教育促进法》成为了联邦政府指导职业教育发展的纲领性文件①。除了德国,法国也不断提高在职业教育领域方面的投入,试图利用法律政策推动国家职业教育水平的发展。例如,法国政府于2013年颁布了《职业教育改革法》,以法律形式阐明了职业教育在社会发展中的作用,提高了国家在职业教育领域的投入,增加了相关人员受培训的机会②。

3. 维护校园安全的政策法律

校园生活原本平静而安宁,一旦出现暴力事件就会给学生和教师带来巨大的心理阴影,扰乱正常的教学计划,给青少年的成长带来无法消除的伤害。因此世界各国都希望通过完善相关法律政策,降低威胁师生安全的公共事件发生。在校园安全的维护方面,美国设置了完备的法律体系。从20世纪90年代开始,美国政府就以保障师生安全为基础完善了现有的法律制度。1994年,美国政府提出,希望到2000年"要让美国学生不再受校园暴力的影响"。同年,美国国会出台《安全、无毒品的学校和社区法案》《学校禁枪法案》,进一步提升了国家对校园安全的重视程度。2000年以后,美国政府又颁布了《不让一个孩子掉队法案》,该法案提升了校园暴力事件处理结果的透明度,要求学校及时公布相关数据,使家长能准确评估孩子所在学校的安全程度。为了保障孩子们的安全,美国的法律政策非常完善,涵盖校园生活的方方面面,衣食住行都有涉及。除此以外,美国的法律

---

① 刘篪. 德国职业教育 [J]. 教育, 2013 (2):62–63.
② 杨进,王玉珏. 法国萨科齐、奥朗德、马克龙三届政府教育改革的变化及思考 (2007–2017年) [J]. 世界教育信息, 2018.

政策还特别强调专款专用,即用于保障校园安全的费用不得用在其他方面。例如,美国政府有专门的资金用于治疗在恐怖袭击、校园暴力中受伤的孩子,该费用只能用在恢复孩子健康的医疗活动中,不得用在其他领域①。

(四)国外教育舆情治理的技术手段

互联网时代,如果没有技术支持,就无法有效了解教育舆情,更无法迅速对教育舆情进行回应。包括大数据技术、物联网技术、云计算技术在内的各种新技术可以帮助相关工作人员把握教育舆情的发展态势。本书希望从信息采集、信息分析、信息跟踪的角度,总结外国在教育舆情治理中采取的技术手段。

1. 教育舆情信息采集技术

利用信息采集技术,用户可以在短时间内批量抓取网络中的数据资源。由于网络中保存的数据绝大多数都是非结构化数据,所以信息采集技术还要对这些数据进行初步整理,然后以相对整齐的形式保存在数据库中。由于教育舆情信息纷繁复杂,还有不少网站进行了反爬虫设置,因此捕捉教育舆情信息的难度很大。外国学者提出了根据主题进行数据爬取的方法,因为很多情况下主题相似的网页会联合组成网页团,主题爬虫系统可以计算不同网页的重要性程度,进而根据重要性排序提取相关网页的统一资源定位器(URL)进行内容的采集②。除此以外,基于链式权重的爬行算法和基于网页权重的爬行算法,也能较为准确地分辨舆

---

① 宋雁慧. 美国公立学校暴力及其对策研究 [J]. 比较教育研究,2005,26 (2).
② Ester M. Accurate and efficient crawling for relevant websites [J]. Proc. VLDB 2004,2004;396 – 407.

情信息，在教育舆情信息的采集中也被广泛应用。

2. 教育舆情信息分析技术

教育舆情分析技术涉及信息的识别和转换，内容提取、文本分析、话题提炼、情感分析等内容。在教育舆情监控的过程中，文本情感分析特别重要，因为如果民众对某个教育类公共事件的负面情绪特别强烈，该事件就很有可能会演化为舆情事件。另外，在匿名状态下，网民更容易表达自己内心真实的想法，了解网民心理有利于社会管理者疏导网民情绪。通常情况下，文本情感分析是在了解语句特征的情况下进行的，相关技术人员会按照特定的语法规则对文本信息进行挖掘，利用特定词汇和词汇间的依存关系确定文本体现的情绪。精准对文本进行分析的前提是电脑能识别不同词汇的含义，因此机器学习在教育舆情分析中发挥着关键作用。在对计算机进行专业的词汇训练以后，计算机能迅速反映出词汇和情绪之间的对应关系，在大体将情绪分为积极和消极两种以后，还可以根据情绪的强烈程度对数据信息进行高级分析。这种分析教育舆情的方法能够迅速对大量文本信息进行处理，因而被广泛应用。包括美国在内的发达国家，都在研究机器学习所使用的分词词典，力求更加准确地对文本进行分析[1]。

3. 教育舆情信息跟踪技术

互联网空间中充斥着各种各样的信息，要考察随着时间的变化人们关注的教育问题有无改变，就要对重要的教育舆情事件进行跟踪，而教育舆情信息跟踪技术能够帮助相关工作人员监测教

---

[1] 苏新宁，章成志，卫平. 论信息资源整合 [J]. 现代图书情报技术，2005（9）：54-61.

育舆情事件的发展情况。教育舆情跟踪技术涉及大数据挖掘、人工智能技术、物联网技术等,大数据技术能够将网络中碎片化的信息整合起来,人工智能技术能够对信息进行筛选,物联网技术能够扩展信息跟踪的范围。以微博客类媒介的信息追踪为例,外国学者开发出以时间和超链接为线索的 K 树模型,该模型可以判断信息的走向。除此以外,还有建立在文档间联系性上的信息跟踪技术。这些技术可以帮助相关工作人员追踪用户行为,分析学生、家长、老师对相关事件的态度变化情况[①]。

(五) 国外经验对中国教育舆情治理的启发

通过总结分析西方国家对于教育舆情治理的经验,我国可以从建立独立的教育督导制度、完善相关法律政策和采用先进的技术手段三个方面进行改进。

1. 完善教育督导制度,及时发现教育舆情

包括德国、法国在内的发达国家都有较为完善的教育督导制度,学生和家长如果遇到了教育领域方面的问题能够通过向督导反映来解决。与此同时,督导还会对学校的运行起到督察作用。目前,西方发达国家的教育督导制度日渐完善,团队专业化程度高,在美国担任督导的人员普遍具有博士学位,而且这些人员还有多年的教育实践经验。与之相比,我国的教育督导制度还不够完善,专业化水平较低,包括《教育督导暂行规定》在内的规定也没有强调督导人员的专业化程度的重要性。这导致大量非教育

---

① 李城. 微博敏感信息追踪溯源关键技术研究 [D]. 北京:中国人民公安大学,2018.

领域的人员进入教育督察领域，减弱了教育督导本应发挥的作用。此外，目前我国还未设置成套的教育督导培训，在缺乏行之有效的考核机制的情况下，人们无法辨别从事教育督导工作的人员能否准确识别教育领域的关键问题。由此可见，我国要积极吸取外国经验，不断提升教育督导的专业化水平。

2. 针对教育舆情频发态势，出台专项法律

就教育问题而言，西方发达国家的法律政策更为完善，规定的内容涵盖各个方面，人们可以依据法律维护自身权益。相比之下，我国有关教育的法律政策还不够完善，不过近年来各地政府已经开始采取行动，不断完善现有法律政策了。例如，我国政府已经发现校园暴力事件出现的频率颇高，严重的校园暴力会直接影响正常的教育活动。针对校园欺凌问题，以广东省、湖南省为代表的各省份已经开始采取行动，例如广东教育厅明确了学生欺凌综合治理的适用范围、目标原则、工作机制、对学生欺凌事件的预防、处置、教育惩戒、事后处理等提出要求；湖南省长沙市颁布的最新法案中，要求各学校成立专门机构，特别关注校园欺凌事件。

3. 采用先进的技术手段，对教育舆情进行重点监控

从前面的分析中我们可以看出，发达国家都在借助大数据手段，通过数据模拟技术、数据对比、数据筛选、数据分析模型构建等方式，积极打造自己的舆情治理平台，有效实现舆情治理的精准化、科学化。例如在美国国家教育发展层面，大数据应用正在促进教育政策科学化和教育资源配置合理化。以校园欺凌、校园暴力类舆情为例，在大数据时代，校园欺凌行为可以通过提前预警来实现干预和及时处置。目前，国内已有相关专业人士在进

行相关研究。如包括国防科技大学在内的科研机构,希望引进类似人脸识别的技术,建立校园安全数据库,构建校园安全维护平台,对校园欺凌事件的发生进行监测。相关技术人员介绍说,针对校园安全问题设计的人脸识别技术可以对监测对象的行为进行轨迹跟踪,如果目标对象做出殴打他人等危险行为,该技术就会迅速感知,然后报告给监控人员①。

三、我国教育舆情治理中大数据应用的经验及存在的问题

维克托·迈尔·舍恩伯格在其著作《大数据时代》中提到,"大数据带来的信息风暴正在变革我们的生活、工作和思维,大数据开启了一次重大的时代转型。大数据技术注重深度挖掘以及各种数据间的相关性。"② 我们每天在网络上产生数万条数据,这些数据之间具有一定的相关性,而大数据技术通过对海量信息的抓取与重构,为教育舆情带来机遇与挑战。大数据因具备容量大、种类多、速度快、价值多、可变性强、真实性高等特点而备受国家重视,目前我国已经提出并积极敦促"实施国家大数据战略",并印发《促进大数据发展行动纲要》,切实促进大数据在各行各业广泛且深度地运用。在教育舆情治理方面大数据也发挥着重要作用,通过大数据技术可以对庞大繁杂的舆论场中的言论

---

① 长沙晚报网. 校园欺凌事件频发 多数人被欺凌竟不知该如何处理 [EB/OL]. (2018-10-18). https://www.icswb.com/h/100104/20181018/564150.html.
② 维克托·迈尔·舍恩伯格,肯尼思·库克耶. 大数据时代:生活、工作与思维的大变革 [M]. 杭州:浙江人民出版社,2013.

进行筛选分类和归纳，有助于精准分析重点言论发起者的相关信息，也有助于观察和预测舆论走向，提前做好预防引导工作。截至目前，我国已经利用大数据技术处理多起教育舆情事件，积累了丰富的经验，但是，大数据是新型技术，其"功效"仍未完全开发，同时因其自身的局限性，所以在实际的工作过程中仍存在诸多不足。

（一）大数据视域下我国教育舆情治理的经验

做好教育舆情治理就是要求舆情治理单位、舆情主体和舆情客体相互配合，在不断总结反思已发生的教育舆情事件的基础上，把握规律，总结经验，为今后遇到类似情况更好地处置提供支撑，或者从源头上预防类似事件再次发生。大数据技术的成熟发展和广泛运用改变了传统教育舆情治理模式，促进了我国教育舆情治理工作更好地开展，留下了宝贵丰富的经验。

1. 大数据优化教育舆情治理的过程

做好教育舆情治理工作，需要治理主体提高对事件的敏锐度，在舆论发酵和事件进一步扩大之前全面准确掌握事件发展态势，积极抢占主动权和话语权，才不至于陷入被动境地，失去对舆情事件治理的主导地位。信息的高速发展为教育舆情事件的扩散插入"翅膀"，短时间内就可以传遍网络，引爆舆论关注和讨论，所以，在信息社会进行教育舆情治理需要抢占时间点，提高教育舆情治理效率。大数据技术的应用对提高教育舆情治理的效率和作用主要体现在三个方面：一是在舆情事件发生之前，利用大数据技术可以有效地进行预警监测，防患于未然。通常来说，教育舆情事件的爆发具有突发性和无序性的特点，但是我们在总结过往发生的教育舆情事件的基础上，可以根据时间节点或地域特点进行总结，例如全国研究生入学考试前后要做好对考试泄题、作弊等舆情的监测；高校新生入学前后要谨防信息诈骗类事件；还有部分地区中小学在开学前期和学期末有强制收费或强制补课等问题。因此，各地区教育部门可根据本地区的特点制定相关规定政策或发布禁令，并在特殊时间节点前夕利用大数据技术对相关言论进行搜索分析和研判，提前做好相关准备，有针对性地控制本地区教育舆情的突发。二是在教育舆情治理过程中，利用大数据技术可以全面搜集和快速分析舆论信息，增加舆论和事件的透明度，提高治理效率。三是在教育舆情治理后期，需要做好后续工作，可以利用大数据技术提高其治理效率。大数据技术支持下多元主体参与、协同联动治理格局的形成，有助于提高对治理结果的认同度，减少民众因对治理结果的争议和不满而引发后续舆情，在一定程度上提高了教育舆情的治理效率。

2. 大数据改变教育舆情治理的模式

通过对我国教育舆情治理模式的梳理和总结发现，在网络时代和信息时代，事件曝光后必然形成一个相对强大的舆论场，无形之中对教育舆情治理施加压力并影响治理结果。因此，做好教育舆情治理需要全面了解和掌握舆论场中的各类信息并加以分析研判。根据大数据技术容量大、速度快、种类多的特点可以在较短时间内对舆论场中的各类信息加以分类整理，并分析出舆论偏好和其中承载的网民情绪态度等。

大数据作为一种最新的科学技术并运用在教育舆情治理中可以改变传统教育舆情治理模式，"基于数据驱动的网络舆情大数据研究"[①] 为教育舆情治理提供一种新的思路和方法。因而，可以通过数据来源、数据特点、数据作用三个因素来揭示大数据技术支持下的教育舆情治理新模式（如表 5－1 所示）。因为舆情和数据的获取方式以及在治理过程中承担的角色不同，形成了两种治理模式，相比于传统教育舆情治理模式，有了大数据技术的支持，舆情治理主体可以更全面地获取信息和数据，因而更容易有效治理教育舆情事件。

表 5－1　　传统和大数据技术下的教育舆情治理模式对比

模式	传统教育舆情治理	大数据支持下的舆情治理
数据来源	政府部分或媒体开展的调查和统计反馈	搜索范围覆盖全网
数据特点	数据内容相对集中，数量较少，数据之间关联性强	数量多、规模大、数据关联性弱、数据形式多样
数据作用	主要承担辅助作用，用来佐证治理结果	通过采集分析处理后的数据成为政府决策的基础性重要依据，推动治理决策的科学化和专业化

3. 大数据升级教育舆情治理的格局

在大数据技术的支持下，我国教育舆情治理的格局不断创新升级，逐渐形成了多元主体参与的协同治理格局。传统社会的教育舆情治理过程中，涉事教育单位是舆情治理的主要力量和中心，若遇到引起大范围关注和讨论的舆情事件，政府相关部门也将参与其中，共同协助治理，因而教育舆情治理的主体较少，治理模式单一，教育舆情治理格局相对较小。随着网络技术的发

---

① 何凌南，赖凯声. 大数据时代的网络舆情研究范式变革 [J]. 现代传播，2017 (5): 161.

展，社会交往平台的增多，越来越多的自媒体成型发展起来，并针对舆情事件在网络平台发表意见或组织讨论，形成庞大复杂的舆论场，向教育舆情治理主体施加压力并对治理结果产生影响，这些舆论场中的"声音"也在无形之中为敦促舆情事件的解决贡献力量，因而这些自媒体、专家学者、"意见领袖"等也可称为治理主体。那么，这些零散在舆论场中的"声音"怎样才能够被高校或者政府部门所掌握和熟知呢？大数据技术的发展为这类主体的引入创造了条件。目前，有观点提出舆情治理要"建立数据信息共享平台，打破数据孤岛现象"[①]，通过大数据技术快速便捷地将庞大的舆论场进行分割，有目的地将各类舆论观点和意见进行统计划分，使之形成有规律和有秩序的舆论板块，有利于治理者全面了解和准确把握民众对舆情事件的关切点，精准分析问题所在和民心所向，有效推进教育舆情治理。传统教育舆情治理更偏重对事件的解决，而大数据视域下的教育舆情治理更容易抓住民众的"痛点"、问题的关键和事件背后所隐藏的矛盾。我们进行教育舆情治理就是要始终坚持以人民为中心，积极回应民众关切和诉求，合理分析舆情事件的问题和原因，通过大数据可以全面分析了解舆论信息，掌握舆论争议的核心问题，对舆情事件有更为全面的了解。因而有了大数据技术的支持，便能够不断升级传统治理格局，逐渐形成多元主体协同治理的教育舆情治理局面。

（二）我国教育舆情治理中大数据技术应用存在的问题

国家发展进入新时代需要更为成熟的舆情治理方式，而我们

---

① 陈讯，吴大华. 运用大数据推进国家治理现代化［N］. 经济日报，2017-12-15.

国家的舆情治理制度本身发展比较缓慢，存在一些职责交叉、工作重复、沟通不畅的情况。随着大数据技术在我国教育舆情治理中的运用，同样也发现了一些亟待解决的关键问题：一是在治理过程中，信息不透明，数据"壁垒"仍然存在；二是尚未构建完善的教育舆情治理体系，教育舆情治理体系和治理能力现代化目标尚未达到；三是大数据人才和舆情分析研判专业人员以及综合分析和治理人才较少，专业人才不足。

1. 数据"壁垒"广泛存在

因网络技术的发展和计算机存储容量的增加，各种各样、各行各业的信息汇集在网络中形成了"信息海洋"。开展教育舆情治理工作需要在"信息海洋"中搜寻与事件相关的有效信息，同时因技术、硬件设施等原因的存在，并非可以在网络中搜寻到所有相关信息，数据之间存在无形的"壁垒""多方博弈"从而形成"数据孤岛"[①]。大数据技术可以方便治理主体进行信息搜集和整理，但是因为不同软件间的数据信息不能共享，所得数据后也缺乏交流，数据出现脱节，即产生信息孤岛，势必带来信息需要重复多次的输入、信息存在很大的冗余、大量的垃圾信息、信息交流的一致性无法保证等困难。目前我国还没有形成一个相对独立、集中统一、高效综合的教育舆情治理信息化平台，对于大数据的应用也只是基于初级阶段，在数据计算、标准制定、等级分类等方面都存在差异。因此，各级各地教育部门在应对舆情事件时，往往存在标准不够统一、数据运用不够到位等问题，导致广大群众对舆情事件还存在一定的疑惑，对教育系统的整体公信

---

① 周茂君，潘宁. 赋权与重构：区块链技术对数据孤岛的破解 [J]. 新闻与传播评论，2018 (10)：60.

力也有所影响。这个问题在高校中也广泛存在，高校各职能部门之间通常联系不够紧密，缺乏有效的沟通协调，数据没有做到共享共用。以中国教育舆情监测软件为例，教育舆情数据采集所运用的大数据技术多为网络爬虫技术、分词技术和议题聚合技术等几种。由于目前监测软件搜集的内容普遍存在海量、冗余、杂乱、无效等信息，还需要人工进行筛选辨别。目前，只能依靠人工对该软件对搜集到的信息进行分类处理，建立了专项教育舆情数据库，但该数据库目前在数据计算、等级分类等方面对大数据的应用还处于比较初级的阶段。

2. 治理体系有所缺失

教育要与时俱进，对于教育舆情治理也应积极利用最新的科学技术，实现教育舆情治理现代化发展，目前虽然有部分大数据技术运用在教育舆情的治理中，但是仍存在不少问题，其中最突出的和亟待解决的问题是大数据技术支持下的教育舆情治理仍未构建出具有引领和保障作用的治理体系。目前，我国教育舆情治理还处于分段式治理阶段。现代教育舆情治理体系的核心是使政府、学校、社会参与进来，共同构建一个良性互动、紧密协作的治理结构，但是由于治理体系不够完善，导致教育舆情治理缺乏教育系统内外的大数据分析环节，因治理主体之间的所掌握的信息不对等和分段性的治理方式，从而造成舆情应对的失误。教育舆情治理体系的缺失还表现在缺少治理后的心理安抚和制定相关规定等工作，心理安抚、反思总结与优化相关制度是舆情治理体系中必不可少的一环，我们需要尽快补齐这个短板。2019 年 3 月，四川某中学食品卫生安全事件引发境内外高度关注，造成较大舆情波动。3 月 12 日，多位家长反映某中学小学部食堂有过期、发霉变质的食品。第二日，36 名学生自诉身体不适，被送医院进行检查治疗。晚上8时，校方发布声明致歉，并停止涉事公司对学校食堂的供餐业务。第三日，温江区卫生健康局局长表示，对学校食堂留样菜品进行了采样，检查结果均为阴性。第四日，区教育局局长、区市场监督管局副局长停职检查；区市场监管局表示，该校食堂第一批食材检查结果符合安全标准。第五日，国家市场监管总局局长表示，该校问题还没有最后查清。第六日，该市多个部门就"某中学食品安全问题"召开新闻发布会，校长被解聘，责令重组学校董事会。与此同时，整个事件调查结果公布：3月某日晚，文某等3人将姜黄粉和红曲米分别撒到鸡腿和毛肚上，拍照传播食材变色和变质的谣言，后续多位家长将食堂拍摄的鸡腿、毛肚、肉夹馍等照片发布到网络。至此，该舆情事件出现较大反转，引发新一轮讨论。从整个事件的发展过程来看，一是由于缺乏迅速响应的舆情应对体系，该校在网络舆情发生初期处于非常被动的状态，调查不及时、回应不及时，造成舆论一边倒；二是市应急管理部门、区教育局与涉事学校之间缺乏整体性、联动性、协同性，前方后方、线上线下"咬合"不紧，最终影响了处置进度和效果。该事件也暴露出教育舆情治理体系不完善，各相关单位未能形成有效联动的局面。

3. 大数据专业人才不足

目前使用的大数据技术主要包括"大规模并行处理（MPP）数据库、数据挖掘电网、分布式文件系统、分布式数据库"[①] 等，大数据技术的发展进步并运用在教育治理中，需要治理主体能够熟练掌握大数据技术和舆情监测分析技能。我国教育舆情事件频

---

① 何欣蕾，王保华. 治理视角下的教育舆情研究：问题与对策 [J]. 现代传播，2015（1）：142.

发,出现"大事不断,小事频发"的状态,如果是全国性教育舆情事件,政府部门将参与其中共同治理,可以相对快速进行有效处置。但是地区性的以及学校内部的舆情,就需要当地的教育舆情治理主体进行治理。由于掌握大数据技术和舆情监测分析技能的人才相对较少,不少教育舆情的治理效果不佳,主要是因为大数据融合了计算机技术、数据计算、编程、数据挖掘、社会科学等多学科知识,要求使用者了解多个学科,最好具有交叉学科的研究背景和较高的数据运用素养。教育舆情治理要"注重产学研的结合,引入协同创新机制"[1],然而,目前我国大数据领域人才紧缺,这就给构建大数据教育舆情治理体系带来了更多阻碍。目前从事教育舆情治理工作的人员以人文社科类专业为主,对大数据专业知识比较欠缺,对数据监测、数据挖掘、模型构建等不能熟练操作。当前,各高校关于大数据专业的课程设置以理工科为主,培养出来的多是数据技术方面的人员,对教育舆情治理方面的知识了解有限,很容易从纯技术角度去设计方案,导致舆情治理缺乏针对性。以高校为例,目前高校进行舆情治理主要的方式是由管理人员指导本校部分兼职的学生完成,工作人员一般身兼数职,学生团队流动性大,通过搜索引擎对关键词进行检索的方式一方面效率比较低,另一方面对信息的覆盖不够全面,远远不能适应瞬息万变的大数据时代舆情处置要求。所以,做好教育舆情治理工作需要有专业人员参与其中,熟练运用大数据等科学技术,促进教育舆情的有效治理。

---

[1] 何欣蕾,王保华. 治理视角下的教育舆情研究:问题与对策[J]. 现代传播,2015(1):142.

第六章

运用大数据提升我国教育舆情治理能力的优化策略

教育舆情具有两面性,一方面反映了人民群众对教育改革的期待和要求,能够促进教育事业的发展;另一方面不实信息也容易对公众造成误导,对中国特色社会主义教育事业的健康发展造成不利影响。因此,教育舆情治理必须坚持"党对一切工作的领导"[①]原则、"以人民为中心"[②]原则和"管控与引导相结合"[③]原则,通过净化网络空间、营造良好舆论环境的手段,强化教育舆情对教育的正面推动功能,降低负面教育舆情对教育事业的损害。本章针对当前我国利用大数据治理教育舆情存在的问题,以大数据技术提升教育舆情治理能力为抓手,围绕教育舆情的监测预警、分析研判、应对处置等环节,深入探讨如何将大数据技术和思维运用于教育舆情治理,提出大数据视域下提升我国教育舆情治理能力的对策与建议。

---

① 人民网. 坚持党对一切工作的领导 [EB/OL]. (2018-01-15). http://theory.people.com.cn/n1/2018/0115/c40531-29765801.html.
② 人民网. 践行以人民为中心的发展思想（奋斗百年路 启航新征程·牢记初心使命 争取更大荣）[EB/OL]. (2021-07-06). https://baijiahao.baidu.com/s?id=1704483524054065379&wfr=spider&for=pc.
③ 张湘涛. 坚持管控引导、互动融合相结合 提升舆论引导力 [N/OL]. 湖南日报, 2016-03-24 (006). DOI: 10.28360/n.cnki.nhnbr.2016.001424.

一、建立国家统一的大数据教育舆情平台

运用大数据提升我国教育舆情治理能力方面的应用是多维度多层次的,既要建立全国层面的大数据教育舆情平台,还要从全国各行政部门入手,创新教育舆情治理过程。在多变复杂的舆情环境中,需要立足大数据思维,充分利用大数据分析技术,建立一套完善的教育舆情数据收集、监测分析与预警处置平台,实现各级部门对教育舆情可测、可控、可导、可化的管理模式,从而提升大数据视域下我国教育舆情治理能力和水平。

(一)建立国家—地方—高校大数据教育舆情治理平台

运用语义分析、词云图谱、虚拟仿真等大数据技术全面把握教育舆情的动态,深度剖析教育舆情的发生—传播—演化机理,并在分析教育舆情治理面临的新形势、新挑战和新机遇的基础上建立国家统一的教育舆情大数据治理平台,是创新教育舆情治理的关键。

1. 大数据教育舆情治理平台总体层级体系

国家—地方—高校大数据教育舆情治理平台体系由国家平台、地方平台、高校平台三个层级组成,各层级之间通过教育舆情数据共享平台进行信息共享、资源协同、监督管理、统计分析等,实现各级教育部门信息互通和分层管理(如图 6-1 所示)。

第六章　运用大数据提升我国教育舆情治理能力的优化策略

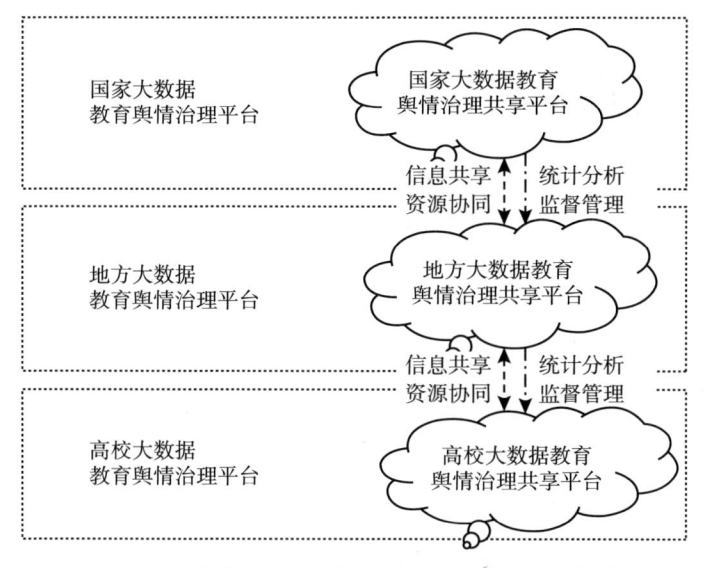

```
┌─────────────────────────────────────────┐
│                    ╭─────────────╮       │
│  国家大数据        │ 国家大数据教育│      │
│  教育舆情治理平台  │ 舆情治理共享平台│    │
│                    ╰─────────────╯       │
└─────────────────────────────────────────┘
                  信息共享 ↕ 统计分析
                  资源协同 ↕ 监督管理
┌─────────────────────────────────────────┐
│                    ╭─────────────╮       │
│  地方大数据        │ 地方大数据教育│      │
│  教育舆情治理平台  │ 舆情治理共享平台│    │
│                    ╰─────────────╯       │
└─────────────────────────────────────────┘
                  信息共享 ↕ 统计分析
                  资源协同 ↕ 监督管理
┌─────────────────────────────────────────┐
│                    ╭─────────────╮       │
│  高校大数据        │ 高校大数据教育│      │
│  教育舆情治理平台  │ 舆情治理共享平台│    │
│                    ╰─────────────╯       │
└─────────────────────────────────────────┘
```

图 6-1　大数据教育舆情治理平台总体层级体系

资料来源：作者绘制。

传统教育舆情治理采用的是逆向思维方式，根据逻辑分析倒推突发事件发生的因果关系，从而做出应急决策方案。然而，大数据教育舆情治理采用的是正向思维方式，首先从风险预测开始，根据大数据库系统对数据进行深度学习和量化分析，寻找相关关系，从而做出合理决策。相比而言，该平台是一种将被动转化为主动的教育舆情治理模式，打破数据"壁垒"，冲破我国教育舆情治理分段式阶段。因此，通过建立国家—地方—高校大数据教育舆情治理平台，全面揭示传统治理方式难以展现的层次联动关系，积极促进政府—地方—高校数据信息共享，高效优化政府—地方—高校数据资源整合，极大地提高各级部门数据分析能力，扎实推动我国教育舆情管理理念和治理模式进步，是快速提升我国教育舆情治理能力的新途径。

2. 大数据教育舆情治理平台构架

大数据教育舆情治理平台的总体架构以教育舆情和大数据技术为核心主导，通过微信、微博、论坛、贴吧、新闻主页、抖音、网站等渠道和平台，进行舆情数据采集、导入、储存、清洗，实现大数据教育舆情分析、预警处置。首先利用第二章构建的大数据教育舆情爬虫系统采集与预处理关于教育舆情客体的结构数据、半结构数据和非结构数据。其次，通过数据导入工具（ETL）包括提取、转换、加载将其存储于第二章研究的教育舆情数据库系统。再次，使用统计分析、数学建模、数据挖掘、机器学习等大数据分析方法，进行教育舆情传播轨迹特征分析、情感分析、舆情倾向趋势分析等，通过动静结合的可视化分析技术展示教育舆情词云图、文本语义结构树、教育舆情事件走势流、教育舆情社交网络可视化图、教育舆情时空数据流式地图、多维数据可视化等。最后，以"教育舆情综合评价指标测评体系"的构建为基础，建立对教育舆情事先预警的机制，提升我国教育舆情突发事件的监控和应对能力，建设一个全面、综合、开放的大数据教育网络舆情监管与分析平台（如图 6-2 所示）。

（二）建立大数据教育舆情监测预警处置平台

大数据可以形成可视化操作系统，实时推演教育舆情治理过程，从而使教育舆情治理流程更为优化，直观显现教育舆情治理成效。

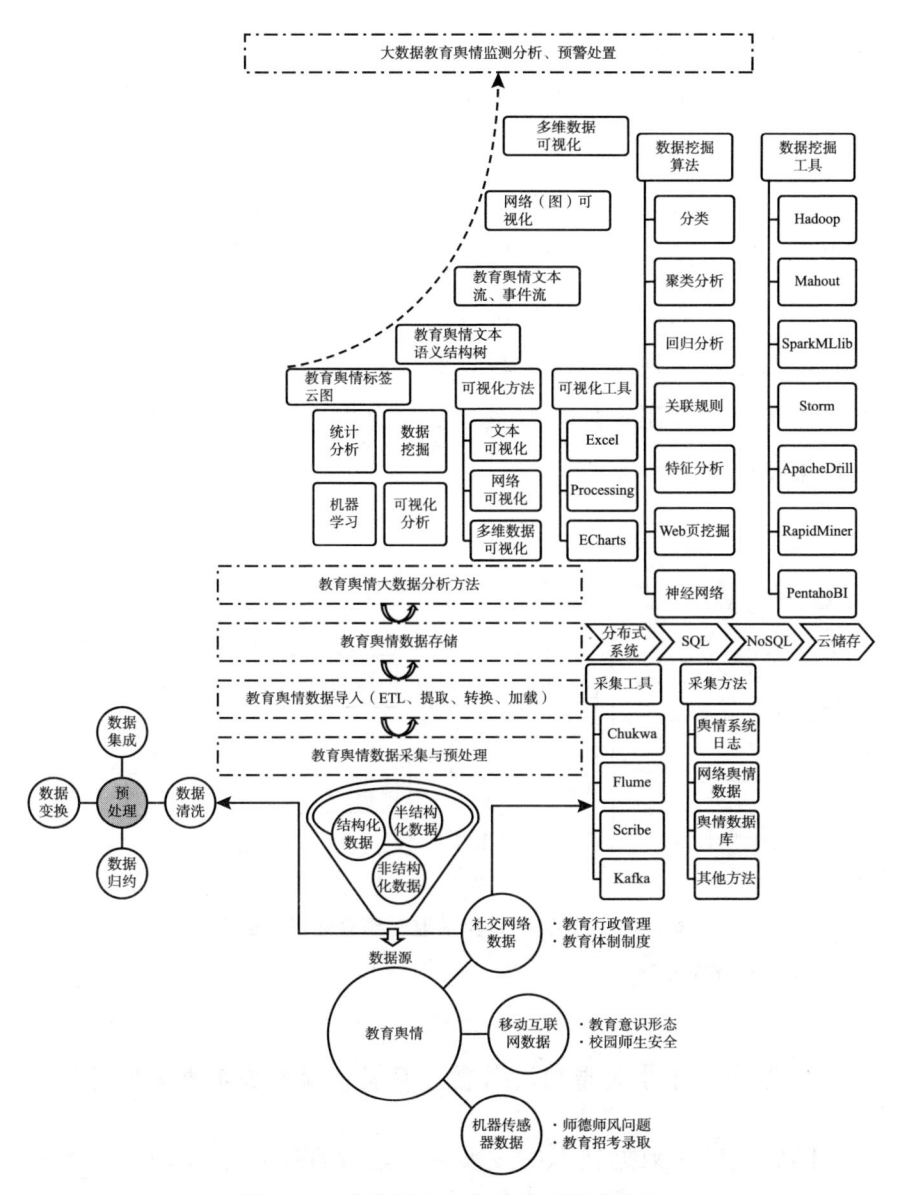

图 6-2 大数据教育舆情治理平台构架

资料来源：作者绘制。

1. 大数据教育舆情监测预警处置平台设计

目前我国教育舆情监测预警处置并不完善，存在教育舆情监测指标和预警方式落伍、教育舆情监测指标和预警模型构建严重脱节、教育舆情信息采集数据结构简单、教育舆情信息缺乏深度分析等问题，导致教育舆情治理策略较为单一。因此，大数据教育舆情监测预警处置平台设计至关重要（如图6－3所示）。根据此平台，可以深入剖析大数据环境下教育舆情演变机制和传播特征，构建教育舆情综合测评统计指标体系，建立嵌套结构数据的教育舆情多水平模型，探索教育舆情波动影响因素，预判教育舆情预警等级，并制定处置方案以及信息发布，为大数据教育舆情治理策略研究提供基础。

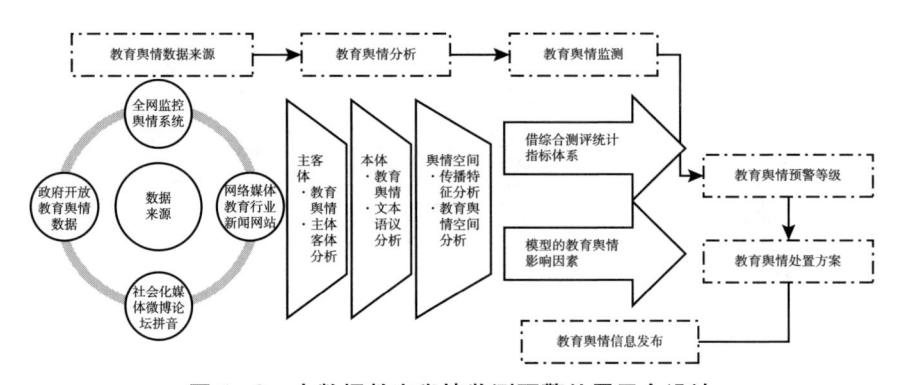

图6－3　大数据教育舆情监测预警处置平台设计

资料来源：作者绘制。

2. 基于多水平模型的大数据教育舆情预警等级影响因素研究

随着我国大数据技术的发展，搭建教育舆情系统是一个相对比较容易的事情，根据前面所介绍的大数据教育舆情治理平台构架和大数据教育舆情监测预警处置平台设计，我们将面临的困难是如何精准预警，需要解决的问题是如何构建系统全面的教育舆情综合测评指标体系和精准预判教育舆情预警等级。根据重庆市高校网络舆情与思想动态研究咨政中心陈帆帆（2018）提出教育舆情是由主体（社会公众）、客体（教育事件）、本体（各种情绪、态度、意见的总和）、舆情空间（民众对中介性教育事项的态度形成、变化和发生作用的情境）构成，针对前面大数据视域下的教育舆情发生机制和传播机制研究的基础上，可以知道教育舆情受到各种不同因素的影响，其中教育舆情中主体（社会公众）的个体因素使用网民数量统计指标相对比较容易度量，同时教育舆情本体包括各种情感总和可以通过文本分析计算，教育舆情空间包括政策制度环境、媒体传播环境、社会舆论环境的静态分析也相对简单；但是忽略了教育舆情主体自身会受到阶层水平、地区差异等影响因素，此外还包括教育舆情空间中时间变化度量因素。为了弥补缺陷，可以考虑构建时间—个体—地区的教育舆情预警等级三水平发展模型，具体表达式如下[①]：

水平 1：$Y_{ijk} = \beta_{0ij} + \beta_{1ij} t_{ijk} + e_{ijk}$

水平 2：$\beta_{0ij} = \beta_{0i} + \beta_1 X_{1ij} + \beta_2 X_{2ij} + \beta_3 X_{3ij} + \beta_4 X_{4ij} + u_{0ij}$，

$\beta_{1ij} = \beta_{1i} + u_{1ij}$

水平 3：$\beta_{0i} = \beta_0 + \beta_5 Z_{1i} + v_{0i}$，$\beta_{1i} = \beta_1 + v_{1i}$

其中，Y_{ijk} 分别表示第 i 个地区第 j 个社会公众第 k 个时间发表的教育舆情，t_{ijk} 表示时间变化，X_{1ij} 表示教育舆情主体的总称，可以用网民数量、网民素质、文化程度等测量；X_{2ij} 表示教育舆情客体的总称，可以将教育舆情种类进行划分；X_{3ij} 表示教育舆情本体的总称，可以采用情感程度总和度量；X_{4ij} 表示教育舆情环境因素包括政策制度环境、媒体传播环境、社会舆论环境等；Z_{1i} 表示教育舆情空间，可以各级部门阶层水平、地区差异等指标测量。

---

① 张敏，鲁筱，石磊. 基于高层次结构数据的多水平发展模型设计及应用 [J]. 数量经济技术经济研究，2017，34（6）：134–147.

根据教育舆情的构成研究，构建教育舆情综合测评指标体系，初步创新构建时间—个体—地区的教育舆情预警等级水平发展模型，可以充分研究教育舆情主体、客体、本体、舆情空间各个部分对其舆情产生的具体影响程度以及各个部分差异来源，同时也能分析教育舆情随着时间变化的具体影响程度，从而对教育舆情预警等级进行精准划分（如图6-4所示）。通过大数据教育舆情预警等级精准研究，准确把握教育舆情事件流真相，各级教育部门建立全媒体联动应急机制，维护政府良好形象，正面引导教育舆论，为有针对性地提出教育舆情治理具体对策与建议，推进教育网络舆情治理能力建设提供依据。

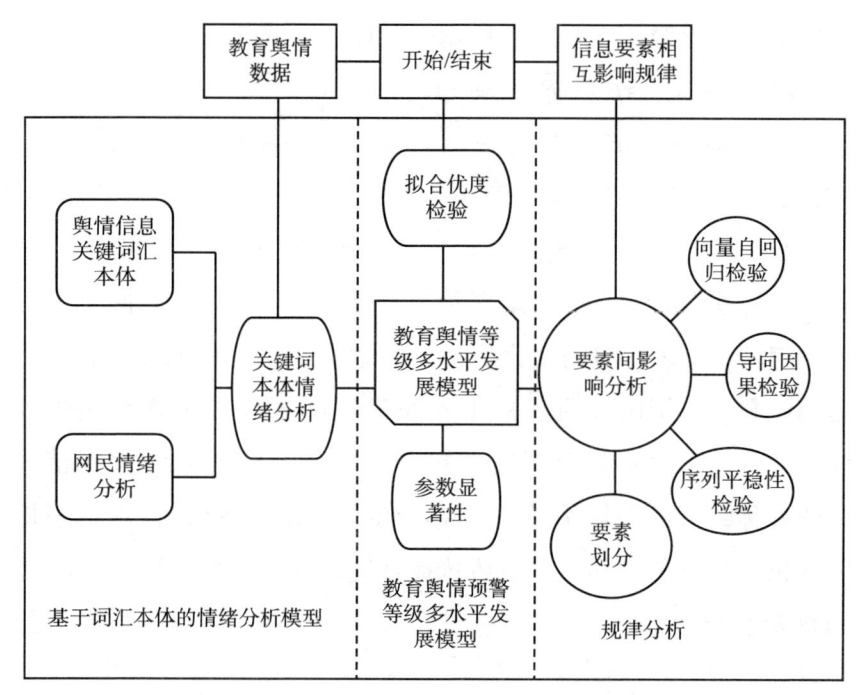

图6-4 大数据教育舆情监测预警方法

资料来源：作者绘制。

二、加强大数据教育舆情治理制度建设

维克托对大数据时代的预言正在成为现实。大数据时代的来临，使在传统教育舆情治理当中隐藏的、苗头性的矛盾和问题更为集中、复杂，导致教育舆情热点事件频发，教育舆情生态变得严峻，格局变得复杂。教育舆情热点的发生，在某种程度上与教育舆情治理制度紧密相关。因此，在大数据环境下，建立和完善新型的教育舆情表达、搜集、回应、引导机制，构建大数据舆情信息工作制度体系，是做好教育舆情信息工作的重要保障，更是解决好、发展好教育民生的关键举措。

（一）优化大数据教育信息公开制度

大数据产生的数据具有海量化，传播迅速及时、形式多样化以及高价值的鲜明特征，大数据信息构建出了透明的真实世界，各类信息不再是密不透风的，而是便于每个人接收获取。公开透明和真实准确是政务信息发布的基本要求，也是突发事件舆情处置中必须坚持的重要原则。大数据环境下教育舆情处置也不例外，信息公开制度同样可以确保处理教育热点舆情不失声不缺位，概括起来可总结为主动公开、选择公开、创新公开渠道以及监督公开四个层面。

1. 强化大数据教育信息公开的主动性

鉴于教育涉及基础民生，关乎千万家庭以及国家发展未来，

公众对教育理念、教学资源等有着特殊的求知欲。大数据视域下，每个教育舆情热点事件背后都有成千上万个观察者在关注，既然无法改变被动审视的局面，不如及时地、主动地公开信息。教育舆情信息的公开是实现教育公开和教育公平的具体形式，是现代教育的重要组成部分，拒绝信息公开易激发民情民怨，阻碍舆情事件处置，而畅通信息公开则会使舆情处置变得顺畅，助推舆情事件解决。对教育舆情信息的公开，关键要强调及时性和主动性两大原则，一方面，大数据视域下各种信息不断涌现，瞬息万变的背后要求公开教育信息要做到及时迅速，尽早地回应民众关切；另一方面要主动回应，占领舆情舆论中的高地，为应对和处置做好铺垫，防止海量数据信息中冗余信息的传播扩散。教育部门公开信息时，要抛弃传统"一劳永逸"的思维，大数据实时产生新的信息内容，而主动公开、持续公开则是促进教育舆情事件科学处置的有效方法。

2. 突出大数据教育信息内容公开的针对性

民众对教育问题高度敏感，对教育舆情事件高度关注，相关部门在面对如此浩瀚的信息内容时，如何找到民众真正关心的点是做好大数据教育舆情处置的突破点。曾胜泉指出："要清楚的是，公开透明并不等于任何信息都要彻头彻尾、毫无保留地和盘托出，而是要综合考虑事件舆情走向、处理过程、社会效果等因素，确定合适的发布内容、口径和措辞。"[①] 任何舆情主体都可能含有机密信息和其他虚假信息，并非所有信息都能够做到公开。因此，教育部门在公开信息时，不仅要充分运用大数据技术精准找到民众关心期盼的舆情点进行分析研判后回应，突出信息公开

---

① 曾胜泉. 网络舆情应对技巧 [M]. 广州：广东人民出版社，2015：100.

的针对性，还要对大数据教育舆情信息进行筛选，对部分涉密和无关紧要的内容进行信息过滤，突出教育舆情信息公开的选择性。同时，针对不同群体要细分民众接收信息的习惯，采用恰当的公开形式和话语模式，以及公众喜闻乐见的方式进行回应，确保对教育舆情信息公开能为受众理解并接受，避免因信息不对称或理解偏差导致以讹传讹，最大限度提升大数据时代教育信息内容公开的针对性及实效性，抑制教育舆情的发展发酵。

3. 优化大数据教育信息公开方式及载体

"人类社会绵延至今经历了四次意义重大的传播革命。"[①] 第四次传播革命即移动互联网络时代，出现了诸多区别传统媒体的新形式媒体，自媒体已经变得越来越普及。大数据时代正是基于这样的背景产生了海量的信息内容，给教育舆情带来前所未有的变革。在这种大变革背景下，教育舆情的信息公开，要改善传统媒体时代的信息公开方式，迎合新媒体时代传播方式。教育部门要建立全新的对外传播平台和阵地，建设教育舆情信息的宣传矩阵，开拓全媒体社交平台，实现最大限度地接近公众，消除信息传播中的不对称，提升受众对信息内容传播的认同感。此外，教育部门要优化受众容易接受的传播形式，如新兴话语体系、新媒介文化等渠道或范式传递信息内容，提高教育舆情信息传播的时度效。

4. 健全大数据教育信息公开监督保障机制

传统媒体时代的教育舆情信息公布，从信息公布角度来看，都是主体部门自行公开信息内容，缺少内部审核与外部监督，容

---

① 李良荣. 新传播革命 [M]. 上海：复旦大学出版社，2015：99.

易产生"自说自话""自圆其说"的现象。大数据和新媒体技术的产生，畅通了信息的发布渠道，对教育部门发布信息的真实性要求更高。对主体部门信息公开的监督不仅是做好教育舆情应对处置的保障，更是维护好公众基本知情权利的保障。教育舆情的信息公开亟须完善监督保障体系，增强教育部门信息公开的监督和制约。对内要建设内部信息公开监督机制，对外要联通各部门齐抓共管共建，确保信息公开监督机制有序展开，依托大数据技术实现信息共享监督管理，实现对海量信息数据的全方位监管，确保信息内容公开的主动性、真实性及有效性。

（二）严格大数据教育信息安全制度

随着大数据时代的到来，由数据构成的信息内容成为物质生产发展和人类社会发展的重要因素。大数据时代教育信息过多，教育舆情矛盾越发凸显，一方面海量的数据信息可以作为教育舆情处置的判断依据，另一方面大容量的教育信息，舆情产生的可能性更大，教育信息泄露窃取风险增加，舆情处置变得更加复杂，为教育舆情应对带来不同层次的挑战。在众多挑战中，信息安全便是其中突出代表。大数据时代网络信息安全、数据内容安全等成为学界与业界需要联手共同面对的关键议题，信息安全成为这个时代不得不重视的问题。信息安全必须依靠建设信息安全制度来保障。

1. 落实大数据教育信息保密规定

教育领域的信息泄露在大数据时代显得越发明显。教育领域的考试众多，中考、高考、硕士研究生考试等重要类型的考试关系民众根本利益，而不法分子利用大数据技术泄露信息的案例频现，破坏教育公平和违反相关法律法规。在防止大数据信息泄露时，技术手段总是存在固有缺陷，防泄密技术不完善，信息保密系统存在漏洞。除了技术固有弊端外，人为原因导致信息泄露也是较为关键的因素，主要体现在大数据信息意识不强，数据保密意识薄弱以及在信息海洋中泄露信息被发现概率较低。因此，大数据时代信息安全制度建设，防止信息数据泄露是关键之举。技术层面，大数据信息充斥生活每个角落，技术屏障成了拦截信息泄露的第一道关口，构建网络空间数据信息屏障，利用教育职能终端打造防火墙，做好关键教育信息的保护措施，强化数据加密技术和存储技术，保障教育信息的技术安全性。人为角度，需要强化大数据视域下的信息泄露风险意识，利用法律法规钳制人为原因导致的信息泄露，做好人为保密措施，减少信息知情层级，提高保密登记，做好防泄密措施。

2. 规范大数据教育信息内容审核流程

大数据时代信息海量式涌现，增加了信息采集、编写、发布以及反馈过程中对信息真伪的辨别难度。教育领域的信息多种多样，常常会因为信息把关不严格而导致负面舆情事件。大数据信息越是海量，教育舆情关键信息的抓取越是困难，选择难度越是不易，既不能随机选择所要信息，更不能放松对信息的把关。如此海量的大数据教育舆情信息若不实行严格的把关措施，将面临信息内容格局失衡的情况，给教育舆情应对带来不必要麻烦。在无法清晰有效辨别信息真伪性、实用性时，对大数据时代信息内容的把关变得极为重要，这也是保障信息安全的重要措施。面对公众和社会，什么信息必须说和没必要说，以及哪些信息该说和不能说尤为关键，选择对了，教育舆情的处理变得顺畅，反之则会引发次生教育负面舆情。教育舆情的信息内容发布审核是保护信息安全的重要环节，公开必须公开的信息以及公开想公开的信息，这样既能解决民意诉求，回应民众关切，又能保护好其他信息的安全，防止公众从其他信息内容的角度点燃次生舆情。

3. 强化大数据教育信息责任人问责措施

保护信息安全是大数据时代的重点建设领域，除可以增强保密性和加大审核力度以外，还可通过强化大数据信息追踪，对信息负责人采取问责或者追责的措施。大数据时代的信息，在某种程度上俨然已成为"利己的信息空间市场"，也就是说信息内容已经细分化、精细化。这种变化可以缓解大数据时代信息无法追踪的问题，实现细分化地保护数据信息时代的信息安全。教育领域的信息所涉及方面是比较少的，因此可以在大数据信息中筛选出具体的模块，细分之后分给具体的负责人，明确教育信息的义务和责任，建立数据信息的编码系统，追踪到个体，严格执行信息责任人的问责制度。同时要完善和创新信息溯源技术，提升信息责任人的信息安全意识，接受内外部对信息责任人的监督举报，最大限度确保信息内容的安全性。此外，对教育数据信息进行分类管理，使教育部门、信息责任人、舆情信息与网民形成对应统一的关系，减少无关人员对舆情信息的接触，避免职能交叉，维护好教育舆情应对处理上的安全性和及时性。

（三）完善教育信息共享制度

大数据时代给现实社会带来了海量、迅速、多样的信息内容，也全新地改变着人类社会的生活格局和处理事件的方式。传统时代的教育信息是孤立的、单独的，很难实现教育信息之间的互通，教育舆情的联合处理和应对成为比较棘手的难题。大数据产生了全新的信息共享内涵，信息共享的范围更加广阔，内容呈现指数型增长，依靠技术提升了信息共享广度和深度。大数据、教育舆情、信息共享三者之间形成了新的逻辑层链。多数情况下，大数据背景下的教育舆情信息共享互动缺少某种稳定的机理，在共享教育信息时常出现各种各样的问题，为避免教育部门形成"信息孤岛"，必须促进信息快捷高效地交换共享，建立大数据视域下推进教育信息共享机制，助推大数据教育舆情治理。在教育舆情领域，可考虑建立基于共享舆情的共同决策和应对体制，出台制定具有整合性、协调性、一体化和配套性的政策、规章和规划①。

1. 规定大数据教育信息共享的定位范围

强调大数据时代教育舆情信息的共享，旨在提高教育舆情涉事部门之间的信息沟通能力，提升教育舆情预防应对的协同能力。大数据的信息是海量多样化多层次的，正如数据公开制度建设不能将全部教育舆情信息和盘托出，数据共享也要明确共享的定位和范围，达成内外数据信息共享的一致性，避免因教育信息数据共享不充分、不一致所造成的共享系统紊乱。明确大数据教育信息共享的定位，在这里定位应该包含两个方面的内容：一是指教育部门在共享信息内容时要立足于促进教育事业健康发展的站位，提高大数据时代的政治意识和大局意识以及服务意识，秉承教育始终是为人民服务的理念，既要做好教育信息公开共享服务，联通各部门处置好教育舆情，又要保障民众享有优质教育资源的权利。二是指教育部门的信息共享要提升精准性有效性，降低冗余信息的交流，提升信息共享的实际意义，最大限度加强信

---

① 叶国平. 舆情制度建设论［M］. 天津：天津人民出版社，2013：250.

息共享的效用。除了共享定位，还要规定大数据教育信息共享的范围，实现共享与非共享教育信息二者之间的区分，建立大数据教育舆情信息共享制度，将共享内容通过制度确定下来，确定信息共享主体的义务与责任，通过制度规范协调教育舆情发生时各部门各主体之间的信息共享联动，实现教育信息共享在制度上的保障。

2. 推动大数据教育信息交换的联动共享

教育舆情处置应对离不开各个部门间的协同合作，尤其是在舆情频发的新媒体环境下更加强调主体间的协作。大数据带来的教育信息是海量多样的，同时也是分散不集中的，诸如教育部门、学校、公安部门之间存在全国和地方或上下级之间的信息不对称，更存在平级之间的信息不共享窘境。突发教育舆情让各个部门处在被动局面，不能作统一处置部署，常常会出现上级部门等着下级部门报送最新情况，而下级部门等候上级部门的决策安排；甚至出现平级之间互相推诿责任的现象，错失教育舆情的最佳处置时间。大数据时代，部门之间的联动共享尤其重要，科学处置教育舆情信息就应积极推动各部门之间的信息交换和联动共享。首先，要在建立共享制度的基础上，深化共享，联通共享、主动共享、扩大共享，最大限度实现教育舆情信息的共享范围。其次，与教育相关的各个主体部门要明晰教育舆情预防应对中的义务与责任，推进教育舆情处置协同化、科学化，增强各个部门之间的信息交换与良性沟通互动。最后，要联动全国、地方的教育部门，树立信息共享意识，增强信息共享实作，密切关注学校动态，把各层级的高校作为教育舆情信息的重要节点，强化与学校的联系，增强学校与其他部门之间的信息共享，提升大数据时代的信息共建共享共用能力，形成全方位的教育舆情信息共享格局，促成良好的信息共享生态。

3. 保障大数据教育信息共享的安全

全新的媒体时代带来了前所未有的信息交换和共享模式。但要清醒地认识到，在信息交流共享的同时，大数据就像汪洋大海，信息交流不只是风平浪静的海面，其中还暗藏着海底汹涌澎湃的暗流和不透明的状况。其中，交流共享信息过程中的信息安全便是其中表现。共享信息避免不了数据传输、信息拷贝等环节，保障大数据信息内容共享过程中的安全性则是重点。通常来讲，保障大数据信息内容共享安全主要依靠人工和技术层面。大数据环境下产生新安全挑战，因此维护信息安全的方法也要积极更新。首先，要将信息安全放在大数据信息共享的首要位置，通过安全制度建设规避风险，符合大数据信息的特征，选择特殊的方法进行保护。其次，要对教育系统相关人员进行新兴智能化设备操作与使用方面的培训，尽量减少人为原因导致的损失。最后，要继续推进大数据技术的建设，使用安全数据信息共享的平台和安全保障技术，全方位保障信息共享安全。

4. 依托技术促进大数据教育信息的共享

大数据的产生主要是新技术的发展创新，传统数据迁移、社交媒体平台数据、移动通信数据、各类传输数据、机器仪表数据以及互联网络数据等几大方面构成了这个时代的数据来源，形成被人们熟知的大数据。这些信息的诞生传播及作用过程都离不开技术。大数据信息要想促进共享，同样离不开技术的支撑。依托技术促进大数据信息内容共享，成为大数据教育信息的采集、存储、呈现、共享的有力武器。移动互联网背景下，技术促进数据共享是极为便捷的。物联网技术、人工智能技术、云计算技术、云储存技术、第五代移动通信技术（5G）技术以及区块链技术不仅可以促成相关的技术理念、手段、终端和设备，而且运用到教育信息的共享中去。此外，依托大数据背景下的新技术手段，教育舆情信息共享的价值是巨大的，信息数据的充分利用，不仅能提高教育舆情处置决策的科学性、合理性以及针对性和有效性，还可以在学生教育学习、知识信息传递等方面发挥重要作用。还能促进教育信息的共享，加强各部门之间应对教育舆情信息的协同性，了解教育信息的实时动态，提升教育舆情处置的及时性和有效性。

三、推进大数据教育舆情治理人才队伍的培养

大数据时代教育舆情治理的关键在人才，关键在于有"高素质的新型复合型人才"[1]。具体而言就是需要政治立场坚定，能在实践中深入贯彻习近平新时代中国特色社会主义思想，既懂数据分析，又懂舆情研判，而且还熟悉教育领域特征的综合性人才。随着大数据技术与互联网技术融合的不断加深，大数据在互联网以及社会各个行业和领域的应用越来越多，专业的数据分析人才越发紧缺。职业社交平台领英（LinkedIn）发布的《2016年中国互联网最热职位人才库报告》，其中作为四大核心发现之一的人才需求与供给方面，指出数据分析人才最为紧缺[2]。随着新媒体

---

[1] 李洪雄. 创新大数据时代网络舆情引导［EB/OL］.（2017-01-09）. http：//theory. people. com. cn/n1/2017/0109/c40531-29007704. html.

[2] 领英. 2016年中国互联网最热职位人才库报告（完整版）［EB/OL］.（2016-03-05）. https：//www. useit. com. cn/thread-11520-1-1. html.

新技术的迅猛发展，推进大数据教育舆情治理人才队伍培养势在必行。

（一）提升大数据教育舆情治理人才的专业素养

大数据站在互联网这个巨人的肩膀上，直接催生了高校大数据相关的专业建设。美国麻省理工学院、哥伦比亚大学、加州大学、普渡大学等十几所世界名校都围绕大数据开设了分析类专业，相关专业发展至今其理论体系、课程设置、师资配置等都已经相当完善和成熟。相比之下，近年来国内许多高校虽然陆续设立了大数据相关专业，但在学科专业度、课程设置和理论架构等方面都稍显稚嫩。尤其是大数据视域下的网络舆情治理相关专业建设尤显滞后，加上国内相关方面的研究较少，使得该领域的理论基础略显薄弱。因此教育舆情治理部门培养人才的第一步是要推动高校开设相应的专业，依托高校培养一批具有大数据思维和舆情治理能力的应用型人才，然后再交由各从业领域进行有针对性的培养。

1. 办好大数据教育舆情治理相关专业

接受系统的专业训练是培养高素质专门人才的重要途径，解决教育舆情治理人才缺乏的重要措施就是办好舆情治理相关专业。2015年教育部为加快网络空间安全高层次人才培养，将"网络空间安全"设立为一级学科[1]，这对同属于承担化解重大风险重任的舆情治理行业而言，是一个办好相关专业的良好契

---

[1] 国务院学位委员会 教育部关于增设网络空间安全一级学科的通知［EB/OL］. http：//www.moe.gov.cn/s78/A22/A22_gggs/A22_sjhj/201511/t20151127_221423.html.

机。目前，虽然很多高校在新闻传媒学院开设有新闻学与传播学等专业，但却极少有设立专门的舆情治理专业，更不用说细化到教育舆情版块。大数据视域下的教育舆情治理是一门综合性的新兴学科，对人才的要求是多方面的，既要具有新闻传播学的相关理论和技能，又要掌握大数据的应用和舆情演变的分析研判技术和能力。鉴于目前国内高校中极少开设网络舆情和大数据应用相结合的学科专业，教育舆情治理部门应与高校加强合作，促使高校设立相应的专业。对于该专业的设立不一定要重新创建一个独立的学院，可以依托高校的新闻传播学院建设，仅将舆情治理设立为一个独立的专业建设。这样做的原因在于：一是舆情治理需要新闻传播学相关理论作为依据和指导，此举方便新闻传播相关理论课程的开展；二是可以节省成本，单独开设一个学院成本较高，而依托一个相关的学院开设专业成本较低。在开设独立的专业之后，舆情治理便不再作为新闻传播专业的一门辅修课程，而是培养在大数据背景下舆情治理专业人才的学科体系。在这个专业下，各院校可以结合实际和自身条件分领域设置专业课程，针对教育、政治、经济等不同领域的舆情在大数据时代如何进行数据采集、分析和应对治理开设课程，将这个专业打造成为一个培养大数据教育舆情治理人才的特色专业。通过高校的系统化培养，可以为舆情治理行业提供具有一定专业基础的高素质人才，缓解当前从业人员舆情分析与舆情研判能力不足的局面。

2. 完善大数据教育舆情治理人才培养方案

要从事教育舆情治理的工作，不仅需要有数据分析与处理能力，舆情分析与研判能力，而且需要懂得教育管理领域的相关知识，熟悉教育领域的相关特征。曾润喜在《我国网络舆情研究与发展现状分析》一文中指出，现阶段的网络舆情研究主要集中于规范研究层面[①]。教育舆情研究比较关注概念与功能的研究,这方面的认识也比较到位,但对于教育舆情与一般舆情的特点研究区分不够,对教育舆情的分析陷入指标窠臼,信息以偏概全,决策思维窄化[②]。由于缺乏系统的理论支撑,各教育舆情治理部门要结合自身在实际工作中的人才需求,以及结合我国的社会经济建设发展战略、大数据运用和网络舆情治理等实际情况,携手高校探索完善大数据教育舆情治理人才培养方案。该培养方案需要综合数据科学、传播学和舆情学等相关领域相关知识,打破现有学科分界,在系统性、科学性、规范性和专业性上下功夫。这就需要做好三个方面的工作:一是明确人才需求方向,即培养出理想信念坚定、专业知识扎实、具有从事大数据时代教育舆情分析和研判能力的专业人才;二是组织专家编写好教材,包括学生用书和教师用书,主干教材和辅导教材,能够夯实学生的专业基础知识;三是选聘组建教师团队,根据课程需要和教师的专业背景,让教师通过参与课程建设,增强对本学科认识认同,从而有更多的人从事该领域研究。同时也选用有实操经验的政府部门和企业界人才共同参与课程建设,按照规范的人才培养标准,推进大数据教育舆情治理人才队伍建设。

3. 开发大数据教育舆情治理相关课程

根据目前杂草丛生的舆论生态状况和对教育舆情治理人才的高标准高要求,在教育舆情治理相关课程的建设上至少应该能够满足以下几条基本准则:一是全面性,即从教育舆情治理课程整

[①] 曾润喜. 我国网络舆情研究与发展现状分析 [J]. 图书馆学研究, 2009 (8): 2-6.

[②] 郅庭瑾, 李伟涛. 论基于证据的教育舆情分析 [J]. 教育研究, 2016 (7): 32-38.

体出发，考察课程各个部分之间的相互性能和它们的结合所能发挥出的性能，针对不同的课程模块对学生影响的程度不同，设置合理的权重，如网络传输模块、教学模块、交互模块、学习评价模块及管理模块等；二是先进性原则，要借助于前沿的教育舆情治理课程评价理论，针对教育舆情治理必须与大数据技术紧密结合的特性，利用课程数字化的优势，实现课程的在线自动评价，减少成本，并且提高评价的效率与准确率；三是教育性原则，主要包括课程内容是否完整，是否符合学生认知心理，相关知识链接是否具有针对性，是否反映学科结构等；四是科学性原则，主要体现在课程的文字、图形、视频等是否符合学科的规律，场景设置、素材选取、操作示范等是否符合有关规定，课程的逻辑性是否严密等，在课程的建设过程中不能偏重于其中某一项，必须综合进行考虑；五是定性与定量结合原则，尤其是课程的受教育者来自四面八方，超越时空限制，这就需要一种全新的评价模式，在评价过程中，不能只着眼于最后基于网络的统计数据，更重要的是要参考受教育者在课程中所表现出来的各种感性评价、使用体验等，要将二者充分结合起来。

（二）创新大数据教育舆情治理人才的培养路径

大数据还存在大量非结构化和半结构化数据，如音频、视频、图像、遥感信息等，对于它们的采集、存储、清洗、挖掘和展现等，都需要更先进的技术和算法，因此必须不断创新人才手段方法，以更好适应需要。

1. 推动教学方法的改革创新

教育舆情治理教学不同于"重灌输轻互动"的传统教学，非常注重教与学有机融合。除了要求受教育者具备基本知识素养之外，还要具备相当的舆情危机应对能力。因此，必须在教学方法上进行改革创新，坚持"以受教育者为中心"的教学思想和课程设计思想。一方面，在教学内容上，要针对大数据视域下的受教育者特征，组织、设计、制作、处理各种教学资源，尤其要注重对受教育者学习环境的还原，强调利用各种信息资源来支持"学"，加强学生的自主学习意愿。另一方面，要充分把握学生的认知规律，加强学生对大数据及网络舆论生态的了解，打消其固有的大学教育重理论轻实践的看法，边学边用，疏通由于传统教育方式而产生的隔阂所造成的信息资源、课程建设与教育大环境之间的物质、资源、信息流通的阻碍。同时，还要建立课程资源库，借鉴中国大学慕课（MOOC）网等形式，开设好网络课程，按照不同标签进行分类，方便受教育者检索。也可以探索尝试与网信部门进行合作，建立舆情处置案例资源库，用于辅助网络教育基本活动开展。在教学方法方式上，也要做到结构清晰、明确、简单，在疑难问题和关键知识点上提供多种形式和多层次的学习内容，便于学生从整体上把握课程的系统结构，加强受教育者对于知识点的把握和实践技能的掌握。

2. 强化培养过程的实操训练

对于大数据教育舆情治理人才的培养一定要做到产、学、研的紧密结合，注重实践和实训的质量。而产、学、研合作机制的有效发挥离不开高素质人才的支撑，教育舆情治理部门要整合社会资源和教学资源，打造一个走在舆情治理前沿的实践基地，实践基地是促进高校人才培养模式由理论型向理论与实践相结合转变的重要基础。教育舆情治理部门要将打造的实践基地提供给高校开设实践课程，并在实践锻炼过程中予以专业性的指导。作为综合性的应用人才，实践操作能力的培养至关重要，因此一定要经常组织学生参加与专业紧密结合的实践实训，并将整个实训过程纳入考核，同时要求实训后撰写高质量的实践报告。教育舆情治理部门在这个过程中着手推动高校对学生的考核评价方式，通过实践基地的打造和运用让高校意识到实操能力对舆情治理人才的重要性，对于他们的考核，既要注重课程学习水平，又要注重学生分析问题、解决问题的综合能力，不能仅凭课程成绩对学生进行单一的考核，而是将课程论文、调查报告、实践操作等各项纳入综合性考评。

3. 注重实践经验的理论升华

尽管舆情治理人才很注重实践操作，但理论修养仍然有着至关重要的作用，只有充分掌握了理论才能更好地指导日常的舆情治理工作。因此除了日常的理论教学，还要加强对人才的科研素质培养，激发教育舆情治理人才对学术研究的兴趣。针对这一点，教育舆情治理部门可以针对高校培养的舆情治理人才，发布一些专项课题，要求学生参加到课题中来，反复锻炼学生的科研写作和思维。教育舆情治理部门还可以出版一些刊物，向高校培养的学生约稿，并给予一定的稿酬，以此鼓励学生不断地学习，提高自己的理论水平。如果学生成稿质量较高，教育舆情治理部门可以进一步将刊物打造成为学界有影响力的刊物。此外教育舆情治理部门还应该将舆情工作的一些经典案例整理起来，到高校开办小型的专题讲座，让学生了解最新的舆情监测、分析研判，以及处置应对的整个工作流程。除了理论素养的培养和提高，教育舆情部门还要为学生提供检验理论的机会，如针对一些大型的舆情事件，让学生介入信息监测和整理中，在实践中不断锻炼和检验所学习到的理论。

(三) 实现大数据教育舆情治理人才的资格认证

对于大数据教育舆情治理人才的培养，迈出专业学科的设立和理论体系的设立是基础性的一步。与教师培养相类似，师范教育只是基础性环节，并非所有从师范院校毕业的学生都能够从事教育工作。同样，也并非所有学习了数据分析和舆情分析课程的学生都能够从事舆情治理工作。应该结合大数据时代舆情治理工作的需要，由权威部门制定出舆情治理人员资格认证标准，对达到要求的人员颁发资格证明，摆脱"无证上岗"状态。

1. 注重数据分析与处理能力培养

随着大数据技术在教育、医疗、交通、金融、军事、通信、环保等多个行业和领域广泛运用，因为其介入助推了互联网和信息行业的高速发展，引起人们的高度关注。从 2013 年"大数据元年"开始，我国互联网开始快速接入大数据，大数据带来的信息量像海啸一样迅速影响并改变着人们的生活、工作和思维方式。互联网技术和移动通信技术的革新，赋予每个自媒体用户生产信息的权利，体量庞大的用户群无时无刻不在进行数据的生产，互联网已经成为新的汇集思想、文化和信息的公共领域。在这样的情况下，网络舆情日渐升温，尤其是思想文化碰撞激烈的教育领域，更是舆情事件频发，所以在大数据的背景下，教育舆情治理人才极为短缺。当前，我国的高等院校中极少设立起专门负责舆情监测、分析、研判和处置的机构或部门，大多仰赖宣传部门兼职该项工作。但在大数据背景下的教育舆情治理与传统的宣传控负有着很大的区别，一些苗头性倾向性的舆情具有隐匿性，故在实际的操作中频频出现高校应对不及时、处置方法陈旧等带来的更具破坏性的次生舆情。此外，社会舆情服务机构也有很多不足之处，尤其是专门服务于教育领域的舆情机构存在着产业链不完整的缺陷，绝大多数的舆情服务机构都只提供通过软件监测到的相关信息，没有足够专业的知识对这些信息进行分析研判，更不用说能够提供科学的处置建议及引导策略，让用户"化危为机"。面对舆情，高等院校需要的不仅是能够发现问题，而是发现了问题要能够有效处置，要的不仅是舆情"哨兵"，而是舆情"工兵"，不仅要发现问题更是要分析问题和处置问题。很多高校不仅需要购买舆情设备，更需要够买优质的舆情服务，也就是在突发事件时，所提出的能遏制和解决舆情风波的完备的方案，这是一种集舆情预警、预判、应对和处置于一体的服务，需要专业的数据分析与舆情处置人才方能出色完成。随着人们对高质量教育资源需求的增加和对网络舆情规律认识的深入，越发意识到加强教育舆情应对和治理的重要性，越来越强调教育舆情工作人员的专业性和高素质。

2. 加强大数据教育舆情治理的平台建设

世界级领先的全球管理咨询公司麦肯锡发布报告认为，"数据，已经渗透到当今每一个行业和业务职能领域，成为重要的生产因素。人们对于海量数据的挖掘和运用，预示着新一波生产率增长和消费者盈余浪潮的到来。"[①] 对于每天面对海量数据信息的教育系统而言，加强大数据教育舆情治理平台建设势在必行。教育舆情治理部门网罗大数据技术运用、网络舆情治理等相关的专家学者，打造起来的专家智库不仅可以在日常的舆情处置应对中

---

① 小斌看科技. 数据，已经渗透到当今每一个行业和业务职能领域，成为重要的生产因素 [EB/OL]. (2018－06－16). http：//www.sohu.com/a/236038769_99946731.

出谋划策，更可以将这些专家学者引进高校，拓展高校的师资队伍。除了人才的引进，部门要利用自身的社会资源为在职教师提供挂职锻炼、业界考察等机会，助力高校"双师型"队伍建设。综合型人才培养目标的重要前提和应用型人才培养的基本途径是加强"双师型"师资队伍建设，这有助于提高学生的综合实践能力。教育舆情治理交流平台的搭建，具体可以从三个方面进行：一是多渠道"引聘结合"，即教育舆情治理部门直接将专家库中一些大数据应用的业界专家和教育舆情处置的实务操作人员引聘进高校；二是部门牵头搭建校企合作平台，为教师提供学习掌握大数据技术发展最新动态和运用，以及业内舆情信息监测分析的新技术新手段的机会；三是部门定期有计划地到业内有口碑的大数据公司、舆情科技公司学习考察，参加相关学术研讨会和讲座，在参加这些活动时选择一些优秀的高校教师一同参加。

3. 推行大数据时代教育舆情治理的资格认证

目前部分培训机构也有网络舆情治理的资格认证。例如，2013年9月，国家人社部就业培训技术指导中心与人民网联合启动网络舆情分析师职业培训计划，网络舆情监测师纳入新职业资格认证范围[①]。该培训班采用半封闭式的专题授课模式，对学员严格要求，通过完备的理论学习、经典案例讲解、实战经验学习、突发事件模拟演练、在线舆论引导实际操作等丰富多样且结合实际的方式，极大地提高了舆情工作者的能力。人民网组织的这种培训不仅教学成系统，而且考核严格，只有通过高难度的考试并合格之后，才能颁发舆情分析师证书，这种证书应该成为从

---

① 涂重航. 网络舆情分析师正式被人社部纳入职业培训序列［EB/OL］. （2013 - 09 - 06）. http：//www.chinanews.com/gn/2013/09 - 06/5255081.shtml.

事舆情治理工作的上岗证。但是这种资格认证没有得到广泛推行，在行业内外的影响力相当有限。与此同时，无论是政府部门还是企事业在人才招聘中，都渴望有相关资质的人才，能够更快适应工作需要。这就需要在进行市场调研的基础上，结合其他职业资格认证的经验，构建出大数据时代教育舆情治理的资格认证。这种资格认证既可以仅仅是从业资格，也可以在从业资格之外，根据从业者的从业年限、业务水平进行等级资格认证。资格认证是一项系统工程，需要有资格认证的权威机构，也需要有资格认证的制度规范，还需要有资格认证的获得程序。

四、实现大数据对教育舆情治理的全面助力

大数据环境下，教育舆情工作的主动性被有效提高，舆情的监测和分析正在由"事后型"变成"事中型"和"事前型"，舆情引导工作已经从事后处置，变为事中跟进和事前预测。将大数据技术应用到教育舆情治理领域，可以更"智能"地了解教育舆情动向以及社会成员的态度，有利于决策部门对热点高危事件的早发现、早沟通、早解决，从而推动良好的教育舆论环境的营造与建设，构建具备"大数据观"的教育网络舆情治理体系[①]。

（一）拓展教育舆情治理领域："一切皆可量化"

大数据时代，数据无处不在。道格拉斯提出"万物皆可量

---

① 王琳琳，齐南南，艾锋．大数据时代网络舆情治理模式研究［J］．中国电子科学研究院学报，2018，13（5）：502－505．

化"的理念得到了验证。当我们对教育舆情涉及的所有内容都可以用数据描绘出来时，那么我们就可以对教育舆情拥有跟以往不一样的深切了解和把握。

1. 教育舆情信息的数据化

文字、图片、音频、视频等是教育舆情信息的基本表现形态。把一本纸质图书放上网络，制成电子书，如果只是为了在网络上阅读，这是数字化而非数据化。如果把书籍的数据价值挖掘出来并进行新的商业运用，那就是数据化。教育舆情把文字、图片、音频、视频等海量数据进行采样、存储、共享和分析，得到包括文、图、音、像、表等多源、多元数据，可通过对数据意义的专业化处理，挖掘其潜在价值。与此同时，大数据技术还实现了不同媒介、不同类型的教育数据整合，这些媒介除了包括微博、微信公众号、微视频以及各种客户端在内的"三微一端"，还包括网络问答社区、博客、论坛、政务网站、新闻网站等。在教育舆情的萌芽、发展、高潮及消退的演变过程中，相关的信息以文字、图片、音频以及视频的方式呈现，这些信息在大数据时代都能以数据的方式呈现出来，为教育舆情的研判与处置提供具有客观、量化的依据。

2. 教育舆情地理方位的数据化

人类生活的80%都与地理位置有关，地理位置是信息的重要组成部分。在社会舆情的预测和研判中，地理位置信息具有极其重要的作用。通过地理方位我们可以预测或判断一个教育舆情事件可能在哪个地理区域发生，可能在哪个地方引发高潮；从地理方位我们可以判断不同地域的人群因何种原因积极或消极关注某一舆情，以及舆情发展的空间分布及走向。教育舆情变动中的每个参与者都有着自己的行动轨迹，这种行动轨迹在大数据时代借由标准的标记体系和收集记录的工具，可实现地理信息的标准化和量化。这种运用已在无线运营商方面开始运用，无线运营商利用地理位置信息来提升移动互联网的服务水平。在教育舆情运用方面，我们可以通过智能手机的定位功能收集位置信息，可以运用一些应用程序获取位置信息，可以利用全球定位系统（GPS）导航装置、无线路由器的信号强度、汽车上的无线传感器等收集用户地理位置数据。

3. 与教育舆情关联的交流沟通行为数据化

人与人之间的信息沟通与交流行为产生的数据同样也是重要的舆情数据。在互联网上，我们点击浏览、发帖跟帖、查看点赞，就是沟通交流行为，任何在网络上表达意愿或观点的行为，都会留下痕迹，这些痕迹构成了教育舆情大数据的重要来源。人是具有社会性的人，因此人的沟通交流行为产生的数据，就不会是冷冰冰的客观数据，而是一种社会行为数据。这种行为数据，虽然碎片化，但却是作为教育舆情主体的人的个性化特征和社会属性的体现，它体现了网民网络行为的多样性和复杂性，是网民作为社会成员的网络表达，通过这些具有社会意义的数据挖掘，我们可以了解和解释社会行为与社会心态。通过对社会舆情主体交流沟通数据的深度挖掘和分析，我们可以记录教育事件从始发到发酵期、发展期、高涨期、回落期和反馈期等阶段的演变过程，可以分析教育舆情传播路径、发展态势、受众反馈和网民观点。

（二）提高教育舆情治理能力：动态跟踪

大数据技术监测、分析、处理海量舆情数据，大数据技术使我们对教育舆情拥有了"数据主权"，把预警决策优势转变为应急处理和导向的优势，有利于我们总结过去、分析现在、预测未来，进一步提高教育舆情的分析、研判与治理能力。

1. 提高教育舆情数据搜集效率、扩大教育舆情数据搜集范围

传统舆情采集，往往只能采取抽样的方式。大数据的一个突出特征是分析目标面向全体数据，拒绝抽样分析，要求从庞大的数据中寻找相关关系。这种全方位的实时搜索数据与处理数据，提高了数据搜集效率和范围。信息采集工作是教育舆情治理系统的首要任务，将直接影响到系统监测与评估的结果，采集到的信息的真实性、准确性与全面性程度，对于后续的舆情分析工作至关重要。大数据信息采集技术较之于人工数据采集，其时间成本和金钱成本将大幅降低，同时，自动化的采集过程将采取同一性的数据抓取策略可以减小误差。舆情信息采集之后的处理工作也有赖于大数据技术的支撑，信息处理是一个查漏补缺、披沙拣金的过程，在对数据信息进行分类、整理和复核的过程中，舆情监测系统要对缺失不足的数据进行补采，对偏差无用的数据进行剔除，对存疑的数据进行评估，从而保证原始数据的准确性与科学性。

2. 帮助实现教育舆情突发事件的事前预警

大数据技术可以有效保障教育舆情治理系统的分级预警工作。教育舆情事件本身存在轻重缓急，媒体对其报道的力度有大

有小，民众对其关切的程度有高有低，因此教育舆情事件的危机程度可以被划分成相应等级，进而根据预警等级的差异，做出差异化的处置方案，保证舆情治理资源的有的放矢、合理利用。预警等级的判断与评估，可以通过两大指标进行权衡，一是不同媒体的报道力度，即分析媒体的等级以及不同等级媒体对相关教育舆情事件的报道数量等来评估官方舆论场对事件的关注度；二是民众的关切程度，即通过对微博、微信、论坛、贴吧等社交媒体上民众对相应教育舆情事件的评论量、转发量以及态度和情感等考量民间舆论场对事件的关注度。综合这两大指标，发挥大数据技术中的信息采集与处理能力与云计算能力，教育舆情治理系统会对媒体和民众的互联网海量数据进行关键词检索、自动化抓取、分类聚类、情感分析等操作，输出教育舆情事件的等级化危机指数，为事件的后续处置预案的分层管理提供依据。基于教育舆情传播机制、预警机制和演化过程构建的教育舆情大数据指数[1][2]，根据不同的危机指数等级，系统会提供相应的舆情处置方案与决策建议，有利于教育管理部门有针对性地根据媒体与民众的态度进行反应，促进问题解决的同时使舆论风向朝健康方向发展。

3. 加强教育舆情分析、研判与处置能力

大数据存储技术可以将舆情事件相关数据完整保存下来。无论是传感器采集的数据，还是移动设备、社交媒体上产生的数据，如果能将这些非结构数据完整存储下来，就为教育舆情的科学全面分析奠定了基础。我们可以对某教育舆情话题在互联网上

---

[1] 孙莉玲. 几类网络舆情研判模型及应对策略研究 [D]. 南京：东南大学，2016.
[2] 刘志明. 舆情大数据指数 [M]. 北京：社会科学文献出版社，2016.

是否引起了关注，关注的量级与趋势进行舆情诊断；我们可以从教育舆情传播路径，识别传播的节点尤其是关键节点，进行传播分析；我们可以摹画网民情感倾向，提炼网民对某话题的主要态度、关注面与侧重点，通过数据实现情感提炼；我们可以描绘参与某一话题的受众形象，分析人群特点[1]。所谓的数据挖掘，就是"通过对过往数据的查询，发现数据之间潜在联系，帮助人们从大量的数据中智能、自动抽取出隐含的、事先未知的、具有潜在价值的知识大数据。"[2] 大数据挖掘，往往按照舆情信息的主题进行，采取对信息进行分组聚类的方式，把相似的记录放在一个聚类里，根据发布信息的网络互连协议（IP）地址、语气、指向等划分不同类别。例如，对这些数据进行关联、类属的统计，以概括描述整体状况；针对特定的时间维度和空间维度，依据数据积累的历史经验进行舆情诊断；利用预测模型、机器学习等技术，比对历史数据，对未来或不确定的教育舆情事件进行预测评估；综合已经发生的舆情事件数据，对未发生的教育舆情提供决策支持。利用大数据可进行舆情态势和影响的研判。我们可通过建立教育舆情研判模型技术手段[3]，分析舆情观点的影响程度和人群，判断舆情趋势和舆情级别，及时启动预警流程和进行引导干预，有效控制舆情发展态势；我们可将网站新闻数据、论坛数据、博客数据、微博数据进行比对，分析不同舆情热点在不同职业、不同地域、不同年龄段、不同人群中的传播情况，为进行教育舆论引导提供科学依据。

---

[1] 徐涵．大数据、人工智能和网络舆情治理［M］．武汉：武汉大学出版社，2017．
[2] 翟云．数据挖掘视域下的网络舆情监测与引导［N］．学习时报，2014-03-17．
[3] 孙莉玲．几类网络舆情研判模型及应对策略研究［D］．南京：东南大学，2016．

（三）丰富教育舆情治理手段：信息精准获取

世界本质上是由信息构成的。在大数据技术出现之前，我们耗费人力去搜集数据，但随着时间的推移，人们发现人工收集来的数据往往不能与现实相吻合，变动的时间产生变动的信息，而要收集变动的信息，没有大数据技术是很难的，因此要找到合适的教育舆情治理手段也是比较困难的。传统的舆情监测方法、研判思路具有单一化、片面化、静态化的缺陷，因此难以承担突发纷繁的教育舆情治理任务。一旦世界被数据化，只要具备数据分析工具和必需的设备，我们就可以更快更大规模地处理数据，进行教育舆情的科学治理了。

1. 利用大数据技术防止教育相关谣言的滋生和传播

"三人成虎"，教育作为公众最为关心的民生问题，被公众广泛讨论，在讨论的过程中"三人成虎"，谣言很容易产生，因此防止教育相关谣言产生的工作非常重要。传统媒体时代，如果要进行数据公开，民众是需要提前申请的，政府对民众申请公开的数据进行审理之后才能有效显示。互联网的兴起，新媒体新技术的广泛运用，海量化的信息错综复杂地交织显示，使人云里雾里，真伪难识，这就需要政府及时公布权威、准确的信息。面对"万物互联、万物数据化"的新形势，不少国家已经把大数据确立为国家战略。大数据技术的精准化服务和定制化服务，可以及时地获取准确信息，有针对性地化解谣言的滋生和蔓延。教育信息虽然浩若烟海，但利用大数据的关键词识别技术，能够及时发现谣言传播状况，分析谣言传播趋势，因势利导。利用敏感词辨别技术，可以及时了解谣言传播对象，有针对性地做好解释辟谣工作，防止谣言传播。

2. 利用大数据技术增强舆情引导效度

现代教育舆情管理面临着舆情信息繁杂、舆情载体多元、话语表达零乱、传播迅速广泛的困境，信息数据的海量性、动态性、无序性与人们关注时间的有限性、关注能力的有限性之间构成了教育舆情管理的基本矛盾。大数据技术可以梳理出复杂零乱信息之间的价值联系，可以勾勒出教育舆情信息之间的传播链条，把看似偶然的教育舆情信息联系起来，避免教育舆情管理的"盲人摸象"，增强教育舆情引导效度，指导教育舆情分析与疏导实践运作[①]。在传统的教育舆情引导中，由于数据库资源的缺乏与各自为政，由于对信息计算处理能力的有限，我们往往难以全面分析教育舆情，引导时免不了出现片面、偏颇。大数据技术对海量信息的重构，使教育舆情管理从片面化走向立体化、纵深化，使舆情引导从主体的单一化走向协同化和全局化。大数据技术下的舆情引导，重在信息整合，这种整合相比以前的舆情信息收集，更凸显了"人"在信息中的地位，挖掘和整合的是具有各种社会特征的鲜活的"人"，是人与人组成的社会网络。在引导的路径和方法上，更加注重从信息的社会联络和人的社会交往中发现重点，关注焦点，使舆情引导更加科学。例如，利用分布式网络技术，可以实现对社交媒体上教育舆情相关数据源的完整采集，通过中文智能分词、自然语言处理和正负面研判等大数据处理技术发现涉及用户的相关信息，及时通过手机客户端、电子邮件、私信等方式进行报警。这就是大数据时代舆情引导效度的体

[①] 王秋菊，刘杰. 大数据视阈下微博舆情研判与疏导机制研究［M］. 北京：人民出版社，2018.

现。大数据技术能够从海量的舆情数据中对教育舆情的传播过程进行预测，并锚定关键的传播节点，从而实现对未来舆情发展走向的预测。互联网时代的教育舆情治理工作是一个持续的信息采集、社会感知和决策反馈的过程，信息交流贯穿整个过程，必须以生态化的视角思考教育舆情处置工作，倚靠单纯的控制应对多变的舆论已经不再现实。生态化的信息交流机制，将利用数据挖掘全时段追踪教育舆情动态，实时评估教育环境中的多元主体，密切关注高利益相关群体，系统化地看待教育舆情事件与人的关系，找出问题的症结所在，有针对性地进行化解，增强舆情引导效度。

3. 利用大数据技术促进教育舆情治理协同联动

在门户网站时期，政府掌握了舆论的主导权，在教育舆情治理中主要把握好时效与策略即可，从而在民众心目中形成了"全能政府""全责政府""无限政府"的印象。进入社交媒体时期，"人人都有麦克风"，信息传播的多中心化，信息的立体式传播、病毒式传播，使得传统的靠堵为主的处理策略失去了效用。政府相关部门有时耗费大量的人力、物力、财力，却费力不讨好，甚至卷入舆论旋涡之中，受到民众的批评与指责。大数据时代的来临，运用大数据技术和方法，能把海量的信息数据进行分类识别，把零散的信息进行共享与融合，并找出其中的关联之处，让生产与管理数据的各方都要参与到教育舆情治理中来，这就使得教育舆情治理从单一中心治理，走向多中心治理。利用大数据技术与方法处置教育舆情，需要解决教育主管单位、媒体部门、学校、非政府组织、教师、家长、学生、网民等多元主体之间信息各自为政、互设壁垒的问题，要求解决彼此之间"不相往来"的数据孤岛问题。只有树立大舆情观念，最大限度地让数据互联互通、共存共享，建立统一的、开放共享与高效运转的大数据基础平台，打造相互关联的教育舆情基础数据库，建立真正意义上的国家—地方—学校大数据教育舆情治理平台与大数据教育舆情监测预警处置平台，利用数据间的关联分析梳理教育舆情处置过程中不同管控部门间的关系，进而据此设计不同部门间的协调规则，以减少教育舆情处置执行中的矛盾，将舆情处置行动的协调联动最大化。在协调多层社会关系的基础上，提高其他社会组织以及个体在教育舆情中的正向作用，实现多主体合作协同处置。有效利用教育舆情治理系统的信息采集与分析功能，针对高热度的教育事件与话题，面向教师、家长、学生等群体收集观点、看法以及问题解决建议，群策群力，形成舆情处置建议报告，为管理决策提供参考。善用大数据，能够提高多元主体在教育舆情处置工作中的参与度与能动性，发挥集体智慧，多主体高效联动，促进教育问题的舆论引导与实际解决。

结　　语

本书系统梳理了教育舆情及其治理理论，运用语义分析、词云图谱、虚拟仿真等大数据技术，分析了全媒体时代教育舆情的发生—传播—演化机理，并在总结我国教育舆情治理历史变迁和国外教育舆情治理得失的基础上，找出我国教育舆情治理中大数据运用及其存在的问题，提出运用大数据提升我国教育舆情治理能力的对策建议。现对本书简要总结如下：

一、研究结论

第一，教育既关系到民族与国家的未来，也牵涉学生和家长的切身利益。现实生活中凡是涉及教育的事件都极其容易在网络中进行传播和放大，引发社会广泛关注。理性看待中国教育，就应该看到成就是主流，问题是支流；但在教育舆情，越是负面的信息传播得越快、传播得越广，部分信息还被扭曲，这就需要对教育舆情进行科学治理。

第二，运用大数据技术科学全面把握教育舆情发展动态，深度剖析教育舆情演变内在动力与机理，创新教育舆情治理方法与流程，是当前教育舆情治理之根本。大数据不仅可以真实、全面呈现教育舆情演化动态，并且通过语义分析、词云图谱、虚拟仿真，准确把握教育舆情的动态发展、议题演变，科学把握教育舆情的内在动力与发展规律，还可以形成可视化操作系统，实时推演教育舆情治理过程，从而使教育舆情治理流程更为优化，直观显现教育舆情治理成效。

第三，"大数据"并不等于"全量数据"，如何把大数据与小数据相结合，将"抽样推断"思维与"大数据"思维有机结合，是未来仍需要探索的。目前大数据分析方法主要局限于相关性分析，对相关关系的研究并不意味着将放弃或抛弃因果关系，相反相关关系可以作为因果关系的基础。这要求教育舆情治理从传统的"灭火式"管理走向"防火式"治理，要求从以前形成舆情危机开始发布信息、引导舆情，转向在舆情危机形成前进行舆情的关联分析、级别划分、聚类分析以及倾向性分析，将舆情危机发生的可能性降到最小。

第四，大数据时代教育舆情融合治理模式已然开启，运用大数据治理教育舆情也积累了丰富的经验，然而，专业人才的缺乏、数据壁垒客观存在、大数据治理平台与治理体系依然没有建立等原因导致我国运用大数据技术治理教育舆情还存在相当程度的不足。必须以全国统一的教育舆情大数据治理平台为基础，以大数据技术提升教育舆情治理能力为抓手，以舆情治理制度为依托，以大数据舆情治理人才队伍建设为保障，运用大数据技术创新教育舆情治理的策略。

二、今后研究计划

本书提升了作者对教育舆情特征及其表现方式、教育舆情治理的重点和难点的认识。本书同时在两个方面拓展了未来研究空间：

第一，最新技术在教育学和传播学领域的运用研究。最新技术包括人工智能、云计算、区块链等，这些技术对教育和传播都产生了翻天覆地的影响，这是作者今后要重点关注的领域。

第二，教育管理向教育舆情治理与创新教育管理的转变研究。"教育治理"与"教育管理"不同，需要在党和政府坚强领导下，在社会各界的参与支持下，解决教育事业发展中实际存在的问题。运用大数据技术梳理教育舆情中社会对教育管理与教学的突出要求，创新教育管理，办人民满意的教育。本书研究的"教育舆情治理"，是"教育治理"的组成部分。"现代教育治理"将是作者未来研究的方向。

主要参考文献

一、中文部分
1. 著作类

［1］D. H. 乔纳森. 技术支持的思维建模［M］. 顾小清，等译. 上海：华东师范大学出版社，2008.

［2］阿尔文·托夫勒. 第三次浪潮［M］. 黄明坚，译. 北京：中信出版社，2006.

［3］阿尔文·托夫勒. 未来的冲击［M］. 蔡伸章，译. 北京：中信出版社，2006：188.

［4］贝克. 风险社会［M］. 何博闻，译. 南京：译林出版社，2004.

［5］陈华栋. 转型期中国网络公共危机管理对策研究［M］. 上海：上海交通大学出版社，2014.

［6］陈家刚. 全球治理：概念与理论［M］. 北京：中央编译出版社，2017.

［7］陈力丹. 舆论学——舆论导向研究［M］. 北京：中国广播电视出版社，1999.

［8］陈丽，等. 信息技术环境下学与教方式变革「M］. 北京：中央广播电视大学出版社，2011：50.

［9］陈璐. 微行为心理学出版社［M］. 北京：中国商业出版社，2015.

［10］陈明．大数据概论［M］．北京：科学出版社，2015：85.

［11］陈潭．大数据时代的国家治理［M］．北京：中国社会科学出版社，2015：3-4.

［12］城田真琴．大数据的冲击［M］．北京：人民邮电出版社，2013：232.

［13］城田真琴．大数据的冲击［M］．周自恒，译．北京：人民邮电出版社，2014.

［14］道格拉斯·哈伯德．数据化决策［M］．邓洪涛，译．广州：中国图书出版集团世界图书出版公司，2013.

［15］道格拉斯·凯尔纳．媒体文化［M］．丁宁，译．北京：商务印书馆，2013.

［16］丁俊杰，张树庭．网络舆情及突发公共事件危机管理经典案例［M］．北京：中共中央党校出版社，2010.

［17］范国睿．教育生态学［M］．北京：人民教育出版社，2000.

［18］方付建．把脉网络舆情——突发事件网络舆情演变研究［M］．武汉：华中科技大学出版社，2017.

［19］方建移，薛平．教育舆情管理与案例分析［M］．南京：南京大学出版社，2016.

［20］方美琪，张树人．复杂系统建模与仿真［M］．北京：中国人民大学出版社，2005.

［21］方兴东．2013—2014网络舆情蓝皮书［M］．北京：电子工业出版社，2015：227.

［22］冯飞，等．第三次工业革命中国产业的历史性机遇［M］．北京：中国发展出版社，2014.

［23］冯增俊．教育人类学［M］．南京：江苏教育出版社，2000.

[24] 弗兰克斯. 驾驭大数据 [M]. 黄海, 车皓阳, 王悦, 等译. 北京: 人民邮电出版社, 2013.

[25] 傅思明. 突发事件应对法与政府危机 [M]. 北京: 知识产权出版社, 2008.

[26] 顾明远. 教育大词典（增订合订本上）[M]. 上海: 上海辞书出版社, 1986: 716.

[27] 顾明远, 孟繁华. 国际教育新理念 [M]. 海口: 海南出版社, 2001.

[28] 郭小平. 风险社会的媒体传播研究: 社会建构论的视角 [M]. 北京: 学习出版社, 2013.

[29] 郭晓科. 大数据 [M]. 北京: 清华大学出版社, 2013.

[30] 哈贝马斯. 公共领域的结构转型 [M]. 曹卫东, 等译. 上海: 学林出版社, 1999.

[31] 哈贝马斯. 认识与兴趣 [M]. 郭官义, 李黎, 译. 上海: 学林出版社, 1999.

[32] 哈林, [意] 曼奇尼. 比较媒介体制——媒介与政治的三种模式 [M]. 陈娟, 展江, 等译. 北京: 中国人民大学出版社, 2012.

[33] 汉娜·阿伦特. 公共领域和私人领域 [M]. 刘锋, 译//汪晖, 陈燕谷. 文化与公共性. 北京: 生活·读书·新知三联书店, 2005.

[34] 何克抗, 李文光. 教育技术学 [M]. 北京: 北京师范大学出版社, 2009.

[35] 何克抗, 林君芬, 张文兰. 教学系统设计 [M]. 北京: 高等教育出版社, 2006.

[36] 黑格尔. 法哲学原理 [M]. 邓安庆, 译. 北京: 商务印书馆, 1979.

［37］亨利·詹金斯. 融合文化：新媒体和旧媒体的冲突地带［M］. 杜永明, 译. 北京：商务印书馆, 2012.

［38］胡鞍钢, 等. 中国国家治理现代化［M］. 北京：中国人民大学出版社, 2014.

［39］《互联网时代》主创团队. 互联网时代［M］. 北京：北京联合出版公司, 2015.

［40］黄旦. 传者图像：新闻专业主义的建构与消解［M］. 上海：复旦大学出版社, 2005.

［41］黄甫全. 课程与教学论［M］. 北京：高等教育出版社, 2002.

［42］黄济. 教育哲学通论［M］. 山西：山西教育出版社, 2008.

［43］黄荣怀, 沙景荣, 彭绍东. 教育技术学导论［M］. 北京：高等教育出版社, 2006.

［44］黄永林. 网络舆论监测与安全研究［M］. 北京：经济科学出版社, 2014：118.

［45］霍华德·威亚尔达. 民主与民主化比较研究［M］. 榕远, 译. 北京：北京大学出版社, 2004.

［46］姜胜洪. 网络谣言应对与舆情引导［M］. 北京：社会科学文献出版社, 2013.

［47］蒋笃运. 德育系统论（第2版）［M］. 郑州：郑州大学出版社, 2007.

［48］敬义嘉. 网络时代的公共管理［M］. 上海：上海人民出版社, 2011.

［49］瞿葆奎. 元教育学研究［M］. 浙江：浙江教育出版社, 1999.

［50］康德. 判断力批判（上卷）［M］. 宗白华, 译. 北京：商

务印书馆，1987.

［51］孔繁斌. 公共性的再生产［M］. 南京：凤凰出版集团，2008.

［52］李传峰. 政府组织行为学［M］. 北京：中国人民大学出版社，2005.

［53］李军. 大数据：从海量到精准［M］. 北京：清华大学出版社，2014.

［54］李开复. 微博：改变一切［M］. 上海：上海财经大学出版社，2011.

［55］李克东. 教育技术学研究方法［M］. 北京：北京师范大学出版社，2002.

［56］李良荣. 新传播革命［M］. 上海：复旦大学出版社，2015.

［57］李明. 美国突发事件与制度创新［M］. 北京：社会科学文献出版社，2016.

［58］李培林，陈光金，张翼. 社会蓝皮书：2017年中国社会形势分析与预测［M］. 北京：社会科学文献出版社，2016.

［59］李培林，陈光金，张翼. 社会蓝皮书：2016年中国社会形势分析与预测［M］. 北京：社会科学文献出版社，2015.

［60］李泉. 治理思想的中国表达：政策、结构与话语演变［M］. 北京：中央编译出版社，2014.

［61］李森. 解读结构主义教育思想［M］. 广州：广东教育出版社，2007.

［62］李伟权. 新媒体与政府舆论传播［M］. 北京：清华大学出版社，2015.

［63］李永刚. 我们的防火墙：网络时代的表达与监管［M］. 桂林：广西师范大学出版社，2009.

[64] 林红. 民粹主义：概念、理论与实证［M］. 北京：中央编译出版社，2007.

[65] 林尚立. 当代中国政治形态研究［M］. 天津：天津人民出版社，2000.

[66] 林语堂. 中国新闻舆论史［M］. 广州：暨南大学出版社，2011.

[67] 刘伯高. 政府公共舆论管理［M］. 北京：中国传媒大学出版社，2008.

[68] 刘海龙. 宣传：观念、话语及其正当化［M］. 北京：中国大百科全书出版社，2015.

[69] 刘建明. 舆论传播［M］. 北京：清华大学出版社，2001.

[70] 刘文富. 网络政治：网络社会与国家治理［M］. 北京：商务印书馆，2002.

[71] 刘文霞. 教育科学研究方法［M］. 呼和浩特：内蒙古大学出版社，1993.

[72] 刘毅. 网络舆情研究概论［M］. 天津：天津人民出版社，2015.

[73] 刘志明. 中国舆情指数报告（2014—2015）［M］. 北京：社会科学文献出版社，2015.

[74] 罗伯特·M. 恩. 媒介化政治：政治传播新论［M］. 董关鹏，译. 北京：清华大学出版社，2011.

[75] 罗伯特·达尔. 现代政治分析［M］. 王沪宁，等译. 上海：上海译文出版社，1987.

[76] 罗伯特·希斯. 危机管理［M］. 王成，宋炳辉，等译. 北京：中信出版社，2003.

[77] 骆毅. 走向协同：互联网时代社会治理的抉择［M］. 武汉：华中科技大学出版社，2017.

[78] 马克思. 马克思经典著作选读 [M]. 中共中央马恩列斯著名编译局马列部, 译. 北京: 人民出版社, 2003.

[79] 马克斯·韦伯. 经济与社会 [M]. 林荣远, 译. 上海: 上海人民出版社, 2010.

[80] 马克斯·韦伯. 新教伦理与资本主义精神 [M]. 阎克文, 译. 上海: 上海人民出版社, 2010.

[81] 南国农. 信息化教育概论 [M]. 北京: 高等教育出版社, 2004.

[82] 尼尔·波斯曼. 技术垄断: 文化向技术投降 [M]. 何道宽, 译. 北京: 北京大学出版社, 2007.

[83] 诺依曼. 沉默的螺旋: 舆论——我们的社会皮肤 [M]. 董璐, 译. 北京: 北京大学出版社, 2010.

[84] 彭铁元. 网络舆情管理学 [M]. 武汉: 湖北教育出版社, 2015: 87.

[85] 彭伟步. 信息时代政府形象传播 [M]. 北京: 社会科学文献出版社, 2005.

[86] 齐佳音, 张一文. 突发性公共危机事件与网络舆情作用机制研究 [M]. 北京: 科学出版社, 2016.

[87] 桑赫尔兹 (Judith Haymore Sandholtz). 信息技术与学生为中心的课堂 [M]. 宋融冰, 译. 北京: 中国轻工业出版社, 2004.

[88] 舒红跃. 技术与生活世界 [M]. 北京: 中国社会科学出版社, 2006: 52.

[89] 孙多勇. 突发事件与行为决策 [M]. 北京: 社会科学文献出版社, 2007.

[90] 孙立平. 断裂: 20世纪90年代以来的中国社会 [M]. 北京: 社会科学文献出版社, 2003.

[91] 涂子沛. 大数据: 正在到来的数据革命 [M]. 桂林: 广

西师范大学出版社，2012.

[92] 王伯鲁．技术化时代的文化重塑［M］．北京：光明日报出版社，2014：143－144.

[93] 王策三．教学认识论［M］．北京：北京师范大学出版社，2002.

[94] 王道俊，王汉澜．教育学［M］．北京：人民教育出版社，1999.

[95] 王来华．舆情研究概论［M］．天津：天津社会科学出版社，2003.

[96] 王连生．教育人类学的基本原理与应用之研究［M］．台北：台湾三联书店，1980.

[97] 王鲁峰，侯劢勋．言传声教知易行难：2015教育网络舆情研究报告［M］．上海：上海三联书店，2017.

[98] 王思斌．社会学教程［M］．北京：北京大学出版社，2003.

[99] 王伟光．利益论［M］．北京：人民出版社，2001.

[100] 维克托·迈尔·舍恩伯格，肯尼思·库克耶．大数据时代：生活、工作与思维的大变革［M］．周涛，等译．杭州：浙江人民出版社，2013.

[101] 吴莹．文化、群体与认同：社会心理学的视角［M］．北京：社会科学文献出版社，2016.

[102] 习近平谈治国理政［M］．北京：外文出版社，2014.

[103] 习近平谈治国理政（第二卷）［M］．北京：外文出版社，2017.

[104] 习近平新闻思想讲义［M］．北京：人民出版社，学习出版社，2018.

[105] 谢金林，杨维东．网络舆论危机下政府形象管理研究

[M]. 北京：人民出版社，2015.

［106］谢炜. 中国公共政策执行中的利益关系研究 [M]. 上海：学林出版社，2009.

［107］熊才平. 教育在变革：论信息技术对教育发展具有革命性影响 [M]. 北京：科学出版社，2013.

［108］许良. 技术哲学 [M]. 上海：复旦大学出版社，2005：49-50.

［109］薛澜，等. 危机管理——转型期中国面临的挑战 [M]. 北京：清华大学出版社，2003.

［110］雅斯贝尔斯：什么是教育 [M]. 邹进，译. 北京：三联书店，1991.

［111］杨畅. 当代中国政府公信力提升研究：基于政府绩效评估战略 [M]. 北京：中国社会科学出版社，2015.

［112］杨汉麟，周采. 外国幼儿教育史 [M]. 南宁：广西教育出版社，1993：265.

［113］杨军. 网络环境下政府公信力提升研究 [M]. 北京：中国经济出版社，2016.

［114］姚广宜. 新媒体环境下突发事件的危机管理与应对 [M]. 北京：北京大学出版社，2016.

［115］叶国平. 舆情制度建设论 [M]. 天津：天津人民出版社，2013.

［116］叶皓. 突发事件的舆论引导 [M]. 南京：江苏人民出版社，2009.

［117］叶澜. 教育研究方法论初探 [M]. 上海：上海教育出版社，1999.

［118］殷俊，等. 从舆论喧嚣到理性回归——对网络人肉搜索的多维研究 [M]. 成都：四川大学出版社，2009.

[119] 于海青. 当代西方参与民主研究 [M]. 北京：中国社会科学出版社，2009.

[120] 余玉花，杨芳. 公共行政伦理学 [M]. 上海：上海交通大学出版社，2007.

[121] 俞可平. 权利政治与公益政治 [M]. 北京：社会科学文献出版社，2003.

[122] 俞可平. 治理与善治 [M]. 北京：社会科学文献出版社，2005.

[123] 俞可平. 中国公民社会的兴起与治理的变迁 [M]. 北京：社会科学文献出版社，2002.

[124] 袁峰，等. 网络社会的政府与政治——网络技术在现代社会中的政治效应分析 [M]. 北京：北京大学出版社，2006.

[125] 曾胜泉. 网络舆情应对技巧 [M]. 广州：广东人民出版社，2015.

[126] 张国庆. 典范与良政——构建中国新型政府公共管理制度 [M]. 北京：北京大学出版社，2010.

[127] 张华. 课程与教学论 [M]. 上海：上海教育出版社，2000.

[128] 张志安. 新媒体与舆论：十二个关键问题 [M]. 北京：中国传媒大学出版社，2016.

[129] 赵忠心. 家庭教育学 [M]. 北京：人民教育出版社，2001.

[130] 郑永年. 中国模式：经验与困局 [M]. 杭州：浙江人民出版社，2010.

[131] 郑重信. 教育人类学导论 [M]. 台北：台湾三联书店，1980.

[132] 中共中央宣传部. 习近平新时代中国特色社会主义思想

三十讲［M］．北京：学习出版社，2018．

［133］中共中央宣传部．习近平总书记系列重要讲话读本［M］．北京：学习出版社，人民出版社，2016．

［134］钟新．危机传播：信息流及噪音分析［M］．北京：中国传媒大学出版社，2007．

［135］周敏．阐释、流动、想象：风险社会下的信息流动与传播管理［M］．北京：北京大学出版社，2014．

［136］周振超．当代中国政府"条块关系"研究［M］．天津：天津人民出版社，2008．

2. 学位论文类

［1］巴蕾．网络事件中参与者的话语策略研究［D］．哈尔滨：哈尔滨工业大学，2016．

［2］包雁．2010—2015年我国教育舆情变化态势探析［D］．长春：东北师范大学，2017．

［3］蔡振东．涂尔干与布迪厄教育社会学思想之比较研究［D］．大连：东北财经大学，2016．

［4］常锐．群体性事件的网络舆情及其治理模式与机制研究［D］．长春：吉林大学，2012．

［5］陈桂香．大数据对我国高校教育管理的影响及对策研究［D］．武汉：武汉大学，2017．

［6］陈璟浩．突发公共事件网络舆情演化研究［D］．武汉：武汉大学，2014．

［7］陈卫东．教育技术学视野下的未来课堂研究［D］．上海：华东师范大学，2012．

［8］董靖巍．基于复杂网络的网络舆情动态演进影响机制研究［D］．哈尔滨：哈尔滨工业大学，2016．

［9］方付建．突发事件网络舆情演变研究［D］．武汉：华中科

技大学,2011.

[10] 方洁. 微博舆情利益相关者的分类及行为动因研究 [D]. 南京:南京大学,2014.

[11] 顾珊珊. 自媒体时代网络舆情治理的困境与出路研究 [D]. 西安:西北大学,2018.

[12] 何健. 高校大学生网络舆情特征与管理对策研究 [D]. 重庆:西南大学,2015.

[13] 贺艳花. 教育网络舆情演变规律研究 [D]. 长沙:湖南大学,2015.

[14] 胡青青. 网络热词的伦理研究 [D]. 长沙:湖南师范大学,2015.

[15] 黄俊. 布尔迪厄文化再生产理论研究 [D]. 重庆:西南大学,2018.

[16] 黄瑶. 教育舆情探析 [D]. 太原:山西大学,2013.

[17] 蒋瑛. 风险治理视域的突发事件舆情导控研究 [D]. 上海:华东师范大学,2018.

[18] 金春贤. 新媒体环境下高校网络舆情管理机制研究 [D]. 长春:吉林大学,2017.

[19] 李海博. 论网络舆论维权的法律规制 [D]. 武汉:中南民族大学,2012.

[20] 李鸣. 我国重大公共事件网络舆情云治理研究 [D]. 武汉:华中科技大学,2016.

[21] 李伟涛. 基于"国家教育科学决策服务系统"的教育决策支持体系研究 [D]. 上海:华东师范大学,2017.

[22] 林敏. 网络舆情:影响因素及其作用机制研究 [D]. 杭州:浙江大学,2013.

[23] 刘楠. 论舆论对刑事审判的消极影响与规制 [D]. 沈阳:

辽宁大学，2015.

[24] 刘英杰. 网络舆情的信息情感维度空间构建和信息情感元识别研究 [D]. 长春：吉林大学，2017.

[25] 马荔. 突发事件网络舆情政府治理研究 [D]. 北京：北京邮电大学，2010.

[26] 石新宇. 当代大学生网络舆情分析及对策研究 [D]. 沈阳：辽宁大学，2015.

[27] 宋歌. 新媒体时代教育舆情研究 [D]. 桂林：广西师范大学，2016.

[28] 孙莉玲. 几类网络舆情研判模型及应对策略研究 [D]. 上海：东南大学，2016.

[29] 王根生. 面向群体极化的网络舆情演化研究 [D]. 南昌：江西财经大学，2011.

[30] 武超群. 网络环境下公共危机治理研究 [D]. 北京：中央财经大学，2016.

[31] 徐杉. 教育类公益传播阻隔代际贫困的路径探究 [D]. 重庆：西南大学，2017.

[32] 尹国强. 儿童数字化阅读研究 [D]. 重庆：西南大学，2017.

[33] 于家琦. 舆情调查对公共政策的适用性研究 [D]. 天津：南开大学，2012.

[34] 张发林. 风险社会视域下的网络舆情治理研究 [D]. 武汉：武汉大学，2016.

[35] 张雯鑫. 大数据背景下大学生网络舆情管理研究 [D]. 徐州：中国矿业大学，2017.

[36] 张武桥. 网络舆论引导体制机制研究 [D]. 武汉：华中师范大学，2016.

[37] 张一文. 突发性公共危机事件与网络舆情作用机制研究 [D]. 北京：北京邮电大学，2012.

[38] 张瑜. 校园暴力案的问题研究 [D]. 兰州：兰州大学，2012.

[39] 张玉洁. 网络舆论形成过程中网络媒体与传统媒体的互动模式探究 [D]. 苏州：苏州大学，2012.

[40] 张玉强. 网络舆情危机的政府适度反应研究 [D]. 北京：中央民族大学，2011.

[41] 赵扬. 高校网络舆情引导研究 [D]. 长春：东北师范大学，2016.

[42] 郑路. 群体极化中的网络谣言传播研究 [D]. 南昌：江西财经大学，2011.

3. 期刊论文类

[1] 安涛，周进. 学科与跨学科：教育学发展的双重逻辑 [J]. 教育理论与实践，2019（4）：3-6.

[2] 曹劲松. 网络舆情的基本特点 [J]. 新闻与写作，2009（12）：39-40.

[3] 曹学艳，宋彦宁. 高校教育舆情热点事件对高校的影响力研究——以2014年教育舆情事件为例 [J]. 图书情报工作，2015，59（S2）：100-104.

[4] 陈彬莉. 教育：地位生产机制，还是再生产机制——教育与社会分层关系的理论述评 [J]. 社会科学辑刊，2007（2）.

[5] 陈华栋. 当前教育网络舆情特点分析与对策思考——基于2013年教育网络舆情发展演变的实证研究 [J]. 思想理论教育，2014（7）：89-93.

[6] 陈姣娥，王国华. 网络时代政策议程设置机制研究 [J]. 中国行政管理，2013（1）：28-33.

[7] 陈磊. 探讨高等教育公平：布尔迪厄的理论视角 [J]. 高教研究与实践, 2012 (1).

[8] 陈力丹, 陈辉, 朱至刚. 2015 年中国的新闻传播学研究 [J]. 国际新闻界, 2016, 38 (1): 6-27.

[9] 陈力丹. 大众传播理论如何面对网络传播 [J]. 国际新闻界, 1998 (Z1): 84-90.

[10] 陈力丹, 费杨生. 2016 年中国新闻传播学研究的十个新鲜话题 [J]. 当代传播, 2017 (1): 4-9.

[11] 陈力丹. 改革开放以来的中国舆论学研究 [J]. 新闻爱好者, 2017 (2): 20-23.

[12] 陈力丹, 李熠祺, 娜佳. 大数据与新闻报道 [J]. 新闻记者, 2015 (2): 49-55.

[13] 陈力丹. 论我国舆论监督的性质和存在的问题 [J]. 郑州大学学报 (哲学社会科学版), 2003 (4): 7-10, 14.

[14] 陈力丹. 习近平的宣传观和新闻观 [J]. 新闻记者, 2014 (10): 3-9.

[15] 陈丽, 王志军, 郑勤华. "互联网+时代"教育技术学的学科定位与人才培养方向反思 [J]. 电化教育研究, 2017, 38 (10): 5-11, 22.

[16] 陈琦, 张建伟. 信息时代的整合性学习模型 [J]. 北京大学教育评论, 2003 (3): 90-96.

[17] 陈强, 王雅蕾, 王国华. 高校突发事件网络舆情泛化现象研究 [J]. 情报杂志, 2011, 30 (5): 6-9.

[18] 陈霜叶. 超越舆情应对：教育的公共性与政策回应 [J]. 全球教育展望, 2017, 46 (12): 60-68.

[19] 陈霜叶, 孟浏今. 公共舆情中教育政策目标、议题关注与价值表达：以两份十大教育新闻榜单的话语分析为例 [J]. 北京

大学教育评论，2014，12（4）：116-129，186.

[20] 陈卓．新制度主义视野下的布尔迪厄教育思想研究［J］．外国教育研究，2014（11）．

[21] 崔薇，曾润喜，王国华．中国网络舆情研究文献计量分析［J］．情报科学，2011，29（1）：131-135.

[22] 邓超云．文化再生产理论视角下的高等教育大众化［J］．科教文汇，2012（3月中旬刊）．

[23] 邓猛，颜廷睿．社会理论视野下的特殊教育学探讨［J］．教育学报，2016，12（6）：62-69.

[24] 丁和根．舆论学理论研究的深化与拓展［J］．新闻大学，2017（5）：1-7，145.

[25] 丁晓敏，郭少峰，余冠仕．2014—2015年中国教育网络舆情研究报告［J］．中国媒体发展研究报告，2015：191-224，381-382.

[26] 段洪涛，于子淼．关于高校网络舆情研判引导方法的思考［J］．思想理论教育，2015（9）：79-83.

[27] 方付建，王国华，徐晓林．突发事件网络舆情"片面化呈现"的形成机理——基于网民的视角［J］．情报杂志，2010，29（4）：26-30.

[28] 冯小燕，王志军，吴向文．我国教育技术领域眼动研究的现状与趋势分析［J］．中国远程教育，2016（10）：22-29.

[29] 付玉辉．大数据传播：技术、文化和治理［J］．中国传媒科技，2013（5）：61.

[30] 傅四保．建构主义学习理论指导下的项目教学法初探——以"教育技术学研究方法"课程教学为例［J］．中国大学教学，2011（2）：56-58.

[31] 韩锡斌，程璐楠，程建钢．MOOCs的教育学视角分析与

设计 [J]. 电化教育研究, 2014, 35 (1): 45-51.

[32] 何克抗. 关于教育技术学逻辑起点的论证与思考 [J]. 电化教育研究, 2005 (11): 3-19.

[33] 何克抗. 中国特色教育技术理论的形成与发展 [J]. 北京大学教育评论, 2013, 11 (3): 8-31, 189.

[34] 何珊云. 布尔迪厄的教育追求与知识重建的努力 [J]. 外国教育研究, 2011 (1).

[35] 何欣蕾, 王保华. 治理视角下的教育舆情研究: 问题与对策 [J]. 现代传播 (中国传媒大学学报), 2015, 37 (1): 139-142.

[36] 和学新, 田尊道. 论凯洛夫教育学中国化的经验及其启示 [J]. 西南大学学报 (社会科学版), 2015, 41 (6): 89-98, 191.

[37] 胡来林, 安玉洁. 近十年来我国教育技术学研究方法的回顾与反思 [J]. 电化教育研究, 2006 (2): 14-17, 38.

[38] 胡凌. 网络舆情中的风险、认知与规制 [J]. 法律和社会科学, 2011, 8 (2): 172-192.

[39] 黄书光. 反省与前瞻: 教育史研究的方法论刍议 [J]. 高等教育研究, 2017, 38 (11): 61-65.

[40] 黄微, 李瑞, 孟佳林. 大数据环境下多媒体网络舆情传播要素及运行机理研究 [J]. 图书情报工作, 2015 (21): 38-44.

[41] 黄欣荣. 大数据对思想政治教育方法论的变革 [J]. 江西财经大学学报, 2015 (3): 95.

[42] 黄欣荣. 大数据哲学研究的背景、现状与路径 [J]. 哲学动态, 2015 (7): 96-102.

[43] 贾同. 大数据: 高等教育发展的新钥匙 [J]. 当代教育理论与实践, 2015 (6): 97-99.

[44] 靳玉乐. 马丁布伯的对话哲学对现代教育的启示 [J]. 高等教育研究, 2004 (2).

[45] 兰月新, 等. 面向舆情大数据的网民情绪演化机理及趋势预测研究 [J]. 情报杂志, 2018 (36): 134-140.

[46] 李彪, 喻国明. "后真相"时代网络谣言的话语空间与传播场域研究——基于微信朋友圈4160条谣言的分析 [J]. 新闻大学, 2018 (2): 103-112, 121, 153.

[47] 李昌祖, 杨延圣. 教育舆情的概念解析 [J]. 浙江工业大学学报（社会科学版), 2014, 13 (3): 241-246.

[48] 李国杰, 程旗. 大数据研究: 未来科技及经济社会发展的重大战略领域——大数据的研究现状与科学思考 [J]. 中国科学院院刊, 2012, 27 (6): 647.

[49] 李龙. 教育技术人才的专业能力结构——五论教育技术学科的理论与实践 [J]. 电化教育研究, 2005 (7): 3-8.

[50] 李欣人, 许翘楚. 当代舆论学的发展理路与现实取向 [J]. 中州学刊, 2018 (8): 167-172.

[51] 梁鹏, 谢东宝. 网络强势背景下高校网络舆情特征及其应对 [J]. 中国青年研究, 2012 (3): 15-17.

[52] 梁翊涛, 王长波. 基于多元媒体数据的教育舆情情绪可视化 [J]. 郑州大学学报, 2018 (5): 39-44 [2019-03-20]. https://doi.org/10.13705/j.issn.1671-6833.2018.05.002.

[53] 廖智辉, 张学波. 教育网络舆情影响因子及其引导策略研究 [J]. 中国电化教育, 2019 (2): 118-125.

[54] 刘凯, 胡祥恩, 王培. 机器也需教育? 论通用人工智能与教育学的革新 [J]. 开放教育研究, 2018, 24 (1): 10-15.

[55] 刘娜, 雷佩琦. 我国教育舆情监控与引导的现状分析及策略 [J]. 当代传播, 2018 (5): 47-51.

［56］刘晓东．自然教育学史论［J］．南京师大学报（社会科学版），2016（6）：113－120．

［57］刘毅．国外舆论学研究的"知识图景"：热点、网络与结构——基于SSCI数据库（1994－2013）的知识图谱分析［J］．新闻与传播研究，2015，22（5）：19－31，126．

［58］刘智慧，张泉灵．大数据技术研究综述［J］．浙江大学学报（工学版），2014，48（6）：957．

［59］龙晔生，周玲．大数据微时代高校民族舆情管理新思维［J］．中南民族大学学报（人文社会科学版），2018，38（1）：27－31．

［60］罗永雄．舆论学视角下的微博与微信谣言传播比较研究［J］．新闻知识，2014（4）：6－8．

［61］马焕灵，杨婕．美国校园欺凌立法：理念、路径与内容［J］．比较教育研究．2016（11）：21－27．

［62］彭晶，程秀霞．教育网络舆论引导困境与应对措施［J］．宿州学院学报，2017，32（10）：46－48．

［63］彭韬，林凌．赫尔巴特的性格形成理论研究——基于教育学与伦理学相互关系的视角［J］．华东师范大学学报（教育科学版），2018，36（6）：69－76，156－157．

［64］任友群，顾小清．教育技术学：学科发展之问与答［J］．教育研究，2019，40（1）：141－152．

［65］邵丽珍，朱书阳．网络教育舆情视域下的高职教育服务感知质量的实证研究［J］．江苏教育研究，2017（30）：71－76．

［66］舒刚．我国教育舆情研究的热点议题及趋势展望——基于CNKI（2009—2015）的数据分析［J］．国家教育行政学院学报，2016（10）：40－46．

［67］孙飞，张跃志．2016年中国教育行业舆情分析报告［J］．

江苏教育宣传，2017（1）：40-45.

[68] 谭维智. 不教的教育学——"互联网+"时代教育学的颠覆性创新［J］. 教育研究，2016，37（2）：37-49.

[69] 田凤."后真相"时代教育舆情话语的产生、传播与反思［J］. 当代教育科学，2018（10）：69-74.

[70] 田学松. 初探云端的"未来教室"［J］. 中国信息技术教育，2011（11）：5.

[71] 汪晓东，张晨婧仔."翻转课堂"在大学教学中的应用研究——以教育技术学专业英语课程为例［J］. 现代教育技术，2013，23（8）：11-16.

[72] 王伯鲁. 广义技术视野中的技术困境问题探析［J］. 科学技术与辩证法，2007，24（1）：68-72.

[73] 王博，魏顺平. 基于大数据的教育决策支持研究［J］. 现代教育技术，2016，26（4）：5-11.

[74] 王超. 大数据时代我国意识形态安全探析［J］. 学术论坛，2015，38（1）：18-22.

[75] 王春泉. 实践舆论学的批判性建构论纲［J］. 南京社会科学，2011（2）：120-126，140.

[76] 王光明，张楠. 国际教育学研究发展趋势［J］. 当代教育与文化，2015，7（6）：20-27.

[77] 王国华，冯伟，王雅蕾. 基于网络舆情分类的舆情应对研究［J］. 情报杂志，2013，32（5）：1-4.

[78] 王国华，魏程瑞，钟声扬，王雅蕾，王戈. 微博意见领袖的网络媒介权利之量化解读及特征研究——基于社会网络分析的视角［J］. 情报杂志，2015，34（7）：117-124，70.

[79] 王萍，张际平. 云计算与网络学习［J］. 现代教育技术，2008（11）：81-84.

[80] 王秀芝. 机理与路径：高校思想政治教育的大数据应用 [J]. 煤炭高等教育. 2015 (3)：44 – 47.

[81] 王占魁. 论教育学的人格关怀 [J]. 南京社会科学，2017 (12)：137 – 143.

[82] 魏伟华. 基于大数据背景下的高校学生网络舆情管理机制研究 [J]. 中国成人教育. 2017 (17)：69 – 73.

[83] 吴南中，夏海鹰. 教育大数据范式的基本理念与建构策略 [J]. 电化教育研究，2017，38 (6)：82 – 87.

[84] 向广宇，闻志强. 日本校园欺凌现状、防治经验与启示——以《校园欺凌防止对策推进法》为主视角 [J]. 大连理工大学学报（社会科学版），2017 (1)：1 – 10.

[85] 谢耘耕，万旋傲. 关于中国舆论学知识体系建设和人才培养的思考 [J]. 新闻大学，2017 (5)：8 – 13，145.

[86] 邢强. 论有效性学习与教学环境的设计 [[J]. 开放教育研究，2001 (6)：16 – 19.

[87] 徐国英. 德国文化教育学派的理论范式 [J]. 高等教育研究，2017，38 (12)：35 – 42.

[88] 徐萍. 大数据在高校网络舆情应急处置中的应用探讨 [J]. 图书馆工作与研究. 2016 (5)：55 – 58.

[89] 许海，唐远清. 群体性事件本质、成因及防治的舆论学解析 [J]. 当代传播，2011 (4)：48 – 50.

[90] 许丽丽，侯怀银. 教育学学科性质在中国的研究：历程、进展和展望 [J]. 教育理论与实践，2016，36 (34)：3 – 8.

[91] 燕燕，李福华，王翠艳. 教育学的递嬗：认知神经化 [J]. 现代大学教育，2017 (6)：1 – 11，111.

[92] 阳美燕，贺艳花. 教育网络舆情议题演变分析 [J]. 湖南行政学院学报，2015 (4)：37 – 41.

[93] 杨镜融. 互联网背景下教育舆情研究 [J]. 时代金融, 2017 (11): 300, 313.

[94] 杨现民, 王榴卉, 唐斯斯. 教育大数据的应用模式与政策建议 [J]. 电化教育研究. 2015 (9): 54 - 61, 69.

[95] 姚娟, 孙益祥. 基于云计算技术支持的新型学习社会的初步设想 [J]. 现代教育技术, 2010 (1): 14 - 17.

[96] 殷红, 孙凯, 王长波. 基于多源数据的教育网络舆情分析 [J]. 东华大学学报（自然科学版）, 2018 (4): 586 - 589.

[97] 于家琦. 论民意表达渠道的"四维"评价标准和有效性分析框架 [J]. 理论界, 2010 (6): 193 - 194.

[98] 余红, 马雪怡, 李瑞芳. 情感社会学视域下敏感热点舆情演化动力机制探析 [J]. 新闻论坛, 2018 (1): 78 - 81.

[99] 余胜泉. 技术何以革新教育 [[J]. 中国电化教育, 2011 (7): 1 - 6.

[100] 俞晓菊. 和谐课堂—学生有效学习的主阵地 [[J]. 教育前沿·综合版, 2008 (9).

[101] 喻国明, 郭超凯. 线上知识付费：主要类型、形态架构与发展模式 [J]. 编辑学刊, 2017 (5): 6 - 11.

[102] 喻国明. 人工智能与算法推荐下的网络治理之道 [J]. 新闻与写作, 2019 (1): 61 - 64.

[103] 喻国明. 网络谣言的文本结构与表达特征——基于腾讯大数据筛选鉴定的6000 + 谣言文本的分析 [J]. 新闻与写作, 2018 (2): 53 - 59.

[104] 喻国明. 网络舆情治理的要素设计与操作关键 [J]. 新闻与写作, 2017 (1): 10 - 13.

[105] 喻国明. 现阶段互联网治理应遵循的重要原则 [J]. 新闻记者, 2017 (8): 61 - 64.

［106］曾润喜. 网络舆情信息传播动力机制的比较研究［J］. 图书情报工作，2018（7）：12-20.

［107］曾润喜. 我国网络舆情研究与发展现状分析［J］. 图书馆学研究，2009（8）：2-6.

［108］曾英. 舆论研究两大常见概念辨厘［J］. 新闻与写作，2008（3）：24-26.

［109］张关锁. 构建课堂体系，提高教学质量［J］. 山西教育，2002（19）12-13.

［110］张怀南，杨成. 我国云计算教育应用的研究综述［J］. 中国远程教育，2013（1）：20-26，95.

［111］张军玲. 我国网络舆情信息挖掘研究综述［J］. 情报科学，2016，34（11）：167-172.

［112］张丽娟，曾润喜，王国华. 高校群体性事件网络舆情管理研究［J］. 情报杂志，2011，30（6）：61-64，75.

［113］张诗亚. 教育技术学的定义、性质及研究范围［J］. 教育研究与实验，1987（3）：16-21.

［114］张天雪，张冉. 教育舆情研究：从兴起到有效的路径探索［J］. 清华大学教育研究，2011，32（5）：102-107.

［115］张育桂，佘燕云. 2010美国国家教育技术计划及其启示［J］. 远程教育杂志，2010（4）7-50.

［116］张忠华，贡勋. 教育学"中国化""本土化"和"中国特色"的价值取向辨析［J］. 高校教育管理，2015，9（6）：46-53.

［117］张忠华，沙东亚. 我国教育舆情研究述评［J］. 教育评论，2017（10）：47-51.

［118］张卓远，侯怀银. 论批判教育学的产生、形成和发展［J］. 教育理论与实践，2015，35（31）：3-7.

[119] 赵国庆, 等. 知识可视化的理论与方法 [J]. 开放教育研究, 2005 (1): 23-27.

[120] 赵睿, 喻国明. "互联网下半场"中传媒经济研究的问题意识与技术进路——基于2017年中国传媒经济研究的文献分析 [J]. 国际新闻界, 2018, 40 (1): 59-71.

[121] 赵中建, 张燕兰. 与大数据同行的学习与教育——《大数据时代》作者舍恩伯格教授和库克耶先生访谈 [J]. 全球教育展望, 2014, 43 (12): 3-9.

[122] 郑春林. 通向自由的道德教育之路——读康德《论教育学》有感 [J]. 思想政治课教学, 2018 (11): 95-96.

[123] 郅庭瑾, 李伟涛. 论基于证据的教育舆情分析 [J]. 教育研究, 2016, 37 (7): 32-38.

[124] 钟志贤. 教学设计的宗旨: 促进学习者高阶能力发展 [J]. 电化教育研究, 2004 (11): 13-19.

[125] 周作宇. 教育学: 一个时代的集体荣耀 [J]. 教育研究, 2018, 39 (12): 94-98.

[126] 朱皆笑, 陈耀, 何兴. 大数据视域下高校网络意识形态治理格局研究 [J]. 浙江工业大学学报 (社会科学版), 2018, 17 (1): 106-110.

[127] 朱昱熹, 徐婷. 大数据时代下高校网络舆情管理机制的创新路径探究 [J]. 长江丛刊, 2018 (9): 210.

[128] 庄思药. 数字化未来教室之探讨 [J]. 国教新知, 2011 (3): 30-48.

[129] 左明章, 国桂环, 曾睿. 网络教育舆情的内涵及特点 [J]. 中国教育信息化, 2011 (6): 8-11.

二、外文部分

[1] Ainley M. Connecting with Learning: Motivation, Afect and Cognition in Interest Processes [J]. Educational Psychology Review, 2006, 18 (4).

[2] Ammar Siamwalla. Thailandafter 1997 [J]. Asian Economic Policy Review, 2011, 6 (1).

[3] Andrew Chadwick. Internet Politics: States, Citizens, and New Communications Technologies [J]. Information Polity, 2007, 12 (1-2).

[4] Borne K. Top10 Big Data Challenges—A Serious Look at 10 Big Data V's [J]. Retrieved, 2015: 15.

[5] Cosse T J, Weisenberger T M, Taylor G J. Public Feelings about Financial inCentives for Donation and Concern about inCurring Expenses due to Donation in one US City [J]. Transplantation Proceedings, 1998, 29 (8).

[6] Cupps D S. Emerging Problems of Citizen Participation [J]. Public Administration Review, 1977, 37.

[7] Diakopoulos N A, Shamma D A. Characterizing Debate Performance via Aggregated Twitter Sentiment [C]//Proceedings of the SIGCHI Conference, 2010.

[8] E. Doyle Mc Carthy. Knowledge as Culture: The New Sociology of Knowledge. The USA and Canada by Routledge, 1996: 5.

[9] Eshbaugh-Soha M. Presidential Agenda-setting of Traditional and Nontraditional News Media [J]. Political Communication, 2015.

[10] Gagne R M. Essentials of Learning for Instruction [M]. New York: Holt, Rinehart and Winston, 1974.

[11] Gartner. Big Data [EB/OL]. http://www.garter.com/it-

glossary/big-data/, 2013.

[12] Gary King, Jennifer Pan. How Censorship in China Allows Government Criticism but Silences Collective Expression [J]. American Political Science Review, 2013 (5).

[13] Gaudet H, Boyd D, Crawford K. Critical Questis for Big Data [J]. Information, Communication and Society, 2012 (5): 662-679.

[14] Gillmor D. We the Media: Grassroots Journalism by the People, for the People [M]. O'Reilly Media, Inc, 2006.

[15] Herwig J. Liminality andCommunitas in Social Media: The Case of Twitter [J]. Internet: Critical, Internet Research, 2009 (10): 7-10.

[16] Hill K. A., Hughes J. E. Cyber Politics: Citizen Activism in the Age of the Internet [M]. Rowman & Littlefield Publishers, Inc., 1999.

[17] Huberman B. A, Romero D. M. Social Network that Matter Twitter under the Microscope [J]. First Monday, 2009, 14 (1): 1-5.

[18] IBM. What is Big Data? [EB/OL]. http://www_01.ibm.com/software/data/bigdata/, 2013.

[19] Jae Moon M, Welch E. W. Managerial Adaptation through the Market in the Publicsector: Theoretical Framework and Four Models [J]. International Review of Public Administration, 2000, 5 (2): 129-141.

[20] Kent M L, Taylor M. Building Dialogic Relations through the World Wide Web [J]. Public Relations Review, 1998 (3): 321-334.

[21] Kevin A Hill, John E. Hughes, Cyberpolitics, Citizen Activism in the Age of the Internet (People, Passion, and Power) [J]. Choice Reviews Online, 1998, 36 (4).

［22］Lawrence A S. Journalism Education's Four Transformational Trends, Knight Foundation ［EB/OL］. http：//www. Knightfoundation. org.

［23］Lisa B, O'Leary Rosemary C. Frameshifting：Lateral Thinking for Collaborative Public Management ［M］. Armonk, NY：MESharpe, 2008：3 – 16.

［24］Margaret Canovan：Trust the People ! Populism and the. Two. Faces of Democracy ［J］. Political Studies, 1999.

［25］Moorthy J, LahiriR, et al. Big Data：Prospects and Challenges ［J］. The Journal for Decision Makers, 2015（1）：74 – 96.

［26］Nature. Bigdata ［EB/OL］. http：//www. nature. com/specials/bigdata/index. html, 2008. Science. Special Online Collection：Dealing with Data ［EB/OL］. http：//www. sciencem – g. org/site/ sepcial / data/, 2011.

［27］Siemens G. Connectivism：A learning Theory for the Digital Age ［J］. Instructional Technology & Distance Learning, 2005（5）.

［28］Siemens G. Knowing Knowledge ［EB/OL］. http：//www. elearnspace. org/Knowing Knowledge_LowRes. pdf, 2009.

［29］Silvio Waisbord. Democracy, Journalism, and Latin American Populism ［J］. Journalism, 2012（10）.

［30］Wittel, Andreas. Ethnography on the Move：From Field to Net to Internet ［J］. Qualitative Social Research, 2000（1）.

［31］World Economic Forum. Bigdata, BigImpact：New Possibilities Development ［EB/OL］. http：//www3. weforum. org/docs/WEF _ TC_MFS_Big Data Big Impact_Briefing_2012.

［32］Yardi S, Boyd D. Dynamic Debates：An Analysis of Group Polarization over Timeon Twitter ［J］. Bulletin of Science, Technology &

Society, 2010, 30 (5): 316 – 327.

[33] Zhao D, Rosson M. B. How and Why People Twitter: the Role that Micro-bloggingplays in Informal Communication at Work [C]// Proceedings of the ACM 2009 international conference on Supporting group work. ACM, 2009: 243 – 252.

后 记

卢梭说:"在所有一切有益于人类的事业中,首要的一件是教育人的事业。"我从事教育工作20余年,深耕教育舆情治理研究与实践7年,见证了我国教育事业近年来的进步与发展。而与此同时,世界多极化、经济全球化、社会信息化、文化多样化的发展,对教育事业提出更高的要求,促使教育改革不断深化,教育舆情备受关注。特别是近几年,大数据、物联网以及人工智能等新技术的发展促进教育舆情治理从"价值判断"升华到"理性判断",故此在全新的时代背景下探寻教育舆情治理的实践与理论创新,成为我在教育舆情领域日雕月琢、披荆斩棘的动力。

习近平总书记指出:"实现理论创新和实践创新良性互动。"[1] 尤为幸运的是,重庆市教委与重庆工商大学共建的重庆市高校网络舆情与思想动态研究咨政中心为我提供了丰沃的理论研究和实践土壤,在重庆市教育工委、市教委和学校的大力支持下,由我担任中心执行主任,建立了一支敢打硬仗的队伍,共同攻坚克难。在实践层面,中心团

---

[1] 习近平关于社会主义文化建设论述摘编[C]. 北京:中央文献出版社,2017.

队创新教育舆情监测手段，高质量地完成近千次涉渝教育舆情的监测、预警、处置；在理论层面，团队发表了一系列有影响力的科研成果，产出了一批特色鲜明的咨政报告，创新并提升着教育舆情治理的路径与水平。

"守少则固，力专则强。"在上述研究成果的基础上，我们集结了一批高水平的理论和实践专家组成项目组，大家精诚合作，竭尽全力，将多年的研究和思考集合成专著。由我负责整体策划和统稿，第一章由荣婷、严小芳和我完成，第二章由柴樱芝、谢金林、黄敏完成，第三章由黄敏、张敏、荣婷完成，第四章由严小芳、谢金林、张敏完成，第五章由陈帆帆、黄敏、郑科完成，第六章由我和柴樱芝、陈帆帆完成。同时，重庆市高校网络舆情与思想动态研究咨政中心科研助理吴小凤、罗秀丹老师和学生助理参与了资料的整理和书稿的校对，长江上游经济研究中心张敏博士负责全书图表的修订，不遗余力。在此，对参与本书撰写与编务的各位老师、同学表示深深的谢意。因教育舆情的动态性和大数据研究的复杂性，涉及大量案例和数据的梳理，又要兼顾理论的深度与数据的准确，因此在写作过程中几易其稿，在案例选择、观点提炼和图表修改上反复斟酌，最终确定六章。全书由我与谢金林、荣婷分别修改和统稿，最后由我统稿、定稿。

当今世界，信息化高速发展，不进则退，慢进亦退。大数据技术还在深刻变化，教育舆论生态的变化疾如旋踵，本书亦难免存在疏漏错讹之处，权且作为抛砖引玉，恳请有关专家、学者和同仁不吝赐教，以利于今后我们在研究与实践中有新的突破。

在此要特别感谢李春茹教授、王来华研究员、李勇教授、刘富胜教授、钟志凌博士和重庆市委网信办李文富、雷志宇、冯灿斌等同志在繁忙工作之余，对书稿写作提出大量修改意见，并提供可参考的案例数据。同时，在研究过程中，得到了中宣部舆情信息局、教育部高等学校社会科学发展研究中心、重庆市互联网信息办公室、天津社科院舆情研究中心有关领导和专家的大力支持，在此表示衷心感谢。最后，感谢重庆工商大学重庆市高校网络舆情与思想动态研究咨政中心的资助和经济科学出版社的认真审订和大力支持。

杨维东

2021 年 10 月